명쾌하고 야무진

최신 경제용어 해설

명쾌하고 야무진 최신 경제용어 해설

명쾌하고 야무진

최신
경제
용어
해설

권기대
지음

투자의
미래를 밝혀줄
핵심 키워드
160

베가북스
VegaBooks

"그린 워싱."

여러분이 인터넷 신문 기사를 읽다가 이런 낯선 표현과 맞닥뜨렸다고 가정해봅시다. 무슨 뜻인지, 곧장 짐작할 수 있을까요? '그린'이라는 형용사가 워낙 친환경이나 재생에너지 등과 밀접하게 연관되어 있으므로, 아마 환경친화적인 세탁 방법을 지칭하는 것 아닐까, 하는 생각을 먼저 하는 사람이 많을 것입니다. 하지만 뜻밖에도 그린 워싱은 환경 보호에 있어서 몹시 고약한 태도나 행동을 가리키는 비난의 언어입니다. 물론 기사 전체의 맥락에서 이 표현이 결코 칭찬해주거나 권유할 만한 짓을 의미하진 않는다는 사실을 누구나 알 수 있겠지요. 그래도 정확한 의미를 깨우치기까지 답답하긴 마찬가지입니다. 경제 관련 기사를 중요하게 여기는 사람이라면 이 용어의 말뜻을 어떻게든 알아내고 싶을 것입니다.

영어로 이루어진 경제용어라서 어렵지 않냐고요?

좋습니다. 그럼 "혼류생산"이라든지 "휘소가치" 아니면 "좌초자산" 같은 용어는 어떻습니까? 혹은 한자까지도 배제해버린 "아·문·따"라는 표현은 어떻습니까? 또렷한 의미를 알고 계시나요? 이 역시 정의 내리기가 만만치 않다고 답할 사람이 많을 것입니다. 우리네 경제활동의 범위가 워낙 전 세계를 아우르고, 개인의 투자 행위조차도 좁은 한반도를 넘어 미-중-일-동남아-유럽으로 확대된 지 오래여서 영어 경제용어가 번역도 되지 않은 채 쓰이는 경우가 허다하지만, 국내에서도 새로운 경제용어는 꾸준히 생산되고 있습니다.

더욱 난감한 경우는 영어에다 약자로 이루어진 경제용어입니다.

넷플릭스가 워낙 '안방 엔터테인먼트'를 장악해버리는 바람에, 그들의 비즈니스 모델인 OTT 정도는 많이들 이해하겠지요. 정확히 무엇의 약자인지는 모르는 사람이 더 많겠지만 말입니다. 그리고 최근 들어 메타버스니, 암호화폐니, 블록체인이니 하는 개념들과 더불어 NFT라는 줄임말도 자주 미디어에 출몰하는 바람에 그 뜻을 아는 사람이 적진 않을 것입니다. 자, 그러면 TDF와 TIF 같은 용어, 혹은 CMO, GO, EMP, D2C, DSR, B3W 같은 표현은 어떻습니까? 당최 짐작조차 할 수 없다는 사람들이 수두룩할 것입니다.

제가 말하고자 하는 요지가 뭐냐고요? 요즘은 일주일이 멀다 하고 생판 처음 보는 경제용어들이 온-오프라인을 휘젓고 있다, 따라서 그런 용어를 정확히 이해하지 못하고서는 직장생활이나 투자 활동에 있어서 황금의 기회를 놓치거나 불이익을 당할 수도 있다, 그런 얘기입니다. 너무 늦지 않게 돈을 벌어서 재정적인 독립을 이루고, 허둥지둥 쫓겨 다니는 삶이 아니라 진정 원하는 삶을 영위하고 싶지 않습니까? 누구나 간절히 원하는 바이지요. 그렇다면 적어도 경제를 움직이는 기본적인 원리쯤은 알아야 하고, 그러기 위해선 온-오프라인에서 무시로 만나게 되는 경제용어들과 익숙해져야 합니다. 풍요로운 삶을 목표로 삼고 있는 사람이라면 기울여야 할 최소한의 노력입니다. 또 그런 사람이라면 당연히 느끼게 될 갈증이기도 하고요.

저는 보통사람들의 이런 갈증을 풀어주고 싶었습니다.

그래서 10개월 정도의 시간을 갖고 미디어 기사에 오르내리는 새로운 경제용어를 차곡차곡 수집했습니다. 그리고 저 나름으로 그들이 눈에 띄는 빈도를 재봤습니다. 그렇게 160개의 경제용어를 이 해설집의 '타깃'으로 정했지요. 그런 다음, 각 용어가 등장하는 언론 기사를 가능한 한 많이 모아서 읽고, 구글, 위키피디아, 유튜브 영상, 관련 기업이나 국제기구의 홈페이지 등을 두루 찾아보며 참조했습니다. 이런 과정은 저만의 개념 정리와 풀이에 이르는 데 커다란 도움이 되었습니다. 실제로 저술 과정에 들어가면서 저는 아래의 몇 가지 원칙을 지키려고 많이 애썼습니다:

▶ 용어의 뜻풀이는 가능한 한 쉽게 하자. 고등학생들도 진땀 흘리지
  않고 알아들을 수 있을 정도로 쉽고 재미있게 풀어내자.

▶ 개념 전달에 그치지 말고, 그 용어의 경제적인 함의는 어떤 것인지,
  경제활동과 투자의 맥락에서 무슨 의미인지를 밝히자.

▶ 가능하다면 그 용어가 언제 어디서 어떤 배경으로 생겼는지, 어떤
  계기로 어느 조직이나 인물이 사용하기 시작했는지, 등을 알려주자.

▶ 용어와 관련된 산업이나 기업들의 구체적인 사례, 혹은 어떤 논리나
  기술이 적용된 사례 등을 가능한 한 많이 보여주자.

▶ 영상과 이미지에 익숙해진 독자들을 배려해 용어의 이해에 도움 될
  만한 사진, 도표, 차트 등을 가능한 한 풍부하게 넣어주자.

▶ 외국어에서 연유한 경제용어가 많으므로, 정확한 원어를 함께
  적어주고 정확한 발음에 의한 한글 표기를 제시해주자.

이런 노력의 결과는 지금 독자 여러분이 보시는 바와 같습니다. 부
족한 점이 적지 않을 것입니다. 저만의 독단과 살아오고 배워온 배경이
드러나는 부분도 있을 테고, 그런 부분이 다소 거슬릴 수도 있을 것입
니다. 그럼에도 불구하고 이 책이 많은 독자의 주목과 지지를 받는다면,
해마다 '최신'이라고 불릴 만한 경제용어들을 업데이트해서 책으로 펴
내고 싶은 저의 꿈이 실현될 수도 있겠지요.

저는 이 책을 펴낸 출판사의 대표이사로 일하고 있습니다. 그렇다고
이 책이 그런 직위에 힘입어 출간될 수 있었던 것은 물론 아닙니다. 편
집, 디자인, 영업, 마케팅 그리고 경영지원 등 모든 팀이 저의 기획을 믿

어주고 든든하게 지원했기에 이 책이 탄생할 수 있었습니다. 주식회사 베가북스의 식구들 모두에게 고맙다는 인사를 전하고 싶습니다.

무엇보다 독자 여러분들이 앞으로는 낯선 경제용어를 만나 어리둥절해지거나 답답해하는 일이 없었으면 합니다. 어느 교수님의 말씀을 살짝 비틀어서 저의 희망을 전합니다.

"아는 만큼 보이고, 보이는 만큼 행복해지시기를!"

2021년 11월 15일 서울에서

권기대

제1부

ㄱ - ㄹ

제2부

ㅁ - ㅅ

제3부

ㅇ - ㅋ

제4부

ㅌ - ㅎ

지식에 투자하라, 그러면 최고의 수익을 누릴 것이다.
지칠 줄 모르는 성장과 진척이 없다면,
개선이라든가 성취 혹은 성공 같은 말들에 무슨 의미가 있겠는가.

An investment in knowledge pays the best interest.
Without continual growth and progress, such words as improvement,
achievement, and success have no meaning

벤저민 프랭클린(Benjamin Franklin)

제1부

001

가상발전소
VPP: Virtual Power Plant

클라우드 기반의 탈중앙화된 에너지 생산

현대 문명을 가능하게 만든 전기는 '교류(AC; alternating current)' 형태인데, 여기엔 치명적인 단점이 있다. 발전소가 돌아가는 동안만 전기가 공급된다는 점이다. 어떤 이유에서든 발전소가 멈추면 여기 연결된 수많은 가정과 공장의 전기가 끊어진다. 전기 소비량이 갑자기 늘거나 줄 때 곧장 대처하기 어렵다는 뜻도 된다. 고로 꼭 필요한 양보다 항상 10~20% 이상의 전력을 생산하게끔 발전소를 돌린다. 발전 효율성이 떨어질 수밖에 없다. 게다가 일정한 양의 전기 에너지를 생산하지 못하는 태양광이나 풍력 등, 소위 재생에너지와 친환경 에너지가 등장하면서 이 문제는 더 심각해진다. 햇빛이나 바람의 세기에 따라 발전량이 계속 바뀌므로, 이걸 그냥 그리드(전력망)에 연결했다가는 자칫 정전 사태를 불러올 판이다.

가상발전소는 기존 전력 공급의 이런 문제점을 해결한다. 원자력과 화력 같은 동력을 사용하는 기존 발전소와 더불어 여기저기 흩어져 있는 풍력·태양광·수력 발전소 등의 전원을 클라우드 기반 소프트웨어로 통합해서 하나의 발전소처럼 관리하기 때문이다. 심지어 전기차 배터리도 충전 장치를 통해 스마트 그리드에 연결되면 가상발전소의 한 축이 될 수 있다. 성격과 규모가 다른 발전소를 엮어 상호보완하면서 전력을 가장 효율적으로 공급하자는 의도다. 에너지저장장치(ESS)를 통해 수천 곳에서 생산된 소규모 전력을 한곳에 모을 수 있으며, 원격조정으로 발전소의 짝을 바꿔주면서 발전량을 상황에 따라 조절하고, 남는 전기 에너지를 저장했다가 필요할 때마다 꺼내 쓸 수도 있다. 한국에서는 아직 사용하지 않고 있는 이 가상발전소는 원래 신재생에너지의 효율적인 활용을 위해 고안된 기술이다.

 가상발전소 개념도

트레이딩 시스템과 연결

외부 정보

통제 가능한 전력소비자

가상발전소

소비자

탈중앙화된 에너지 생산자

가상발전소의 컨트롤 센터는 기업과 가정의 전력 소비 정보를 인공지능으로 분석, 그때그때 최적의 물리적 전력 공급망을 구성한다. 특히 변덕스러운 날씨 때문에 발전량이 들쭉날쭉한 신재생에너지를 최대한 활용하려면 꼭 필요한 기술이다. 이런 가상발전소는 사실 차세대 전력망 기술인 스마트 그리드(smart grid)가 있기에 가능하다.

독일 Kassel(카셀) 대학은 2008년 태양광, 풍력, 바이오가스 등 36개의 발전설비를 연결함으로써 가상발전소의 기술적 가능성을 증명했다. 2012년에는 독일의 전력회사 Statkraft(슈탓크라프트)가 세계 최초의 가상발전소를 설립했는데, 현재 1,400개의 재생에너지 발전소가 참여해 원자로 10개 분량인 1만 메가와트의 전력을 생산하고 있다. 이처럼 대형 화력 발전소 대신 작은 친환경 발전소를 다양하게 조합함으로써 탄소 발생량까지 획기적으로 줄이는 가상발전소는 모든 산업의 '친환경화' 추세를 타고 급속히 확산할 것이다. 미국의 한 경제지는 세계 가상발전소 시장이 연평균 27%씩 성장해, 2027년이면 무려 28억5,000만 달러 규모에 이를 거라는 전망을 제시하기도 했다.

☑️ 어떤 기업들이 가상발전소 프로젝트를 추진하고 있을까?

한국 기업으로는 한화큐셀이 2018년에 이미 일본 정부의 가상발전소 사업자에 선정돼 첫발을 디뎠고, 2020년에는 SK E&S와 중부발전이 미국에 진출하기도 했다. 전망이 밝은 분야이다 보니, 세계 각지의 투자도 활발하다. 유럽 8개국에 산재한 1만여 개 친환경 발전소의 전력을 통합 관리하는 가상발전소 운영사 Next Kraftwerke(넥스트 크라프트베어케)는 2020년 초 글로벌 에너지 기업 Royal Dutch Shell(로열 더치 셸)에 인수되었다. 호주에서는 혁신기업 테슬라가 5만 가구를 아우르는 가상발전소를 2018년부터 실험하고 있다. 독일 지멘스, 일본 히타치, 미국 Autogrid(오토그리드) 등도 앞다투어 가상발전소 시장에 뛰어들고 있다.

002

개발자
Developer

금보다 더 비싸진 그들의 몸값

컴퓨터는 0과 1로 이루어진 기계 언어 명령만 알아들을 뿐, 인간이 쓰는 자연어를 이해하지 못한다. 컴퓨터에 이런 명령을 내리는 과정이 코딩이고, 코딩을 수행하는 사람이 바로 개발자다. 쉽게 말해서 컴퓨터 프로그램이나 소프트웨어를 만드는 인력을 통틀어 개발자라고 부르는 것이다. 분야에 따라서 IT 개발자, 게임 개발자, 앱 개발자, IoT 개발자, 블록체인 개발자 등등으로 나눌 수 있다.

☑ 지금 그들은 금보다 더 비싸다.

그렇다, 2021년 초의 개발자들, 특히 IT 개발자들은 어찌나 희귀종이 돼버렸는지, 금이 따로 없다. 우선은 코로나-19 확산으로 '얼굴을 맞대지 않는' 문화가 널리 퍼지면서 인력난이 심각해진 게 그 이유다. 둘째로 최근 다양한 서비스 업체들이 디지털 전환을 이루기 위해 앞다투어 개발자들을 대거 스카우트하고 있어서다. 어느 대기업의 인공지능

부문 임원이 기존 연봉의 1.5배에다 스톡옵션까지 챙기면서 온라인 쇼핑 업체로 이적했다는 등, '개발자 모시기' 경쟁 소식은 끊이질 않는다. IT 분야에 국한된 얘기도 아니다. 유통, 금융, 엔터테인먼트, 부동산, 게임 등, 산업 전반에 해당하는 디지털 전환의 다급한 목표는 개발자의 '몸값'을 천정부지의 수준으로 올려놓았다.

개발자 확보 경쟁이 '재난' 수준에 이르자, 잔뜩 긴장한 업계는 '개발자 지키기' 전쟁도 함께 치르는 중이다. 그 첫 번째가 연봉 인상 경쟁이라 하겠다. 신입 개발자 초봉을 대기업 대졸 사무직 평균 초봉의 두 배 정도인 6,000만 원으로 올려놓은 크래프톤을 위시해서 넥슨, 게임빌, 컴투스 등 게임업체들의 연봉 올려주기 열풍은 신입과 기존 직원을 가리지 않는다. 뒤이어 배달의민족, 인터넷 부동산 업체 직방, SSG닷컴이나 11번가 같은 전자상거래업체, 연예 기획사들까지 개발자 영입을 위한 연봉 인상 대열에 합류했다.

 소프트웨어와 SI 개발자 수급 현황 (단위: 만 명)

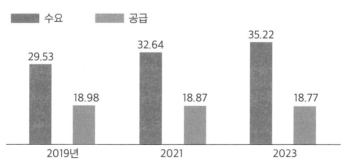

자료: 한국직업능력개발원

개발자 확보 전쟁의 두 번째 국면은 사무실을 포함한 근무 환경의 고급화다. 합정동에서 강남으로 사무실을 옮긴 화장품 정보 앱 기업, 강남역 사거리에 개발자 사무실을 따로 마련한 수공예 제품 판매 플랫폼 등, 개발 인재 영입에 회사 입지가 얼마나 중요한지를 보여주는 사례는 한둘이 아니다. 특A급 개발자는 강남역 200m 반경 안에만 서식한다는 말이 괜히 나온 게 아니다.

천정부지로 치솟는 개발자의 몸값은 특히 중소기업에 엄청난 부담인 동시에 장기적인 경쟁력 확보를 가로막는 악재다. 직원 10명 미만의 초기 스타트업이나 대기업의 밸류 체인 끄트머리에 있는 중소 IT업체나 벤처기업 중에는 추진하던 프로젝트가 멈추는 등의 어려움을 겪는 곳이 늘고 있다. 우수 인력을 데려올 재력은 없고, 경력을 쌓은 유능한 직원들은 대기업만 바라보기 때문이다. 프로그래머는 물론이거니와, 웹디자이너까지 들썩인다는 말도 들린다.

✅ 개발자 인력, 왜 이토록 귀할까?

우리 사회는 전통적으로 과학 교육을 등한시해왔다. 고쳐야 한다고 아우성치면서도 고치지 못한 우리의 고질이다. 바로 이 문제가 개발자 인력의 태부족을 불러온 근원적인 이유다. 기본적으로 기업에 필요한 과학 인재를 대학이 길러내지 못한다는 얘기다. 그래서인지, 사회초년생 개발자 중에는 시키는 일도 제대로 못 해내는 경우가 많다는 불만이 넘친다. IT 개발자는 프로그램의 용량-성능과 직결되는 코딩을 효율적으로 할 수 있어야 하는데, 직관적이고 간결하게 코딩할 수 있는 능력자를 얻기란 하늘의 별 따기라고 한다. AI, 빅 데이터, 클라우드 등 주요 분야의 인력 부족이 2021년에 대충 9,400명이고 2022년에는 1만 명이 넘을 것으로 예측한 국책 연구기관의 조사 결과도 있다. 국내 소프트웨어 기업의 절반이 채용의 최고 애로 사항으로 '필요한 역량을 갖춘 인력 부족'을 꼽았다고도 한다.

☑ 개발자 부족, 한국만의 문제인가?

그렇진 않다. 개발자를 포함한 IT 인재 유치 경쟁은 글로벌 현상이다. 게다가 국내 개발자 인력의 해외 유출은 예나 지금이나 변함이 없다. 우리 블록체인 전문가를 대거 영입한 일본 전자상거래업체 라쿠텐은 현지에서 그 개발팀을 '김치'로 부른다 해서 언론에 오르내렸다. 국내 A급 개발자들에 눈독을 들이고 있기로는 구글, 마이크로소프트 등도 마찬가지다.

캐나다 기업 Element AI(엘리먼트 인공지능)가 분류해놓은 걸 보면, 한국은 최근 5년간의 자료를 기반으로 할 때, 개발자 인력의 유출이 유입을 훨씬 능가하는 '개발자 프로듀서 국가'에 해당한다. 무슨 말이냐 하면, 유능한 인재가 유입되거나 머무르는 정도가 모두 마이너스로, 외국에서 AI 인재가 들어오지 않고 기존 인력은 해외로 나가버리는 국가라는 의미다. (수치가 플러스로 커질수록 인력을 끌어들이는 환경적 매력도가 높다는 뜻) 실리콘 밸리의 평균 연봉이 국내 대기업보다 압도적으로 많은 데다가, 구글, 아마존, 애플 등에 진출해 그 능력과 창의성을 인정받은 한국인 개발자도 많다 보니, 외국 기업이 수시로 한국 개발자들을 넘보게 되는 것이다. 이래저래 국내 개발자 기근 현상은 단기간에 쉽게 풀릴 것 같지 않다.

003 개인 대 개인 대출
P2P Lending: Peer-to-Peer Lending

직접 빌려주겠다는데 은행이 왜 필요해?

　은행이 개입하지 않고 투자자가 개인에게 직접 대출해주는 온라인 금융 서비스. 투자자와 돈이 필요한 개인 사이에서 이런 서비스를 제공하는 P2P 업체는 전통적인 금융기관에 비해 간접비와 운영비를 줄일 수 있어 유리하다. 따라서 채권자(투자자)는 은행에 투자-예금하는 것보다 높은 수익률을 낼 수 있고, 채무자는 좀 더 낮은 이율에 돈을 빌릴 수 있다. 아울러 P2P 대출 회사는 그 둘을 연결하는 대가로 수수료도 받고, 채무자의 신용 등급을 확인하는 서비스로도 이익을 낼 수 있다. 현재 국내 업체들이 제공하는 P2P 대출의 연간 수익률은 7~11%, 연체율은 3~8% 정도로 알려져 있다.

　P2P 대출의 원천이 되는 자본은 개인, 기업, 자선단체 등의 모금으로 형성된다. 그렇게 축적된 자금으로 개인에게 제공하는 P2P 대출은 대개 무담보 신용대출인 반면, 채무자가 기업인 경우엔 담보대출이 대

부분이다. 중소기업들의 매출채권이라든지 아파트나 빌딩 등 부동산, 귀금속이나 시계 같은 사치품 등이 담보로 제공된다. P2P 대출의 금리는 역경매 방식으로, 가장 낮은 금리를 제공하는 채권자의 금리가 책정되거나, 중개 회사가 채무자의 신용 등급에 따라서 금리를 책정하기도 한다. 어쨌거나 투자자로서 반드시 알아두어야 할 점은 일반적으로 채권자의 투자금액이 정부로부터 보호받지 못한다는 사실이다. 게다가 P2P 업체의 부실한 심사로 인해 원금의 80% 가까운 손실이 발생하거나 건설 공사를 둘러싼 사기 행위가 개입되는 등, 높은 리스크도 존재하므로, 반드시 계산에 넣어야 한다.

최근에는 아파트 담보 대출채권을 기반으로 하는 P2P 투자상품이 인기다. 담보물인 아파트 가치가 떨어져 원금을 돌려받지 못할 확률은 대단히 적기 때문이다. 반대로 건물 신축을 위한 프로젝트 파이낸싱(PF) 대출채권 투자상품은 위험하다는 평가가 많다. 시행사와 시공사의 신용도를 확인하기 어렵다는 리스크 때문이다. 공장 설비나 농축산물 등을 담보로 잡는 동산담보대출도 연체율이 너무 높아 기피 대상이다. 어쨌거나 P2P 투자상품은 1만 원씩 소액 투자가 가능하므로, 철저한 분산투자가 현명한 방법이다. 한두 개 채권에서 연체나 부실이 나도 안정된 수익을 내거나 손실을 최소화할 수 있기 때문이다.

P2P 대출 업체와 시장 규모

자료: 미드레이트

우여곡절을 겪어온 P2P 투자시장이 '옥석 고르기'를 거치면서 업계의 신뢰성도 개선되고 있다. 특히 최근 1년 반 동안 한 건의 부실도 발생하지 않은 카카오페이의 P2P 투자상품과 기업 신용평가를 기반으로 나이스abc가 취급하는 매출채권 담보 상품은 안전하다는 평을 받는다. 또 금융감독원이 5개 업체를 대상으로 '온라인투자연계금융업' 등록을 심사해, 이를 통과하는 회사의 P2P 투자상품은 비교적 믿을 만하면서 동시에 매력적인 수익률을 가져다줄 것 같다.

공식 통계에 의하면, P2P 투자자는 2021년 8월 현재 약 80만 명인데, 아직 등록하지 못한 80여 업체들의 대출 잔액은 무려 1조2,500억 원에 달한다. 이들이 등록에 실패해 폐업한다면 엄청난 혼란에 빠질 수 있다. 금융감독원은 사전 대비에 고심 중이고, 이미 등록을 완료한 P2P 업체가 미등록 업체의 채권을 인수해 처리하는 방안도 논의하고 있다.

004 개인종합자산관리계좌
ISA: Individual Savings Account

딱 하나뿐인 나만의 만능통장

하나의 통장으로 예금, 적금, 주식, 펀드, 상장지수펀드(ETF), 주가연계증권(ELS) 등 다양한 상품에 투자할 수 있는 은행 계좌. 그래서 흔히들 '만능통장'이라 부른다. 원래 국민에게 자산 형성의 기회를 제공하고 노후 자금 축적을 돕겠다는 의도로 정부가 2016년 3월에 출범시켰던 제도다. ISA 시장을 넓혀서 은행에 맡겨져 있는 자금을 자본시장으로 유도하고 실물경제를 회복하려는 뜻도 담겨 있다. 그런데 막상 뚜껑을 열고 보니, 가입 조건이 까다롭고 가입할 수 있는 상품이 한정적인데다, 투입할 수 있는 금액과 계좌 유지 조건까지 더해져서 썩 매력적이지 않다는 평이었다.

이에 정부는 2021년 3월 ISA 제도 개선책을 내놓았다. 만 19세 이상이면 누구나 가입할 수 있다. 학생이나 전업주부처럼 소득이 없어도 괜찮다. 만 15세 이상도 직전 연도에 근로소득이 있으면 가입할 수 있다.

문턱이 크게 낮아진 셈이다. 펀드나 ETF 정도에 국한되었던 투자 대상이 확대되어 이젠 국내에 상장된 주식에도 직접 투자할 수 있다. 원래는 일단 개설하면 최소 5년은 의무적으로 보유해야 했는데, 이 기간도 3년으로 줄었다. 또 만기에 무조건 해지해야 했지만, 이젠 가입자가 원하면 연장할 수도 있다. 이 정도의 개선책이면 앞으로 점점 더 인기를 누릴 수 있을 것으로 보인다. 일반적으로 재테크를 하면 이자소득세 15.4%를 물어야 하지만, ISA를 활용하면 비과세에 분리과세까지 누린다는 점에서, 무엇보다 절세 측면이 두드러지는 재테크라 하겠다.

ISA는 모든 금융회사를 통틀어 한 사람이 딱 1계좌만 개설할 수 있는데, 일임형과 신탁형이 있어 골라 가입할 수 있다. ⑴ 일임형은 금융사의 모델 포트폴리오 가운데 하나를 가입자가 선택하고 그 포트폴리오를 금융사가 운용하는 방식, ⑵ 신탁형은 투자할 상품을 가입자가 직접 선택하는 방식이다. 원래 일임형의 투자는 증권사 고유 업무였지만, 금융위원회가 투자자의 선택권을 넓혀주자는 취지로 ISA에 한해 은행도 일임형 업무를 할 수 있도록 했다.

☑ 운용 수익에 대한 과세는?

ISA를 운용해서 이익도 발생할 수 있고 손실도 날 수 있을 텐데, 세금은 이익에서 손실을 공제하고 남는 순이익에만 부과된다. 순이익 200만 원(서민형의 경우 400만 원)까지는 비과세이고, 초과분은 (계좌를 만기까지 보유해야 한다는 조건 아래) 9.9% 분리과세 혜택을 받는다. 개인이 3년 넘게 보유한 ISA를 연금계좌로 이전하면 전액의 10%까지 (단, 300만 원 이내) 소득공제를 받을 수 있어 유리하다. 그러니까 3,000만 원은 연금계좌로 옮김으로써 최대한의 소득공제를 받고, 그 이상의 금액은 일단 해지했다가 다시 새 ISA에 가입하면 새롭게 200만 원의 비과세 혜택을 누릴 수 있다. 다소 까다롭고 귀찮은 일일 수 있지만, 정당한 절세를 마다할 필요는 없지 않을까.

영국이나 일본도 ISA를 시행한다. 영국의 경우, 16세 이상의 국민을 대상으로 하여 1만5천 파운드(약 3000만 원) 한도로 ISA를 운영하는데, 국민의 40% 이상이 가입해 재테크 기본통장으로 삼고 있다. 우리보다 조금 앞서 2014년 초에 ISA를 도입한 일본에서는 20세 이상 거주자들이 연 100만 엔(약 1,000만 원) 내에서 비슷한 내용의 ISA 계좌를 개설해 운용한다.

005

경제충격 복원력
Resilience to Economic Shocks

누가 빨리 회복할까, 내기하자

코로나-19는 세계 어느 나라도 예견하지 못한 재난이었다. 정도의 차이는 있지만, 모든 나라의 경제가 상당한 충격을 받았다. 하지만 그 충격의 크기보다 정말 궁금한 것은 각국이 거기서 얼마나 빨리 회복할까, 하는 점이다. 이런 회복의 속도를 전문용어로는 경제충격 복원력이라고 부른다.

OECD(경제협력개발기구)가 G20(주요 20국)을 대상으로 코로나 이후 경제복원력을 조사해봤다. 그 결과, 2021년 말이 되면 미국 경제만이 유일하게 코로나의 충격에서 벗어나 정상 궤도에 진입할 것으로 전망됐다. 한국은 20국 가운데 6위였고, 중국과 일본이 한국보다 앞선 순위를 차지했다. 그 자체가 우리에겐 우울한 또 하나의 충격이다. 복원력이야말로 오랜 세월 한국 경제의 장점 아니었던가. 우리는 우리 경제의 중요한 장점으로 일컬어왔던 특유의 복원력을 잃은 것일까? 현대 경제의 틀이 근원적으로 변해서 예전의 복원력이 작동할 수 없게 된 걸까? 둘 중의 하나일 것이다. 어느 경우이든, 코로나-19로 인한 경제적 충격이 만성화될 수 있다는 뜻이니, 걱정이다.

 주요 국가별 2021년 GDP 전망치와 코로나 이전 전망치

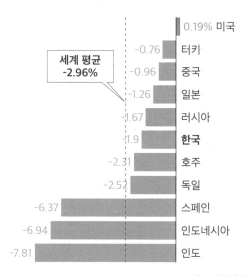

자료: 경제협력개발기구(OECD)

☑ 코로나 이전 예상과 이후 예상, 얼마나 다를까?

OECD는 최근 흥미로운 통계수치를 발표했다. 코로나-19 이전인 2019년 말에 예상했던 2021년 국내총생산(GDP)과 코로나바이러스가 악화한 2020년 말에 예상한 2021년 GDP를 비교한 자료다. 말하자면 코로나바이러스라는 '경제충격'에서 얼마만큼 회복할 수 있을지, 애초 예상했던 성장을 얼마나 이루어낼지를 재본 것이다. 이 수치에 의하면 한국의 2021년 GDP는 코로나 이전 예상보다 이후 예상이 1.9% 낮다. 한국의 경제충격 복원력을 가리키는 이 수치는 세계 평균보다는 좋지만, OECD 20국 중 6위에 해당한다. 2021년 경제는 3.3% 성장으로 G20 중 15위에 머물고, 2022년 성장률(3.1%)도 12위에 그칠 것으로 전망되어, "2020년 경제성장률 OECD 국가 중 1위"라는 현 정부의 자화자찬을 무색하게 만든다. 1998년의 외환 위기와 2008년의 글로벌 금융위기 때 보여주었던 강력한 반등(복원력)이 이번에는 어려워 보인다.

그러나 미국은 2021년 GDP가 코로나 이전의 전망보다 오히려 0.19% 더 높을 것으로 예측되었다. 정부의 경기부양책 덕분에 미국의 복원력이 대단히 튼튼해졌다는 얘기다. 그밖에 위의 도표가 보여주는 것처럼, 중국, 터키, 일본 등도 애초의 전망에 크게 뒤지지 않고 선방할 것으로 보여, 우리보다 경제충격 복원력이 괜찮은 것으로 평가됐다. 세계 전체의 평균 GDP는 코로나 이전의 예상보다 2.96% 위축될 것으로 추정됐다. 각국 정부가 막대한 통화·재정 부양책을 쏟아냈음에도 2020년에 −3.4% 역성장을 기록했기에, 2021년의 반등은 2020년 갉아먹은 성장을 회복하기에 역부족이란 얘기다.

006

공급 절벽
Supply Cliff

실물경제 회복을 가로막는 괴물

이 용어는 굳이 설명이 필요하지 않아 보인다. 수요에 비해 절대적으로 부족한 공급. 신종 코로나 창궐로 바닥을 쳤던 수요가 급반등하면서 품목과 장소를 가리지 않고 공급 절벽의 부작용이 나타나고 있다. 중요한 것은 이런 공급의 절대적 결핍이 왜 발생하는지, 어떤 영향을 경제 전반에 미치는지, 왜 하필 2021년에 커다란 이슈로 등장한 건지, 앞으로 이런 '절벽'은 어떻게 해결될 것인지, 등을 짚어보는 일이다.

 미국 제조업체 공급망 지수

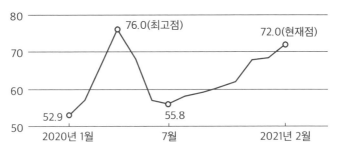

☑️ 공급이 수요를 못 따라간다? 팬데믹 시대의 아이러니?

차량용 반도체가 없어서 자동차를 못 만든다. 가전제품에 쓰이는 강판이 부족해 업체 간 쟁탈전이 극심하다. 합성수지가 모자라 플라스틱 가격이 폭등한다. 유리 부족으로 LCD(액정 표시 장치)와 OLED(유기 발광 디스플레이) 생산이 어렵고, 이어 TV와 스마트폰 생산까지 덜컹거린다. 세계 경제가 어찌어찌 신종 코로나의 영향에서 벗어나는가 싶더니, 이젠 회복에 꼭 필요한 무기가 부족하단다.

상식적으로 설명해보자. 공급 절벽은 수요가 갑자기 늘어도 생기고, 반대로 공급이 확 줄어도 발생하는 현상이다. 그런데 2021년의 공급 절벽은 이 두 가지 원인이 동시에 작용했다. 보기 드문 사례. 코로나바이러스가 무섭게 번지자 각국은 우선 봉쇄 조치와 사회적 거리 두기로 이에 대응했다. 그러자 사람들이 집에 머무는 시간이 늘면서 내구재에 대한 수요가 뜻밖에도 급증했다. 스타벅스나 레스토랑에 갈 수가 없으니, 대신 넷플릭스를 보기 위한 TV, 스마트 기기, 가구 등을 향한 수요가 늘어난 것이다.

고약하게도 공급 위축까지 겹쳤다. 코로나-19로 경기가 냉각했을 때 제조업체들의 첫 번째 반응은 무엇이었을까? 생산량의 대폭 축소였다. 그러자 부품과 원자재 업체들도 재빨리 구조 조정과 생산 감소로 대응했다. 아, 이것이 화근이었다. 몇 달 후 공산품 수요가 반등하고 부품·원자재 공급 요청이 다시 빗발쳤건만, 이미 생산 시설과 인력을 줄인 부품-원자재-제조업체들은 바라는 만큼 생산을 그리 빨리 회복할 수 없었다. 충분한 회복에 6개월~1년 이상이 걸리다 보니, 공급 절벽은 피할 도리가 없게 된 것이다. 그 대표적 사례로 자동차용 반도체를 드는 전문가도 많지만, 건축 자재, 디스플레이, IT 부품 등 대부분 공산품에서 '절벽' 상황이 벌어지고 있다.

☑ 엎친 데 덮친 격, 글로벌 운송에 '병목 현상'까지?

공급 절벽을 더 악화시킨 것은 글로벌 운송망의 더딘 회복이다. 코로나-19 사태로 가장 혹심한 직격탄을 맞은 것이 항공운수 및 해운업이었으니, 그 복구가 유난히 힘들고 오랜 시간이 걸린다는 건 쉽게 상상할 수 있다. 어렵사리 공급을 늘려놓아도 운송이 안 된다면 무슨 소용이 있겠는가. 운송 문제로 인한 제조와 납품 차질로 전 세계의 업체들이 몸살을 앓고 있다. 온라인 쇼핑 급증과 해외 직구의 증가도 악영향이다. 가령 2020년 37%나 늘어난 미국 온라인 쇼핑 업체들의 5가지 주요 품목도 공급망의 병목 현상에 한몫했다는 분석이다. 판매는 미국 온라인 쇼핑몰이 하지만, 배송은 제조업체(거의 모두 중국)가 고객에게 직접하게 되어 글로벌 운송망 부담을 가중했다는 얘기다.

☑ 공급 절벽, 왜 무서운가?

(1) 생산 확대를 가로막아 실물경제 회복을 지연시킨다. 누구나 상상할 수 있는, 공급 절벽의 직접적인 충격일 터이다.

(2) 인플레이션을 초래, 주식과 부동산 등 자산 시장의 불안을 부추긴다. 코로나-19로 수요가 급감하자 금융기관들은 디플레이션을 예상했지만, 현실은 정반대의 문제로 골치가 아프다. 수요 확대든, 공급 부진이든, 결과는 가격 상승이니까. 제조업 핵심 부품과 원자재 가격은 이미 급등 조짐이다. 플라스틱 수지, 열연강판, LCD 패널 등등이 걸핏하면 "몇 년 만의 최고치"다. 미래의 물가 오름을 전망하는 '기대 인플레이션율'이 2014년 이후 최고라는 소리도 들린다. 이는 당연히 공산품 가격 인상으로 이어질 텐데, 소비자들은 2021년 하반기부터 본격적으로 인플레이션의 타격을 통감할 것 같다.

(3) 각국의 초저금리 정책이 덜컹거리다가 조만간 금리 상승이 시작된다. 물가 상승률이 너무 낮았기에 가능했던 초저금리와 그로 인해 풀려나간 엄청난 대출. 원금 상환에다 이자 부담까지 늘어나면서, 어쩔 수 없이 보유 주식과 부동산을 처분하려 들지 않겠는가.

(4) 산업과 경제 구조에 충격이 가해진다. 제조업 생산에 차질이 생기면 기업 매출이 줄고 폐업의 그림자로 고용도 불안해진다. 실물경제 회복이 부진해 가계 소득이 감소하고 소득 격차는 심해질 가능성이 크다. 이런 영향과 충격은 경제의 뿌리에 가해지는 데다, 비교적 장기에 걸쳐 점진적으로 다가오기 때문에, 소비자 개개인이 쉽사리 느끼기는 어려울지 모른다. 하지만 무엇보다 강력하고 광범위한 충격임에는 틀림없다.

☑ 공급 절벽, 어떻게 극복할 것인가?

주요국가들은 예외 없이 공급 절벽을 이겨낼 대책 마련에 고심 중이다.

- 리쇼어링(reshoring)을 통한 공급망 재조정; 해외로 나갔던 부품-소재 기업의 국내 복귀를 지원하고 촉진하는 방법. 현재 지구촌 경제를 주도하는 공급망은 어느 한 국가가 공급의 60~70%를 담당하는 모양새다. 일시적 수요 급증이나 공급 절벽에 대응하기 어렵다. 세계 경제의 가치 사슬 꼭대기에 놓여 있는 미국은 특히 리쇼어링에 적극적이다. 그러나 이런 추세는 미국에 그치지 않고 다수의 국가로 확산할 것이며, 산업로봇이나 AI의 괄목할 만한 발전은 이런 과정에 더욱 힘을 실을 것이다.

- 수직 계열화 지향; 제조업체들이 가능한 한 부품과 소재를 아예 직접 만드는 방법. 리튬 배터리의 안정적 공급을 위해 네바다에 세계 최대 리튬 배터리 공장을 차린 테슬라가 좋은 사례다. 테슬라는 내친김에 리튬 등 희토류까지 직접 채굴해 정제하겠다고 시설 투자에 나섰다. 원자재 채굴부터 부품 생산을 거쳐 완제품 생산까지의 전 과정을 스스로 하겠다는 것이다. 현대자동차가 배터리용 주요 원자재 니켈과 코발트 등을 생산하는 인도네시아에 전기차 공장 건설을 추진하는 것도 같은 맥락이다. 주요국들은 무엇보다 산업용 희토류를 가장 많이 생산함으로써 이 시장의 85%를 장악한 중국의 영향에서 벗어나기 위해 노심초사하고 있다.

한국은 제조업의 공급망과 생산 기지가 중국, 동남아 등지에 퍼져 있어, 코로나-19를 따라온 공급 절벽의 영향을 비교적 적게 받았시만, 절벽이 오래 이어지면 적잖은 타격을 입을 수밖에 없다. 게다가 한국 경제의 무역 의존도가 너무 높아, 리쇼어링이 전 세계로 확산하면 결국 수출입이 줄어들어 타격을 입을까 우려된다.

007

공매도 空賣渡
Short Selling

한 푼도 안 들이고 주식으로 돈 벌기

신종 코로나바이러스가 지구 전역을 침공한 2020년 초부터 주식시장의 불확실성이 더할 나위 없이 커진 가운데, 때아닌 공매도 논쟁이 불붙어 난리도 이런 난리가 없었다.

✅ 도대체 공매도가 도대체 무엇이기에?

공매도란, 쉽게 말하자면, 주식을 갖고 있지도 않으면서 주식을 판다는 얘기다. 무슨 뜻일까? 간단한 예를 들어보자.

1) A라는 주식의 현재가는 5,000원. 나는 앞으로 가격이 하락할 거라고 믿는다.

2) 약간의 수수료를 내고 A 주식 100주를 "빌려서"(빌리는 것이니까 투자는 제로), 곧장 현재가 5,000원에 "팔아버린다." (50만 원 생김)

3) A 주식의 주가가 내 예상대로 3,000원으로 떨어진다.

4) 그때 A 주식 100주를 30만 원에 사서, 주식을 빌려준 사람에게 100

주를 되돌려준다.

5) 나는 돈 한 푼 안 들이고 20만 원을 벌었다.

물론, 반대로 내 예상과 다르게 주가가 상승하면 코피를 쏟게 된다. 빌린 주식을 팔았을 때보다 더 비싸게 사서 갚아야 하니까. 그러므로 공매도를 시도하는 투자자는 (불법만 아니라면) 온갖 방법을 동원해서 주가가 하락하도록 만들려고 할 것이다. 바로 여기서 이런저런 문제가 생기고 불평-불만이 터져 나온다. 아니, 아예 '공매도=증시 급락'으로 생각하는 개인투자자들도 많고, 한국 증시를 오랜 기간 '박스피'에 가두었던 큰 요인이 공매도라고 주장하는 전문가들도 적지 않다. 어쨌거나 코로나-19로 주가가 폭락하던 2020년 3월 16일, 한국 정부는 1년간 공매도를 전면 금지했다가 다시 풀어주었다.

☑️ 공매도에 어떤 역기능이 있기에 볼멘소리가 나올까?

1) 증시의 하락을 부추기는 역기능. 딱히 명확한 증거는 없지만, 공매도가 주가 하락에 영향을 미치는 주범이라는 인식이다. 한국 증시가 오랫동안 '박스피'로 불리는 정체를 벗어나지 못하게 만들었다는 불만도 이런 인식에서 출발한다.

2) '기울어진 운동장'을 만드는 역기능. 모든 투자자가 공평한 기회를 누리지 못하게 가로막는다. 자본과 정보 수집 측면에서 압도적으로 유리한 외국인과 기관투자자들은 공매도를 활용해 수익

을 내지만, 그럴 수 없는 개인은 주가가 하락하면 마냥 손실을 볼 수밖에 없다. 2017년부터 2년간 유가증권시장 공매도 거래 중 외국인이 74%, 기관이 25%를 차지했다는 통계가 이를 뒷받침한다. 개인의 공매도는 거의 없었다고 보면 된다.

3) 불공정거래의 수단이 된다는 역기능. 외국인과 기관은 공매도를 통해 미공개 정보 이용이나 시세조종 등 불공정거래 행위를 저지를 수 있다. 실제로 그랬던 사례가 한둘이 아니다. 2018년 차입하지도 않은 상장주식에 대해 대규모 공매도 주문을 냈던 골드만삭스의 불법 행위를 비롯해 특히 외국인의 비정상적인 공매도가 적발되면서 이런 인식에 기름을 부었다.

☑ 그럼, 공매도에 순기능은 없는가?

전 세계에서 공매도를 금지하고 있는 나라는 한국과 인도네시아 정도밖에 없다. 공매도 금지가 계속되면 한국이 글로벌 자본시장에서 외톨이가 된다든가, 글로벌 자금 유입에도 지장이 생길 수 있다는 우려도 있다. 공매도가 마냥 나쁘기만 하다면, 세계 각국이 이를 일사불란하게 허용할 리가 있겠는가.

1) 무엇보다 전문가들이 먼저 꼽는 공매도의 순기능은 '적정 시장 가격의 구현'이다. 특정 종목에 대한 네거티브 정보를 주가에 재빨리 반영해 기업가치를 합리적 수준으로 조정한다는 논리다. 예

컨대 공매도를 막아놓으면 과대평가된 주식을 매도하기 어려워져 시장이 왜곡될 수 있다. 그런 경우 부정적 정보가 주가에 느리게 반영돼 거품이 생기는 등의 비효율이 발생한다. 국내외 여러 연구를 통해 밝혀진 사실이다. 주식시장이 효율적으로 기능하려면 공매도가 필요하다는 의견이 만만찮은 이유다.

2) 둘째로 공매도는 위험을 회피하는 '헷지(hedge)'의 수단으로도 쓰일 수 있다. '주가가 하락하면 수익이 발생함'이 공매도 개념의 핵심이므로, 주가 하락 위험을 회피(헷지)하는 수단이 된다는 얘기다. 한 업종 내에서 주가가 상승할 것으로 예측되는 종목은 매수하고, 상대적으로 성과가 부진할 것으로 보이는 종목을 공매도하는 전략을 쉬이 생각해볼 수 있다.

코로나-19 확산 직후 전 세계 주식시장이 출렁일 때, 그 어느 때보다 영리해진 개인투자자들이 SNS로 결집해 여기저기서 공매도와의 전쟁을 벌이기도 했지만, 공매도 제도 자체를 반대하는 사람들은 많지 않았다고 한다. 개인투자자를 위한 배려와 함께 공매도 관련 법과 제도를 정비하여 불법이나 편법의 가능성을 최소화하고 순기능이 작동할 수 있는 판을 깔아주는 것이 급선무다. 대형주 위주로 공매도 가능 종목을 정해두는 '공매도 지정제'를 비롯해 주요국에서 쓰이고 있는 다양한 공매도 제도의 연구도 필요해 보인다.

008

구독경제
Subscription Economy

이번 달은 제네시스, 다음 달엔 볼보!

'최신' 경제용어에 포함하기가 낯 뜨거울 정도로 제법 오래되었지만, 앞으로 비즈니스 '주류' 트렌드로 한층 더 주목받을 것이 확실해 보이는 개념. 구독경제는 문자 그대로, 신문이나 잡지를 구독하듯이 구독료를 내고 정기적으로 상품이나 서비스 등을 받을 수 있는 경제활동을 말한다. 이러한 구독경제에는 크게 3가지 유형이 있다.

1) 멤버십 형태 : 넷플릭스를 위시한 OTT라든가 음원 스트리밍을 구독하기 위해서 반드시 멤버가 되어야 하는 서비스 형식.

2) 렌털 형태 : 대표적으로 정수기, 자동차, 가구 따위 고가품 위주로 계약 기간을 정해 상품을 사용하고, 기간이 끝나면 반납하는 방식의 서비스.

3) 정기배송 형태 : 정기적으로 반복해서 상품을 받는 구독서비스. 생수, 휴지, 분유, 샴푸 등의 생필품 외에도 커피나 원두 같은 기호품 구독에 사용된다.

약간의 비용만 내면 달마다 차종을 바꿔 타거나. 취향대로 명화를 걸어놓고 즐길 수 있는 시대다. 필요하다고 꼭 큰돈 쓰면서 "소유"할 필요는 없잖아? 필요할 때 필요한 만큼만 배달받아 쓰고 사용료만 내면 되지 않나? 날이면 날마다 적잖은 시간과 노력을 들여서 먹거나 마시거나 사용하는 물품들, 매번 내 손으로 해야 하나? 가외의 비용을 살짝 들이더라도 누군가가 꼬박꼬박 만들거나 준비해서 가져다준다면 얼마나 편할까? MZ 세대가 소비 주축이 되면서, 생필품이나 가전제품 위주였던 구독경제가 자동차·그림·가구 등으로 넓어지고 있다. '미술품 시장=부유층' '고급 외제 차=부자들 전용'이라는 낡은 등식을 깨고 구독경제를 통해 고급품 시장도 대중화됐다.

✅ 구체적으로 어떤 구독서비스가 있는가?

롯데제과는 '월간 아이스'라는 이름 아래 매달 주제를 정해 집으로 아이스크림 꾸러미를 보내준다. 월 14,900원의 이용료만 내면 매월 다양한 아이스크림을 집에서 편안하게 받아 보는 구독서비스다. 어떤 제품이 배송되는지를 미리 공개하지 않아, 한껏 호기심까지 자극한다. 그전에 선보인 과자 구독서비스 '월간 과자'도 3시간 만에 신청이 마감되는 대성공을 기록했다.

전자상거래의 폭발 성장으로 선택 장애를 겪는 소비자가 많아서 '구독'이 백화점의 핵심 서비스 중 하나가 될 거라고 믿는 신세계백화점은 과일 구독서비스를 제공한다. 일정 구독료에 제철 과일을 매주 문

앞까지 배달한다. 보너스로 해당 과일의 보관 방법이며 고르는 요령, 맛있게 먹는 팁까지 보내준다. 월 5만 원이면 매일 빵 하나씩을 매장에서 직접 받는 서비스도 있다. 업계 최초의 빵 구독이었다. 소비자의 호응에 고무되어 프리미엄 쌀까지 구독서비스 품목을 확대했다.

수익성이 예전 같지 않은 신용카드사에도 특화된 구독경제 서비스는 미래 성장의 돌파구다. 마스크, 손 소독제, 반려동물 간식에다 전통주까지, 정기배송 서비스를 할인된 가격에 제공하는 현대카드의 12가지 구독 패키지가 그런 사례다. OTT나 음악 스트리밍의 할인 서비스가 포함된 삼성카드의 일부 상품, 유튜브 프리미엄과 넷플릭스 등의 결제 시 20% 할인 혜택을 주는 신용카드도 마찬가지다. 롯데카드는 차량 공유업체 그린카 이용권을 주는 구독경제를 구현하고, 신한카드는 '뮤직 북'이란 이름으로 음악 스트리밍을 싸게 제공한다. 일상생활과 밀착한 정기구독 상품을 유형별로 모아 아예 플랫폼을 출시하는가 하면(KB 국민카드), 정수기 등의 렌털 요금을 깎아주는 구독 서비스도(삼성카드) 있다. 이런 구독서비스는 가입자들이 경쟁사로 이탈하지 못하도록 묶어 두는 '록 인(lock in) 효과'로 안정적인 수익까지 낼 수 있어서 카드사들이 좋아한다.

세계 최대의 상점인 미국의 월마트는 '누구도 따라올 수 없는 최저 가격'이 자신들의 차별점이라고 생각했음인지, 최근까지도 구독서비스를 도입하지 않고 있었다. 하지만 유통업계 1위의 월마트도 구독경제 시대라는 큰 흐름은 거역할 수 없었던지, 2020년에 Walmart+(월마트플러스)라는 구독서비스를 출시했다.

✅ 구독경제의 시장 규모는 어느 정도일까?

우선 국내 시장은 2016년부터 불과 4년 만에 55%나 커져 2020년에는 40조1천억 원으로 성장했다는 것이 한 연구소의 조사 결과다. 이는 전 세계 구독서비스의 상승 추세와 그다지 다르지 않다. 전략 컨설팅 기업 McKinsey(맥킨지)의 2018년 보고서는 최근 5년간 구독경제 규모가 약 100% 성장했음을 알렸다. 글로벌 시장조사업체 Gartner(가트너)는 2023년 세계 기업의 75%가 어떤 형태로든 구독서비스를 제공할 것으로 전망했다. 구독경제라는 용어를 처음 사용한 기업으로 알려진 Zuora(주오라)는 자체적으로 '구독경제지수(SEI)'라는 것을 산출해 발표하곤 한다. 이 회사의 발표에 의하면, 2012년부터 2019년 상반기까지 신규 가입자는 연평균 15.4%씩 늘었고, 이 지수에 포함된 기업의 매출은 연평균 18% 이상 상승했다. 앞으로도 구독경제 시장이 꾸준히 성장하리라는 예측에 이견을 다는 전문가는 없는 것 같다.

구독경제 시장의 꾸준한 성장(단위: 조원)

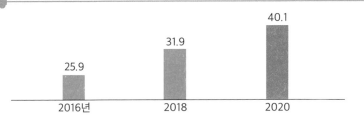

자료: KT경제경영연구소

다만 집에 머무는 시간이 늘면서 폭발적으로 증가했던 구독의 열기가 백신 접종 확대 및 경제 재개와 함께 빠르게 식을 수도 있다. 실제로 2021년 1분기 글로벌 OTT 업체 넷플릭스의 신규 구독자 수가 전년 동기보다 75% 급락하면서 그런 우려를 뒷받침했다. 월 스트리트 저널 역시 야외 활동이 늘어난 점이 구독경제의 규모를 줄였다고 언급했다. 백신 접종자가 눈에 띄게 늘면서 구독의 즐거움보다는 영화관, 여행지, 식당, 호텔 등을 찾는 사람이 많아지는 것은 어쩌면 당연한 일이다.

국가채무 / 국가부채

IMF까지 경고한 빚더미 신기록

중앙정부와 지방자치단체 등의 부채 가운데,

'국가채무': 상환 시점과 금액이 정해진 부채.

'국가부채': 공무원연금과 군인연금처럼 미래의 어느 시점에 지출하기 위해 현재 충당하는 '충당부채'까지 합한 것.

다시 말해서 국가채무에다 몇십 년 후 국가가 지출해야 할 금액(의 현재 가치)까지 더한 것이 국가부채라고 보면 된다. 실제로 앞으로 퇴직한 공무원이나 군인에게 지급할 연금충당부채는 국가부채의 절반 가까이 될 만큼 압도적이다.

2020년 대한민국의 '나라 살림'은 각종 '신기록'을, 그것도 나쁜 의미의 신기록을 쏟아냈다. 국가채무 총액, 1인당 국가채무, 재정 적자 규모 등 모든 지표가 사상 최악이었다. 아무리 코로나 사태 속의 긴급 상황이라 해도 너무했다. 재정 건전성 유지를 위한 대책이 필요하다는 지적이 여기저기서 나온다. 그럼에도 주요국들에 비해 우리 재정이 건전하다는 현 정부의 고집은 꺾일 줄을 모른다. 2021년과 2022년에도 확장재정을 이어갈 태세다.

 우리나라의 국가채무 추이

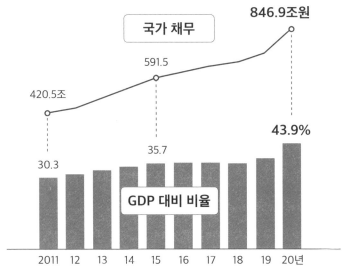

자료: 기획재정부

☑️ 기획재정부가 발표한 '2020 회계연도 국가 결산' 내용

1) 국가채무 규모: 중앙정부 채무 819조2천억 원 + 지방정부 채무 27조7천억 원 = 856조9천억 원. 공공기관들의 채무에 대한 국가의 보증, 즉 미래에 국가의 직접 채무로 바뀔 수 있는 우발부채(contingent liabilities)는 이 통계에 포함되지도 않았다. 이 국가채무

는 전년보다 120조2천억 원 증가한 수치로, 국내총생산(GDP)의 43.9%에 해당한다. GDP에 대한 국가채무 비율 40%는 과연 '건전 재정의 마지노선'이냐, 아니냐를 두고 2019년에도 한바탕 논란이 벌어졌지만, 이미 그 수준을 훌쩍 넘겨버렸다. 나랏빚이 1년 새 이만큼 늘어난 적은 일찍이 없었다.

2) 국민 한 사람이 갚아야 할 국가채무: 2020년 말 주민등록 인구 기준으로 1인당 1,634만 원에 달한다. 이 수치 역시 전년도의 1,395만 원보다 200만 원 넘게 늘었다. 문재인 정부 출범 이후 4년 동안은 35% 늘어났다.

 1인당 국가 채무 추이

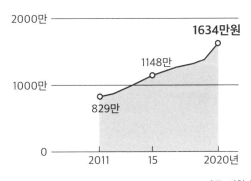

자료: 기획재정부·행정안전부

3) 국가채무에다 가계와 기업의 (민간부문) 부채를 합친 총부채는 훨씬 더 암울하다. 2020년의 4,594조 원에서 10.3%나 늘어난 5,070

조 원으로 집계됐다. 10년 전만 해도 2,859조 원이던 부채는 그동안 1.8배 늘었고, 이제 국민 1인당 대충 1억 원의 빚을 감당해야 한다는 얘기다.

이렇다 보니 2020년 우리나라의 총수입에서 총지출을 뺀 통합재정수지는 71조2천억 원이나 적자였다. 또 국민연금을 비롯해 사회보장 성격이 강한 기금들은 그래도 아직까진 걷히는 돈이 지급보다 많아서 흑자임에도 불구하고, 살림살이 전체를 보여주는 관리재정수지도 112조 원이나 적자를 기록했다. 둘 다 사상 최대 규모다. 정부는 재정 적자가 이처럼 불어난 것이 코로나 위기 때문이라고 설명했다. 하지만 그뿐일까? 우리나라 재정의 건전성에는 기실 코로나 이전인 2019년부터 빨간불이 들어와 있는 상황이었다. 2015년 이후 흑자를 기록해오던 통합재정수지가 적자로 돌아섰는가 하면, 적자 폭을 줄여오던 관리재정수지 역시 한층 더 악화했기 때문이다.

✅ 앞으로가 더 걱정?

정부가 국가채무의 급속 증가를 심각하게 느끼지 않는다는 점이 문제다. 2021년에도 벌써 한 차례 추가경정예산이 집행되었고, 제2회 추경 예산이 논의되고 있다. 정부는 국가채무가 GDP의 48.2%인 965조9천억 원까지 늘어날 것으로 전망한다. 그런데도 OECD 평균인 GDP 대비 110%보다 크게 양호한 수준이라며 천하태평이다. 잠시 채무가 늘어나더라도 재정을 확장해 일찌감치 위기를 극복하고 경제 역동성을 확보하는 게 낫다는 논리다.

하지만 빚은 쉽사리 생각할 문제가 아니어서 안심하면 안 된다. 특히 증가속도가 너무 빠르다는 우려가 심하다. 2000년 이래 우리나라 국가채무는 연평균 11.1% 늘었으며, 이는 OECD 37국 가운데 6위의 쾌속 증가였다. 그뿐 아니다. 향후 가파른 고령화 진행으로 복지 지출의 확대는 그야말로 '걱정이 태산' 아닌가. 우리보다 고령사회 도달이 훨씬 빨랐던 독일과 프랑스 등도 도달 시점의 재정 건전성이 지금의 우리보다 훨씬 좋았다. 게다가 기축통화국도 아닌 우리나라는 국채 발행을 마음대로 할 수도 없지 않은가.

☑ IMF까지 경고하고 나섰다.

"재정 중독에 빠진 한국의 나랏빚 증가세가 코로나-19 이후에도 이어질 것이다." 오죽했으면 IMF까지 나서서 우려와 경고의 메시지를 날렸을까? 2021년 4월 IMF 재정모니터에서 팬데믹 이후 세계 각국이 급격히 늘렸던 빚을 줄여나갈 것으로 예측되는 가운데, 유독 한국의 나랏빚은 가장 빠르게 늘어날 것으로 전망한 것이다. 각종 현금성 의무지출을 늘려왔기에 빚을 계속 내야 하기 때문이라는 설명이 붙었다. (주요 선진국 중 독일과 캐나다의 부채 비율은 각각 13.2%포인트, 18.2%포인트 줄어들고, 미국과 영국은 증가 폭이 각각 1.7%포인트, 5.9%포인트에 그칠 것으로 예상. 반면 한국은 2026년까지 GDP 대비 국가채무 비율이 53.2%에서 69.7%로 높아질 전망. 이는 주요 35개국 중 가장 높은 수준.)

한국의 총부채 증가세(단위: 조원)

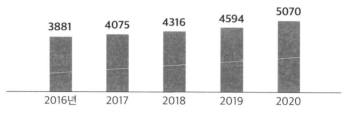

3881 / 4075 / 4316 / 4594 / 5070

2016년 / 2017 / 2018 / 2019 / 2020

자료: 추경호 국민의힘 의원

 2021~2026년 국가부채 예상 (단위: % 포인트)

한국 16.5
영국 5.9
미국 1.7
일본 -1.8
프랑스 1.7
독일 -13.2
캐나다 -18.2

자료: IMF

정부 부채 못지않게 가파르게 오른 가계 부채도 심각하다. 지난 10년 새 우리네 가계 부채는 2배 넘게 증가했을 뿐 아니라, GDP와 견주어 본 비율(103.8%)도 사상 최초로 100%를 넘어섰다. OECD 회원국 중 가장 높은 증가율이다. 저금리 덕택에 폭증한 부채는 앞으로 금리 인상에 따라 상환 비용이 급증할 것이고, 이는 국가경제 전체에 부담을 줄 것이다. 문재인 정부 들어 국가채무에 무감각한 성향에다 경제정책까지 잇달아 실패하면서 대한민국이 모두 빚더미에 올라앉았다는 우려가 심상찮다. 미래 세대는 이런 빚 폭탄을 어떻게 감당할 것인가. 2020

년만 해도 선진 35국 가운데 24위였던 한국의 부채 비율이 2026년에는 19위로 상승하게 된 배경을 신중하게 검토해서 하루바삐 '빚 관리'에 나서야 할 것 같다.

IMF의 지적처럼 사회복지 확충, 일자리 창출 지원, 미래 혁신 등을 위해 중-장기적으로 늘어날 대한민국의 지출은 국가채무의 꾸준한 상승을 초래할 수밖에 없다. 재정 확대는 참으로 고약한 녀석이어서, 한번 시작되면 멈추기가 여간 어렵지 않다. 코로나-19라는 천재지변에 가까운 변수를 쏙 빼더라도, 현 정부는 아슬아슬한 확장 재정을 고수하고 있다. 어쩔 수 없이 국가채무를 늘렸던 메르켈 독일 총리도 그러한 재정 지원을 한없이 지속할 수는 없다면서 2023년부터 나랏빚을 줄이겠다고 공언했다. 진정 미래를 생각하는 정부라면, 그 정도의 절제는 꼭 필요하지 않겠는가.

그린 본드 혹은 녹색 채권
Green Bond

그다지 실속은 없지만 '그린'이니까

친환경 성격의 투자에 필요한 자금을 조달하려는 특수목적 채권. 예컨대 생태환경의 보존이나 복원, 오염 방지, 탄소 배출 절감, 수질 관리, 에너지 효율화 등 친환경 사업에 투자하기 위해 발행하는 채권이다.

✅ 그린 본드의 역사

녹색 채권이 처음 세상에 등장한 것은 2007년, 유럽투자은행이 'Climate Awareness Bonds(기후 의식 채권)'라는 이름으로 8억 달러를 발행하면서다. 회사채 분야에서는 스웨덴의 한 부동산 업체가 '녹색 회사채'를 발행하면서 시장이 형성되기 시작했다. 2013년에는 국제금융공사가 녹색 채권 10억 달러어치를 1시간 만에 '완판'한 기록도 눈에 띈다. 국채의 범주에서는 폴란드를 시작으로 지금까지 20여 국가가 '그린 국채'를 발행했다.

한국은 정부가 2019년 처음으로 '녹색·지속 가능 국채'(5억 달러)를 발행했고, 회사채는 2021년 들어서 대기업들이 그린 본드 발행에 참여했다. 최근 SK하이닉스는 ESG 경영과 친환경 사업을 위해 5억 달러의 그린 본드 발행을 발표했는데, 놀랍게도 전 세계 기관투자자들이 앞다투어 주문한 금액만 54억 달러에 이르렀다고 한다. 그야말로 그린 본드의 인기를 실감케 하는 에피소드였다.

세계 유수 기업들이 기후변화 등에 선제적으로 대응하려는 ESG 활동에 나서면서, 그린 본드의 발행도 급증하고 있다. 그린 본드의 인증을 맡은 CBI(Climate Bonds Initiative; 기후 채권 이니셔티브)가 발표한 수치에 의하면, 2020년 말까지 발행된 녹색 채권은 누적 1조 달러에 달한다. 이 자금이 가장 많이 투자된 분야는 재생에너지 산업(35%)이고, 저탄소 건축(26%), 친환경 교통 시스템 구축(19%) 등이 뒤를 이었다.

그린 본드의 수요 측면은 어떨까? 한마디로 대호황이다. 어디선가 그린 본드를 발행한다고 하면, 순식간에 투자자가 몰려들어 모집액이 채워진다. 찍어내기 무섭게 완판이다. 그야말로 채권시장을 푸르게 달구고 있다. 녹색 채권 발행액은 2013년 146억 달러에서 2020년의 3,053억 달러로 불과 7년 새 21배 가까이 늘었다.

☑ 그린 본드, 수익성은 좋을까?

'수익성만 따지면 그다지 매력적이지 않다'가 정답이다. 대체로 일반 채권보다 가격이 비싸기(즉, 금리가 낮기) 때문이다. 발행 전 CBI 인증 획득도 필수고, 수익을 어디에 쓰는지도 공시해야 하는 등, 추가 비용도 생긴다. 이런 코스트를 업계에서는 'greenium(그리니엄; 녹색 프리미엄)'이라 부른다. 이래저래 그린 본드의 평균 수익률은 2018년 상반기의 2.35%에서 2020년 상반기엔 1.52%, 2021년 5월엔 1.06%로 대충 반 토막 났다. 거꾸로 말하면 수요가 공급보다 더 빠른 속도로 늘면서 그만큼 가격이 올랐다는 뜻이다.

수익성도 그저 그런데, 왜 그린 본드의 인기는 줄곧 상승일까? 재무적인 이유는 딱히 찾기 어렵고, 친환경이라는 명분, 인류와 지구의 미래를 위한 투자라는 명분에 답이 있는 것 같다. 덩치 큰 글로벌 기업에겐 미래 고객들을 향한 친환경적이고 긍정적인 마케팅 스토리를 갖는 것이 재무적 수익보다 더 중요할 수 있지 않겠는가. 게다가 그린 본드에 투자하면 이런저런 세금 혜택을 주는 나라도 있다.

ㄱ - ㄹ

011

그린 워싱
Greenwashing

생색만 내는 친환경 잡아내기

1961년 영화 「Breakfast at Tiffany's(티파니에서 아침을)」에서 백인 배우 Mickey Rooney(미키 루니)는 뻐드렁니 분장을 하고서 일본 사람을 연기했다. 일본 애니메이션을 원작으로 한 영화 「Ghost in the Shell(공각기동대)」에선 서양인 배우 Scarlett Johansson(스칼릿 조핸슨)이 아예 일본인 주인공 역할을 맡았다. 이렇듯 백인이 유색인종 역할을 한다든지 아예 유색 인물을 백인으로 바꿈으로써 인종차별 하는 행위를 whitewashing(화이트워싱)이라 부른다.

같은 식으로, '그린 워싱'이란 전혀 환경친화적이지 않으면서 친환경적인 것처럼 홍보하는 가짜(위장된) 환경주의다. 최근 몇 년 사이 환경과 사회를 위한 기업들의 투자와 노력을 강조하는 분위기가 압도적으로 커졌다. 녹색 채권, 녹색 펀드가 넘쳐나고 그린 뉴딜이 여기저기서 진행된다. 물론 이런 움직임에 호응하는 기업들도 급증하는 추세다. 하지만 거꾸로 친환경 효과를 과장하거나 아예 대놓고 환경 친화의 이미지를 조작하는 그린 워싱 사례도 빠르게 늘고 있다. '지속 가능(sustainable)'이란 수식어를 버젓이 단 제품들이 알고 보면 그린 워싱의 산물로 밝혀진다. 친환경 제품이나 서비스가 많아졌다고 해서 우리의 생활도 자연 친화적으로 개선된 걸까? 섣부른 판단은 금물. 교묘하게 숨어 있는 '녹색 거짓말' 혹은 '친환경 생색내기'에 대한 주의가 필요하다.

☑ 구체적으로 어떤 사례들이 있는가?

공장형이나 다름없는 양계장에서 만든 달걀을, 학대받지 않은 닭이 낳은 친환경 달걀이라고 홍보해 훨씬 비싸게 판 회사. 제품을 '종이 용기'에 담는다고 속였다가 종이 겉면 안의 플라스틱 용기가 드러난 화장품 회사. 해마다 8톤의 탄소를 배출하는 알루미늄 용기를 사용하면서도 지속 가능한 알루미늄을 위해 다양한 정책을 펼친다고 홍보해온 네슬레. 제품 용기의 4분의 1을 2015년까지 재활용 플라스틱으로 만들겠다고 공언해놓고 2019년까지 9%에 채 못 미친 코카콜라. 그린 워싱의 사례는 일일이 헤아릴 수가 없다. 녹색 채권 발행 기업들의 대부분은 탄소 배출 주범인 '굴뚝산업'에 속한다고 블룸버그가 꼬집은 일도 있다. 한국소비자원은 시중에 유통되는 녹색 관련 표시 제품 중 46%가 허위 아니면 과장 아니면 정보 누락이라고 이미 2012년에 발표한 바 있다. 하지만 소비자들도 이젠 여간 깐깐한 게 아니다. 대충 넘어가는 일이 없을 정도다. 국내에서도 친환경 제품이나 캠페인이 늘어나면서 소비자들은 슬슬 그린 워싱을 찾아내고 있다.

✅ 그린 워싱을 제재할 수 있는 법적인 근거는?

이 점이 사실은 문제다. 친환경 활동에 대한 체계적인 모니터링도 없고, 그린 워싱을 밝혀낼 또렷한 기준도 아직은 없다. EU는 업종에 따라 어떤 종류의 경제활동이 환경적으로 지속 가능한지를 가려내고 그린 워싱을 막기 위해 Taxonomy(택소노미)라는 이름의 분류 체계를 2020년에야 만들었다. 계획대로라면 이 '택소노미'는 2022년부터 사용될 것이다. 우리나라도 크게 뒤처지지는 않아서, K-택소노미, 그러니까 한국형 녹색분류체계를 막 마련했으며, 2021년 하반기 금융권에 시범 적용한다는 계획이다. 미국도 정부 차원에서 그린 워싱을 규제한다. 가령 제품에 부착하는 친환경 마크는 정부의 표시 사용 지침에 따라 공신력 있는 기관의 마크만 사용해야 한다.

어쨌거나 정부-기업-소비자가 일사불란한 노력을 기울여야만 믿을 만한 친환경 제품과 그린 서비스가 많아지고 주류로 자리를 잡을 수 있다. 소비자는 시장의 주체다. 어떤 친환경 인증이나 마크가 신뢰할 만한지, 소비자가 능동적으로 배우고 관찰하고 그린 워싱과 분별해내는 능력을 갖추어야 할 것이다.

✅ 어떤 기준으로 그린 워싱을 판단하는가?

법률이나 확립된 제도에 의한 판단 기준은 없지만, 해외 주요 언론들은 소위 'seven sins of green washing(그린 워싱 칠거지악七去之惡)'이란 것을 이용해 그린 워싱 여부를 가린다.

1) Hidden Trade-Off(상충효과 숨기기): 사소한 친환경 속성만 부각하고, 더 큰 환경 침해 요소는 슬쩍 숨기면서도 제품에다 '친환경' 레이블을 붙이는 짓.

2) No Proof(증거 없음): 제품의 레이블이나 웹사이트에 버젓이 자랑하는 '친환경'에 대해서 올바른 증거를 제시하지 않는 짓.

3) Vagueness(모호함): "100% 자연산" 따위의 제대로 정의되지 않는 개념이나 뜻이 명확하지 않은 용어를 사용하는 짓.

4) Irrelevance(엉뚱함): 기술적으로는 옳을지 모르나 제품의 친환경 여부를 가릴 때 전혀 무관하거나 도움이 안 되는 사실을 내세우는 짓. 가령 불소는 법으로 이미 사용이 금지되어 있음에도, 불소를 안 썼다고 자랑하는 짓.

5) Lesser of Two Evils(덜 나쁨): 이미 친환경이 아닌 것으로 판명된 범주 안에서 다른 제품보다 친환경적이라고 내세우는 짓. '유기농 담배'는 유기농이니까 친환경이라 할 수 있을까?

6) Fibbing(거짓말): 그야말로 사실과 다른 새빨간 거짓말로 홍보하는 짓.

7) Worshiping False Labels(엉터리 레이블): 제삼자의 보증을 받았다든가, 존재하지도 않는 인증서를 받은 것처럼 암시하는 짓.

012

그린 코인
Green Coin

기왕이면 암호화폐도 친환경으로

비트코인이나 이더리움 등의 가상화폐는 가격의 급등락 때문에 극도의 불안감을 유발하기도 하지만, 환경파괴를 가속하는 더러운 화폐로 손가락질당하는 측면도 크다. 이들에 비해 전력 소모량이 훨씬 적은 저전력 가상화폐를 '그린 코인'이라 일컫는다. 경제와 사회 전반에 환경 이슈가 필수 요소로 떠오르면서, 특히 젊은 세대의 투자처인 가상화폐 시장도 이를 피해갈 수는 없는 모양이다. 가령 시가총액 4위인 ADA(에이다)는 가상화폐의 환경파괴 문제가 불거지자 사흘 만에 사상 최고가를 기록했다. 앞으로 그린 코인에 대한 투자자의 관심은 더 늘어날 수밖에 없고, 전체 가상화폐 시장에서의 비중도 점점 커질 것이다.

☑ 그린 코인은 어떻게 '저전력 소비'일까?

한마디로 코인을 만들어내는 '채굴' 방식이 다르기 때문이다. 비트코인과 이더리움 등 기존 코인은 소위 '작업증명(PoW; Proof of Work)'이란 방식으로 채굴한다. 인간이 수십 년 노력해야 가능할 계산을 몇 초 만에 해내는 컴퓨터 연산 능력을 이용해 거래 장부인 블록체인을 끊임없이 생성-유지하는 방식이다. 누구나 참여할 수 있어서 전 세계적으로 수천만 대의 컴퓨터가 채굴을 위해 엄청난 전력을 써대면서 경쟁적으로 돌아가고 있다.

 가상 화폐별 전력 소모량

가상 화폐	블록체인 유지 방식	비트코인 대비 전력 소비량(%)
1위 비트코인	작업증명	-
2위 이더리움	작업증명	8.849%
4위 비트코인캐시	작업증명	2.681%
5위 카르다노(에이다)	지분증명	0.077%
6위 XRP(리플)	지분증명	0.001%

자료: TRG데이터센터

이와 달리 그린 코인의 채굴에는 '지분증명(PoS; Proof of Stake)'이라는 방식을 사용한다. 블록체인 네트워크에서 일정 규모 이상의 가상화폐를 보유한 사람들이 새 블록의 생성을 결정한다. 주주총회에서 대주주의 의결권이 더 큰 것처럼, 가상화폐 보유량이 많을수록 새 코인의 발행 권한과 발행량도 많아진다. 이렇게 되면 채굴 경쟁이 없어지는 셈이다. 그래서 새 블록을 만들기 위한 의사 결정도 빠르고, 거래도 더 빨리 처리되며, 무엇보다 에너지 소모가 적다.

☑️ 어떤 그린 코인들이 시중에 나와 있는가?

해외 언론에 가끔 오르내리는 몇 가지 그린 코인을 소개하자면,

SolarCoin(솔라코인); 사용-거래 방식은 다른 가상화폐와 같지만, 그 플랫폼이 검증된 태양력 생산 같은 환경보호 활동에 동기를 부여하려는 목적을 가진다.

BitGreen(비트그린); 비트코인의 환경파괴 요인에 대한 반발로 2017년에 시작된 커뮤니티 기반의 그린 코인. 일종의 비영리 재단으로 코인의 유지를 주관한다.

Cardano(카르다노); 세계 최초로 동료심사(평가)를 받는 블록체인. 이더리움 공동창시자인 찰스 호스킨슨이 개발하고 과학자들의 테스트를 거쳤다. 비트코인에 비해 130배 이상 많은 디지털 거래를 처리할 수 있다.

Stellar(스텔라); 기존 금융기관과 디지털 화폐의 간격을 메우기 위해 2014년 출시되었다. 기관이나 개인에게 네트워크 사용료를 받지 않으며, 점차 PayPal(페이팔)을 대체할 결제 수단으로 인식되고 있다.

Ripple(리플); 2012년부터 쓰여 왔으며, 그 자체가 화폐라기보다 자산의 이전에서 교량 역할을 하는 '이미 채굴된 토큰'이랄 수 있다.

TRON(트론) ; 싱가포르 기반의 비영리 조직인 동시에, 거의 모든 프로그램 언어를 지원하는 개방형 블록체인. 개인 대 개인 공유(peer-to-peer) 플랫폼이어서 에너지 효율이 높다.

Burstcoin(버스트코인) ; '지분증명' 방식에서 한 걸음 더 친환경 쪽으로 나아간 '용량증명(PoC; Proof of Capacity)' 방식을 최초로 사용해 커다란 관심의 대상이 되고 있다. 중재자 없이 사용자끼리 소통하고 거래하며 계약을 체결할 수 있는 개방형 플랫폼.

기존의 이더리움도 최근 지분증명 방식으로의 전환을 도모하고 있

다. 머지않아 저전력 이더리움을 만날지도 모른다. 개발자 측은 2021년 말까지 이러한 전환을 달성하게 되면 블록체인의 가장 큰 문제 중 하나인 탄소 배출 이슈도 크게 줄어들 거라고 밝혔다.

✅ 그린 코인에 단점은 없을까?

'지분증명'이라는 생성 방식은 보유한 가상화폐에 비례해서 추가로 얼마나 코인을 얻느냐가 결정되는 개념이다. 고로 당연히 자본의 집중이란 문제가 대두된다. 가상화폐 부자일수록 더 많은 코인을 가져가기 때문이다. 현실성이 높진 않지만, 이렇게 지분을 늘려 50% 이상을 장악한 소수 집단은 그 코인의 블록체인 장부 내용을 바꿀 수도 있지 않을까? 그러다 보면 느닷없이 코인이 사라질 수도 있다.

둘째로 작업증명 방식보다 보안성이 낮다는 게 흠이다. 비트코인 같은 기존의 가상화폐는 인터넷에 연결되지 않은 전자지갑인 cold wallet(콜드 월릿)에도 보관할 수 있다. 하지만 지분증명 방식을 쓰는 그린 코인은 늘 인터넷에 연결된 전자지갑인 hot wallet(핫 월릿)에만 보관할 수 있다. 따라서 인터넷을 통한 해킹 위협에 취약하다.

ㄱ - ㄹ

013

글로벌 가치사슬
Global Value Chain

세계를 촘촘히 엮어놓은 상호의존의 사슬

기획부터 연구개발과 디자인을 거쳐 자본과 노동력 확보, 부품이나 자재의 조달, 생산, 마케팅 및 판매 그리고 폐기와 사후관리에 이르는 가치 창출의 전 과정을 '가치사슬'이라고 한다. McKinsey Consulting(맥킨지 컨설팅)이 최초로 제시하고, Michael Porter(마이클 포터) 하버드대 교수가 발전시켜 널리 퍼진 개념이다.

현대 경제에서는 상품이나 서비스의 생산이 세계화되어 있어서, 어떤 기업도 독자적으로 가치를 창출할 수 없다. 이런 다양한 활동이 여러 국가에서 이뤄지기 때문에 '글로벌 가치사슬'이라고도 부른다. 기획과 디자인은 유럽에서 하고, 주요 부품-반제품은 한국 같은 데서 조달하며, 조립은 중국에서 마무리하는 식이다. 고로 글로벌 가치사슬은 곧 최고의 효율을 지향하는 국가 간 분업 시스템이라는 결과를 가져온다. 동시에 신종 코로나-19 같은 감염병이 지구를 덮치면, 사슬이 급속히

약해져 세계 경제가 휘청이는 결점이 드러나기도 한다.

글로벌 가치사슬에서는 선행 단계(기획, 연구개발, 디자인)와 판매 이후 단계에서 창출되는 부가가치가 제품 생산에서 얻는 부가가치보다 상대적으로 높다. 그러므로 단계별 부가가치 창출은 '스마일 곡선(Smiling Curve 혹은 Smile Curve)'이라는 이름의 U자형 곡선으로 나타난다. 그러다 보니 연구개발, 디자인, 브랜딩, 마케팅에 강점을 지닌 미국이나 서유럽 국가들이 창출된 수익의 큼직한 덩어리를 차지해버리고, 제조 활동에 강점을 지닌 아시아 국가(한국도 '대충' 여기에 포함)는 자투리 수익에 만족해야 하는 상황이 이어진다.

 SMILE CURVE

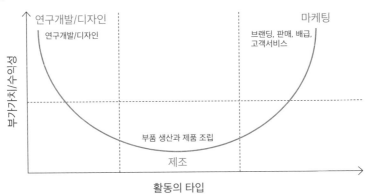

선진국은 달콤한 과실(부가가치가 높은 분야)을 가져가고 개발도상국은 돈도 크게 안 되면서 환경만 오염시키기 일쑤인 공장을 돌리는 이 불균

형은 글로벌 가치사슬이 형성된 이래로 어쩔 수 없이 받아들여야 하는 현실이 되었다. 그러나 2020년의 코로나-19는 하나의 거대한 충격과도 같은 깨달음을 주었다. 이 '체인'의 한 부분을 담당한 국가는 다른 모든 참여국에 의존할 수밖에 없다는 엄연한 가르침이었다. 원자재나 부품 생산을 맡은 중국이 휘청하면 가치사슬 전체가 무너진다. 달콤한 과실을 누려오던 선진국도 별 도리없이 치명타를 맞고야 만다. 그래서 글로벌 가치사슬 안에서는 경쟁도 치열하지만, 상호의존 또한 불가피한 숙명이다. 궁극적으로 개개인의 경제 및 투자 활동까지도 이런 사슬에 묶여 있음을 깨달아야 할 것이다.

014

금융규제 샌드박스

풀어줄 테니 맘대로 뛰어노세요!

원래 샌드박스는 아이들이 안전하게 뛰어놀 수 있도록 뒤뜰에 만들어놓은 모래놀이터다. 그러나 경제용어로 쓰이면, 금융 분야의 특정한 제품이나 서비스를 대상으로 지정한 다음, 그것에 대해서는 한시적으로 기존의 법이나 규제를 적용하지 않고 유예하거나 아예 면제하는 제도를 가리킨다. 주로는 창의와 신기술로 탄생한 혁신 제품이나 서비스를 잠시 풀어줌으로써 경쟁력을 확보하여 안정적으로 시장에 진입하도록 도와주려는 제도다.

☑ 금융규제 샌드박스를 시작한 취지는?

우리나라에서는 2019년 4월에 금융규제 샌드박스가 시작되었다. 규제에 막혀 옴짝달싹 못 하는 금융 분야 혁신 서비스에 대해 한시적으로(2년간) 예외를 인정해, 가능성이 발견되면 관련 규제를 풀어주자는 취지였다. 신기술을 장착한 참신한 사업 아이템의 발굴을 북돋울 수 있도록 규제를 완화하자는 얘기였다. 또 서비스가 실제로 출시되기 전에 미리 시행착오 단계를 거치게 만들어 안정성을 확보하자는 의지도 반영되었다. 그런데 의도는 훌륭했으나, 2년이 넘도록 뿌리 깊은 규제들이 실제로 완화되는 일은 별로 없어 업계의 불만은 여전하다. 샌드박스에 선정된 사업과 관련된 규제 가운데 법이나 시행령 개정 형태로 정비된 규제가 20%에도 못 미친다. 아예 손도 못 댄 규제도 46% 이상이라고 한다. 그러는 사이 2년의 한시적인 특례 적용 기한은 속절없이 끝나 버렸다.

 금융규제 샌드박스 현황

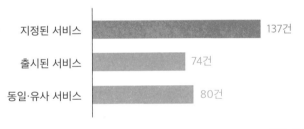

지정된 서비스   137건

출시된 서비스   74건

동일·유사 서비스   80건

자료: 금융위원회

'리브엠'이란 이름의 국민은행 알뜰폰 사업은 1호 샌드박스로 지정돼 가입자가 10만 명을 넘겼지만, 현행 규제가 없어지지 않아 연장 심사를 통과하지 못하면 사업을 접어야 한다. 이후 혁신금융서비스 지정은 130건이 넘었지만, 촘촘한 규제는 여전하고 제도 개선은 삐걱댈 뿐이다. 한시적인 특례 적용 기간이 끝나면 그냥 접어야 하는 사업이 줄줄이 생길 판이다.

✅ 금융규제 샌드박스의 문제점은?

(1) 선정된 제품이나 서비스 중에는 상업성이 현저히 떨어져 출시되어도 이용자가 별로 없을 것들이 적지 않다. 또 기술이나 특성에 혁신이란 이름을 붙여주기조차 민망한 것들도 있다. 들여다보면 '무늬만 혁신'인 서비스가 많다는 얘기다.

(2) 샌드박스 사업이 공개되는 바람에 모방 제품이나 모방 서비스가 나오기 쉽다는 것도 문제다. 실제로 130여 개 선정사업 중 58%가량이 그런 식으로 똑같거나 비슷한 경쟁서비스와 맞닥뜨렸다고 한다.

(3) 샌드박스에 선정되면서 오히려 경쟁 업계로부터 소송을 당해 제대로 사업을 펼치지도 못한 채 법률적으로 곤경에 빠지기도 한다. 일단 소송이 제기되면, 이유를 막론하고 샌드박스를 주관하는 금융 당국이 선정 업체를 보호하거나 사건에 개입하기 어렵기 때문이다.

참고로 샌드박스라는 개념을 처음 도입한 나라는 영국이다. 제품과 서비스 개발을 지원하고 금융서비스의 경쟁력과 성장을 촉진하기 위해 2016년부터 활용하기 시작했다. 이 제도를 통해 3~6개월에 걸친 테스트로 검증받은 기업의 대부분(90%)은 실제로 서비스의 론칭을 준비했고, 그들 중 다양한 투자까지 확보한 업체는 대략 40%에 이른 것으로 알려졌다.

싱가포르 역시 2016년에 주로 핀테크 기술 보유 기관이나 관심 있는 기업을 위한 금융규제 샌드박스 초안을 발표했다. 혹시 실패할 경우를 대비해 안전장치와 유지장치를 확보하라는 조건을 달았고, 그 외에 규제를 완화해주는 대신 재무 건전성과 이사회 구성 등의 14가지 요건을 제시했다.

015

김치 프리미엄

한국만 겪는 차별대우, 코인까지

미국에선 6,700만 원, 한국에선 7,800만 원.

2021년 4월 초 가상화폐 시가총액 1위인 비트코인 한 개의 가격 이 야기다. 우리나라 거래소에서는 시총 2위인 이더리움을 포함한 다수의 가상화폐도 해외보다 15% 이상 높은 가격에 거래된다. 똑같은 투자상 품의 가격이 왜 유독 한국에서만 이렇게 비쌀까? 때로 20%에 육박하 는 이런 가격 차이를 칭하는 전문용어가 바로 '김치 프리미엄'이다.

☑ '김치 프리미엄'은 왜 생기는가?

1) 가장 먼저 생각할 수 있는 이유는 수요의 크기다. 한국 투자자들 이 가상화폐 투자를 유달리 선호해 시장이 과열돼 있으므로 가 격도 더 높다는 얘기다. 한국인이 보유한 비트코인은 그리 많은 양이 아니지만, 국내에서 원화로 거래되는 규모는 달러나 유로로 거래되는 규모에 이어 3위를 차지할 만큼 크다. 국내 가상화폐 하

루 거래량은 20조 원대에 이르러 주식 시장의 거래 규모보다 크 다고 하니, 고개가 끄덕여진다.

 비트코인에 대한 김치 프리미엄 지수 (2021. 04. 16 현재)

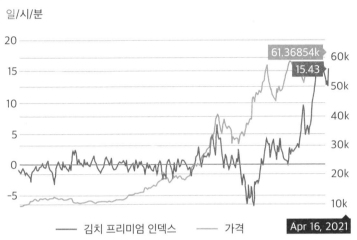

2020년 10월부터 비트코인 가격이 상승하면서 김치 프리미엄도 커져
2021년 4월 16일에는 15.43%의 프리미엄이 형성되었다.
자료: CryptoQuant

2) 기관투자자가 60% 이상을 차지하는 미국의 가상화폐 시장과 달 리, 우리나라의 가상화폐 투자자는 대부분 개인이라는 점도 이 유가 될 수 있다. 그런 요소가 가격 변동성을 한층 더 키울 수 있 어서 김치 프리미엄이 형성된다는 얘기다.

3) 하나의 거래소가 정해져 있는 주식과 달리, 가상화폐는 (상당수가

조만간 폐쇄될 것이지만) 100개가 넘는 민간 거래소에서 다양한 방식으로 거래된다. 거래소마다 상장된 가상화폐 수, 참가자 수, 거래액, 수급 상황 등이 모두 다르고, 가격도 물론 조금씩 다르다. 게다가 환율이 바뀌면 자국 통화로 표시하는 가상화폐의 가격은 더 크게 흔들리고, 여기서 김치 프리미엄 같은 현상이 나타날 가능성은 한층 더 커진다.

☑ 이런 가격 차이를 해소해주는 방법은 없을까?

같은 물건을 싼 곳에서 사서, 비싼 곳에서 되파는 것을 차익거래라고 부르는데, 국가나 지역 간에 이런 차익거래가 늘어나면 그 격차가 없어진다. 하지만 문제는 비트코인 시장에선 이런 차익거래가 어렵다는 사실. 비트코인 자체는 온라인으로 자유롭게 움직이지만, 거래는 이와 다른 문제다. 가상화폐를 사고팔 자금이 국가와 국가 사이를 이동하긴 어렵기 때문이다. 가령 한국인이 미국의 저렴한 이더리움을 매입한다고 가정해보자. 우선 미국에 계좌를 열고, 그 계좌로 돈을 송금해서, 미국 내 거래소로 이체한 뒤, 매입 신청을 하는 과정을 거쳐야 하는데, 얼마나 많은 제한을 당하겠는가. (현행 외국환거래법은 건당 5천 달러 이상의 송금에 대해 은행이 거래 목적 등을 확인하도록 의무화하고 있다.) 신용카드로 사는 길도 막혀 있다. 이처럼 외국에서 가상화폐를 사는 것 자체가 어려우니, 결국 차익거래로써 김치 프리미엄을 해소하기란 난감해지는 것이다. 그렇잖아도 남북이 반세기 넘게 대치한 상황 때문에 경제의 여기저기서 '한국만이 겪는 차별대우'를 아파했는데, 가상화폐 분야에서까지 프리미엄을 지불해야 하다니, 씁쓸할 따름이다.

그렇다면 이런 김치 프리미엄은 앞으로도 기약없이 계속될까? 그럴 것 같진 않다. 법과 제도의 틈새를 파고 들어 어떻게든 차익거래를 하려는 시도는 항상 존재하기 때문이다. 비트코인을 위시한 가상화폐 자체의 변동성도 무서운데, 김치 프리미엄의 변동성과 가상화폐를 바라보는 정부의 태도 및 규제라는 요소까지 더해지면서 당분간 가상화폐 가격은 한 치 앞을 보기 어려울 듯하다.

016

나트륨 원자로
Natrium Reactor

꿈의 원전, 에너지산업의 게임 체인저

빌 게이츠가 설립한 기업 TerraPower(테라파워)의 '소형 모듈 원자로 (SMR; Small Modular Reactor)'를 가리킨다. 기존 원자로처럼 경수나 중수 등의 물이 아니라 나트륨을 냉각재로 쓴다고 해서 '나트륨'이란 이름이 붙었다. '나트륨'은 확고하면서도 융통성 있는 전력, 재생에너지 침투율이 높은 전력, 그리드 안으로 무리 없이 부드럽게 흡수되는 전력을 공급하기 위해 고안된 원자로다. 기존의 대형 원자력 발전소에서 쓰는 원자로를 아주 단순화한, 저렴하고도 참신한 형태다.

☑️ 나트륨 원전이 '꿈의 원전'?

나트륨 원자로는 핵 이외의 메커니즘과 전기 및 기타 장비들이 하나의 구조 안에 모두 들어간 상태로 수조(물탱크) 안에서 작동한다. 행여 사고가 나더라도 원자로 주변의 물로 바로 식힐 수 있어서 안전성이 뛰어나다. 물보다 무겁고 '소듐'이라고 불리는 액체 상태 나트륨을 냉각재로 사용하다 보니, 중성자의 속도가 줄어들지 않아 천연 우라늄인 '우라늄238'도 연료로 쓸 수 있다. 또 우리가 언론에서 자주 듣게 되는 폐연료봉(원전에서 나오는 폐기물)을 다시 연료로 쓸 수 있어, 핵연료의 활용 비율을 60배나 높이고 폐기물의 양과 독성은 획기적으로 줄일 수 있다. '제4세대 원전' 혹은 '꿈의 원전'으로 불리는 이유다.

2020년 9월에 '나트륨' 원자로가 공식 발표된 이후, 아직은 효능과 안전성 평가, 교육과 훈련, 주-연방 차원의 승인 절차 등이 미결 과제로 남아 있긴 하다. 그러나 2021년 6월 워런 버핏이 게이츠와 손잡고 나트륨 원자로를 이용한 SMR을 건설하겠다고 밝히면서, 주요국들의 SMR 개발 경쟁에 불이 붙었다. 두 사람은 "탄소를 배출하지 않는 가장 빠르고 명확한 길"로 인식되는 이 프로젝트를 '에너지산업의 게임 체인저'라고 확신한다. 테라파워의 나트륨 원자로는 2030년 전후에야 상업적으로 가동될 수 있다고 한다.

✅ '나트륨' 같은 소형 원자로는 기존의 대형과 어떻게 다른가?

최고 1,400메가와트의 전력을 생산하기 위해 만들어지는 기존 대형 원자로와 달리, '나트륨'을 위시한 소형 SMR은 300메가와트 정도를 목표로 하는 점에서 차이가 난다. 소듐으로 냉각하는 방식도 대형 원전과 다르고, 그 밖의 몇 가지 차이점들은 아래의 도표에서 확인할 수 있다. 물론 SMR의 건설 비용은 대형 원전보다 훨씬 적다. 대형 원자력 발전소의 상당 부분을 일정한 스탠더드에 따라 미리 제작할 수 있도록 표준화했고, 장비 인터페이스를 대폭 줄였으며, 원자력급 콘크리트도 80%나 절감했기 때문이다. 요컨대 각국이 경쟁적으로 개발 중인 SMR은 안전성과 경제성이 뛰어난 대안이라고 할 수 있다.

	대형 원자로	소형 원자로
발전 용량	1,000~1,400MW	300MW
기본 형태	'가압기/증기발생기/노심-연료' 분리형	모든 장비가 원자로 안에 들어가는 일체형
크기	격납고 포함 82미터 높이의 대형 원자로	폭 4.6미터/ 높이 25미터 (격납고 불필요)
건설 비용	약 5조 원	약 1조 원
안전성	방사능 누출 위험 상존	모듈이 냉각 수조에 잠겨 방사능 누출 위험이 낮음
발전용수	많은 물이 필요해 주로 바닷가 넓은 부지에 건설	물 사용량이 적어 전력이 필요한 곳이면 어디라도 건설
개발 국가	미국, 프랑스, 일본, 중국, 한국, 러시아, 인도 등 다수	미국, 한국, 러시아, 중국, 프랑스

☑ SMR 개발에 앞선 나라들은?

SMR은 기본적으로 핵잠수함과 핵항공모함에 쓰이던 기술을 민간 발전용으로 바꾼 것이어서, 미국과 러시아 같은 군사 강대국이 기술에 앞선다. 미국은 한동안 대형 원전을 만들지 않아 뒤처진 모습이었지만, SMR이라는 참신한 아이디어로 경쟁력을 되찾고 다시 패권을 노린다. 앞으로 7년간 SMR과 차세대 원자로 지원에 32억 달러를 투자하겠다

바이든 대통령도 탄소 중립 실현의 핵심 기술로 신재생에너지와 SMR을 꼽는다. 러시아는 SMR 기술을 선박에 적용하여 세계 최초로 '떠다니는' 원전을 2019년부터 운영 중이다. SMR의 안전성과 경제성이 인식되면서, 중국, 일본, 프랑스 등도 치열한 경쟁에 돌입했다. 현재 미국과 러시아가 각 17종, 중국이 8종, 일본이 7종, 한국 2종을 개발하고 있는 것으로 알려졌다. 영국 국립원자력연구소가 추산한 세계 SMR 건설은 2035년까지 모두 650~850기이며, SMR 시장 전망은 약 379조~632조 원에 이른다.

☑️ 탈원전을 지향하는 한국은 어떤 상황?

한국은 세계 최초로 소형 원자로를 개발한 국가다. 1997년에 개발을 시작했던 '스마트(SMART)'라는 이름의 이 SMR은 2012년 세계 최초로 표준설계인가도 받았다. 대형 원전의 약 10분의 1 규모로 소형화하고 안전성을 높였다. 전력뿐 아니라 해수 담수화, 난방 등 다양하게 활용할 수 있어 수출도 유리했다. 사우디아라비아에 스마트 원전을 짓기로 해 사전 설계까지 완료하고 합작사 설립까지 발표했으나, 문재인 정부의 탈원전이라는 정치 상황과 국제 유가 하락, 코로나 확산 등의 이유로 지지부진 묶여 있다. 그러는 사이, 전세는 역전되어 미국의 SMR 개발이 가장 앞서 있다는 평가다. 막상 우리나라 안에서 스마트를 짓지도 않았고 상업 운전 경험도 없으니, 어찌 이길 수 있겠는가.

017

뉴스심리지수
NSI: News Sentiment Index

미디어 뉴스에 반영된 대중의 경제 심리

2020년 초에 시작되어 두 차례나 확산했던 코로나-19 때문에 경제 전반과 투자의 미래를 바라보는 국민의 심리는 급격히 위축되지 않을 수 없었다. 그러다가 세 번째 확산 시기에 다소 오르내리는가 싶더니, 2021년 벽두 코스피가 최고점을 뚫었다는 등의 뉴스가 뜨자 그런 심리는 반짝 회복했다. 이처럼 변화하는 경제 심리를 매스 미디어의 기사 분석으로 측정하는 지수가 '뉴스심리지수'다. 인터넷 경제뉴스 관련 빅데이터를 통해 대중의 경제 심리가 어떻게 변해왔으며 앞으로 어떻게 바뀔 것인지를 예측할 수 있게 도와준다. 이런 지수를 꾸준히 추적하고 파악해 전반적인 경기를 진단하고 비즈니스나 투자 활동에 활용하는 것은 금융지식의 한 측면이라고도 할 수 있다.

대중의 경제 심리를 수치로 보여주는 지표에는 이미 소비자심리지수(CCSI; Consumer Composite Sentiment Index), 경제심리지수(ESI; Economic

Sentiment Index), 기업경기실사지수(BSI; Business Survey Index)나 소비자동향지수(CSI; Consumer Survey Index) 등이 있다. 또 심리가 아니라 실물경제를 보여주는 지표로는 우리가 자주 듣는 국민총생산(GDP)이라든지 선행종합지수(CLI; Composite Leading Index), 구매관리자지수(PMI; Purchasing Managers' Index) 등이 있다. 이런 주요 심리 지표나 실물경제 지표보다 뉴스심리지수는 1~2개월 선행하며, 그들과의 상관관계도 상당히 높다. 매월 발표되는 다른 지표에 비해서 뉴스심리지수는 매주 발표되므로 속보의 성격도 갖고 있다. 특히 최초의 코로나 확진자가 발생한 이후 감염병이 전개하는 양상이라든지 사회-정치적인 이슈가 생겼을 때 이에 따른 경제 심리가 어떻게 변하는지를 신속하게 포착한다.

2021년 4월 한국은행은 미국 샌프란시스코 연방은행의 News Sentiment Index(뉴스 센티먼트 인덱스)를 참고하여, 언론의 뉴스에 반영된 경제 심리를 '지수'로 만드는 데 성공했다고 발표했다. 1년여 동안 내부 시험 편제를 통해 그 안정성과 효용성을 충분히 검증했으며, 기존의 지수보다 좀 더 빠르게 경기를 진단할 수 있다고 설명했다. 이 지수를 만들기 위해 한국은행은 인공지능을 이용해 매일 50여 인터넷 경제 기사 1만 개의 문장을 분석한다. 가령 '회복' '개선' 등의 표현은 긍정으로 분류하고, '악화' '나빠졌다' 같은 표현은 부정으로 분류한다. 이렇듯 경제 기사를 '긍정' '부정' '중립'으로 분류하고 지수화하는 것이다. 한국은행은 앞으로 화요일마다 오후 4시에 뉴스심리지수를 발표할 계획이다.

한은이 최초로 공개한 코로나-19 발생 이후 NSI의 움직임은 아래와 같다.

 코로나19 발생 이후 뉴스심리지수 추이

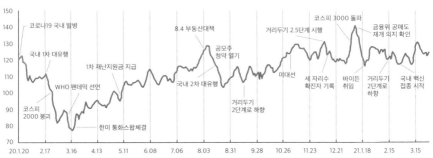

✅ NSI 수치는 구체적으로 어떤 의미인가?

NSI가 100을 넘으면 언론 기사에 긍정문장이 많고, 100 미만이면 부정문장이 더 많다는 뜻이다. 가령 한국은행이 2021년 4월 6일 처음 공개한 NSI를 보면 한 주일 동안의 지수가 모두 130.18~130.53 사이였다. 경제를 보는 국민의 체감심리가 상당히 긍정적이었다는 얘기다. 이런 고무적인 분위기는 약 2개월 만의 일이었다. 코로나-19가 퍼지기 전에는 어땠을까? 2019년 말에 113.14를 기록한 NSI는 세계보건기구가 팬데믹을 선언한 2020년 3월 11일 이후 줄곧 내림세를 보이다가, 3월 18일에는 2015년 후 최저치인 77.38을 기록했다. 이후 뉴스심리는 회복세를 보이면서 4월 29일에 다시 100을 돌파했고, 바이든 미국 대통령 당선 이튿날인 11월 8일(130.17)에 130을 넘어섰다 앞으로 한국은행이 매주 발표하는 뉴스심리지수는 경제 활동을 하는 모든 사람이 흥미롭게 지켜볼 만한 의미 있는 지표가 될 것이다. 특히 한 달에 한 번씩 발표되는 다른 지수들과 어느 정도 긴밀한 상관관계를 갖는지를 눈여겨본다면, 투자를 포함한 여러 경제 활동을 영위하는 데 적잖은 도움을 얻을 수 있을 것이다.

018

늦맘시대

'빨리빨리'로는 당최 해결 안 되는 문제

서른다섯 살이 넘어서야 첫 아이를 낳는 고령 산모가 2020년의 경우, 전체 산모의 셋 중 한 명꼴이었다. 절반을 넘는다는 기사도 가끔 눈에 띈다. 아이 낳는 엄마의 연령대는 지금까지 우리가 당연시했던 산모의 이미지와는 달라도 너무 다르다. 불과 20년 전만 해도 20대 후반 산모가 30대 후반 산모의 5배였다. 아무튼, '늦둥이 엄마' 비율은 1990년의 2.5%에서 불과 30년 만에 13배 넘게 뛴 셈이다. 40줄 불혹의 나이에 아이를 낳는 사례도 드물지 않다. 이래저래 우리나라는 OECD 최고령 출산 국가로 꼽히게 되었다. 아예 인생 사이클 자체를 새롭게 규정해야 한다는 목소리도 나온다. 그도 그럴 것이, 요즘 젊은이들에게 결혼과 출산은 스스로 수립한 커다란 인생 그림의 자그마한 부수적 요소에 불과하다니, 무리도 아니다.

20대에 결혼해서 '1'년 내 임신하고, 자녀 '2'명을 '3'0세 이전에 낳

다. 그런데 2016년부터 양상이 반전되어, 35~39세 출산이 25~29세 출산
을 앞질렀다. '늦맘시대'가 도래한 것이다. 이윽고 2020년, 첫째 아이를
낳는 평균 연령은 어느덧 32.2세로 높아졌다. 이제 젊은이들에게 결혼
과 출산은 인생의 이정표가 아니라, 그냥 부담이다. 단 한 명 낳는 아이
마저 늦둥이인 경우가 적지 않다. 아이가 대학 갈 즈음이면 부모는 환갑
이니, 자식들 대학 보내느라 허리 휘지 않을까, 멀쩡하던 은퇴계획 망가
지고 '실버 파산' 어쩌나, 걱정도 무리가 아니다.

✅ 출산 적령기에 대한 여자들의 생각은?

미디어-엔터테인먼트 기업 SM C&C가 조사한 바에 의하면, 우선
출산 적령기에 대한 한국 여자들(25~45세)의 생각부터가 '늦맘시대'의
불가피성을 보여준다. 조사 대상 여성의 36% 이상이 30~34세에 첫 아
이를 갖는 것이 바람직하다고 답했기 때문이다. 반면 과거엔 당연시했
던 '20~24세 출산이 적당함'이란 답은 고작 3.5%였다. 그나마 응답자의
70% 이상이 출산 자체에 대해서만큼은 긍정적이었으니, 불행 중 다행
이라고 할까. 하지만 "실제로 출산을 하겠느냐?"는 현실적인 질문에 대
해서는 달랐다. 반드시 아이를 낳아야 한다는 응답은 전체의 14.4%에
불과했고, 대다수(59%)는 여건이 되면 하는 편이 좋다고만 답했다. 미혼
자에게 실제 계획을 물어보니, 전체의 절반에 가까운 42.5%는 아이를
갖지 않겠다고 응답했다.

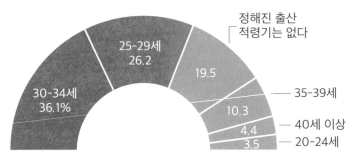

자료: SM C&C

물론 '늦맘'은 선진국 전반에 걸친 현상이다. 하지만 그중에서도 가장 가파르게 출산연령이 치솟는 나라가 바로 한국이다. OECD의 몇몇 통계치를 보면, 한국은 이미 2017년부터 OECD 주요국 가운데 가장 고령(평균 32.6세)에 아이를 낳는 나라였다. 평균 출산연령도 1995~2017년 기간 중 4.7세나 상승해 OECD에서 그 속도가 가장 빨랐다. 또 2020년 여성의 1인당 합계출산율도 기껏 0.84명으로 OECD 국가 중 가장 적다. 그렇잖아도 '빨리빨리'의 나라답게 65세 이상 고령화 속도까지 가장 빨랐는데, 엎친 데 덮친 격으로 이제는 '늦맘시대'라는, 당최 해결하기 힘든 문제까지 더해졌다.

✅ 왜 출산을 미루려고 할까?

출산 시기가 점점 늦어지는 이유로 여성들이 가장 많이 꼽은 이유를 보자.

1) 경제적으로 부담이 되니까(44%); 한 명의 아이를 키워 대학까지 마치게 하는 데 무려 4억 원이 든다는 통계치가 있을 정도.

2) 경력 단절이나 직장 내 불이익 가능성이 크니까(34.4%); 직장 생활 도중 임신, 출산, 양육 같은 문제가 생기면, 직장 생활에 공·백이 생기거나, 주변의 눈치를 봐야 하거나, 주요 업무에서 배제되는 등의 불이익을 당한다. 우리네 기업문화에선 그저 불안이 아니라 엄연한 현실이다.

3) 아이를 낳는 것이 반드시 이룩해야 하는 여성의 의무는 아니니까(27.9%); 젊은 층의 가치관이랄까, 삶의 철학이 아예 바뀌었단 얘기다. 근원을 따지자면 인류 존속의 문제라고 할 수 있는 '아이 갖기'마저 거부할 정도로 자신의 인생이 더 소중해진 탓일지도 모르겠다.

4) 육아가 여자에게만 부담이 될 것 같으니까(27%); 남성들의 개방과 참여가 갈수록 높아지고 있음에도, 육아 분담이니 '아빠효과' 같은 개념은 아직 여성의 우려와 불안을 잠재우기에 턱없이 부족하고 비현실적이다.

☑ 경제적으로는 어떤 함의를 갖는가?

저출산과 고령화는 근원적으로 국가 경제의 활력을 떨어뜨린다. '늦맘' 추세가 장기화하면, 결국 부모는 '실버 파산,' 자녀들은 '청년 빈곤'이라는 경제적 난관에 봉착할 수 있다. 그렇지 않아도 2042년경엔 부모 세대의 노후 생활 기반인 국민연금 기금이 적자를 내기 시작한다는 예상이 많다. 자칫하면 연금조차 못 받게 될지 모른다는 불안이라니! 심지어 아이 한 명을 낳아 대학까지 보내려면 4억 원이 든다는 우울한 통계치까지. 그렇다고 북유럽 국가들처럼 탄탄한 사회 안전망도 없다. 자기 한 몸도 가누기 쉽지 않을 노후에 독립하지 못한 아이들까지 뒷바라지해야 한다면, 얼마나 고단한 노릇이겠는가. 환갑 즈음에 대학 다니는 아이를 두게 되는 '늦맘시대' 부모들이 부득불 빈곤층으로 떨어질지 모른다는 게 막연한 우려가 아니다.

019

다우의 개
Dogs of the Dow

최고 배당수익률로 다우지수 이기기

　월 스트리트에서는 매년 초 다우존스30 종목 가운데 전년도 배당수익률이 가장 높았던 10개 종목이 발표된다. 이 10개 종목을 '다우의 개'라고 부른다. 예를 들어 2020년의 경우, IBM, 코카콜라, 시스코, 엑슨모빌, 버라이즌, 셰브런, 화이자, 3M, 머크 등이 다우의 개였다. 주가 수익률은 그리 높지 않더라도 배당금을 넉넉히 챙겨준 우량 종목들이다. 그리고 이 리스트를 기반으로 하는 '다우의 개 전략'이란 투자 기법도 있다. 연초에 다우의 개 10종목에 (같은 금액을) 투자해서 그해 마지막 거래일까지 보유했다가 매도하는 방식이다. Michael O'Higgins(마이클 오히긴즈)의 1991년 저서 <Beating the Dow(다우지수 이기기)>에서 소개된 후로 널리 퍼진 전략이다.

✅ 왜 배당수익률을 선정 기준으로 삼았을까?

배당수익률이 높다는 것은 둘 중의 하나다. 배당 금액이 유달리 많거나, 주가가 유달리 낮거나. 배당주 투자에 관심이 있는 사람이라면, 어느 경우든 해당 주식을 사서 배당과 시세차익을 노려볼 만하다. 다우지수의 통산 수익률과 견주어 '다우의 개' 종목들은 정말 수익률이 높았을까? 2009년부터 2019년까지 다우의 개 연평균 수익률은 15.9%로 기록되어 있다. 다우지수 전체 평균 수익률 13.9%를 웃도는 실적이다. 다우의 개 전략이 10년간 꾸준히 잘 먹혔던 셈이다. 그뿐만이 아니다. 주가가 상당히 하락했기 때문에 배당수익률이 올라갈 수도 있다는 사실은 '다우의 개' 전략이 이상적인 매수 타이밍 잡기에 도움이 된다는 의미로도 해석할 수 있다.

그러나 2015년부터 5년간으로 기간을 좁혀 보면 다우의 개 연평균 수익률은 13.5%로 다우지수의 13.3%와 대동소이하다. 코로나바이러스가 할퀴고 간 2020년은 다우지수 대비 오히려 20%포인트나 낮다. 왜 그럴까? 성장주가 투자자의 전폭적인 지지를 얻으며 승승장구할 때, 상대적으로 외면당한 가치주의 약세로 이해할 수 있다. 초저금리 속에 성장주로만 돈이 쏠리고 배당가치주들은 가장자리로 밀려난 것이다. 더구나 코로나-19 이후 바이오 등 성장주의 급등으로 간격은 한층 더 벌어졌다. 최근으로 올수록 '다우의 개' 전략의 성과가 저조했던 이유다. 2020년 선정된 다우의 개 10종의 주가 수익률은 아예 -12.7%였다. 이는 지난 몇 년간 가치주가 약세를 보였던 흐름과도 일치한다. 이런 사정으로 인해 '다우의 개' 전략이 더는 시대에 맞지 않는다고 주장하는 사람들도 있다.

☑️ 배당가치주의 미래는 여전히 어두운가?

"가치주 vs 성장주" 논쟁을 상기시키는 이 질문에 대해서 속 시원한 해답을 얻기는 어렵다. 실물경제의 흐름과도 긴밀하게 엮이어 있고 경제 외적 요소에 의한 투자심리 혹은 투자 패턴의 변화와도 적잖은 관련이 있기 때문이다. 최근 수년 동안은 소위 'FAANG'(페이스북·애플·아마존·넷플릭스·구글)으로 대표되는 기술주와 성장주가 주식투자의 지형도를 압도했다고 말해도 과언이 아닐 것이다. 하지만 2020년 말부터 (고배당주를 포함한) 가치주가 빛을 보는 장세가 돌아올 것이란 월 스트리트의 전망이 나오면서, '다우의 개' 전략도 덩달아 주목을 받고 있다. 특히 백신 보급으로 경제가 확실히 살아난다면, 시장 상황은 빠르게 배당가치주에 유리하게 돌아설 수 있다. 실제로 다우의 개 중 일부 종목은 2021년 상반기에 괜찮은 성과를 보여주고 있다. 반대로 일부 성장주는 그동안 적잖은 거품이 생기기도 하지 않았던가. 지금껏 지지부진했던 가치주로의 전환 장세가 그다지 무리한 예측은 아닐 것 같다.

다중접속 엣지 컴퓨팅
MEC: Multi-Access Edge Computing

밀집이나 정체 없이 부드럽게 작동하는 앱

무선을 포함한 모든 네트워크의 '엣지(가장자리/변두리)'에서 클라우드 컴퓨팅 능력과 IT 서비스 환경을 가능하도록 만드는 네트워크 설계 개념. 초기에는 "모바일 엣지 컴퓨팅"이라는 이름으로 알려지다가 기술이 발전하고 구체화하면서 "다중접속 엣지 컴퓨팅"으로 굳어졌다. 무선 기기 사용 고객과 좀 더 가까운 데서 앱을 구동하고 관련된 프로세싱 과제를 수행함으로써 밀집이나 정체를 줄이고 앱이 좀 더 잘 작동되게 만들자는 개념이다. 대체로 MEC는 무선 기지국이나 '엣지'의 분기점에 설치하도록 고안되며, 고객을 위한 새로운 앱이나 서비스를 신속하게 배치할 수 있게 해준다.

너무 기술적이어서 이해하기 어렵다면, 쉽게 설명해보자. 가령 대구에 사는 사용자라도 데이터를 송수신할 땐 서울에 있는 중앙데이터센터를 거쳐야 하는 것이 지금의 상황이지만, 여기에 MEC를 적용하면 대구발 데이터는 대부분 대구에서 처리하는 것이다. 그러니까, MEC는 초고속 데이터 서비스를 제공하기 위해 사용자와 가까운 기지국에 컴퓨팅 시스템을 구축해 데이터를 처리함으로써 송·수신 속도를 높여주는 신기술이다. 이 기술을 적용하면 네트워크 지연시간을 대폭(심지어 0.001초 단위까지) 줄일 수 있고 안정성과 보안성도 강화된다. 상상해보라, 스마트 팩토리나 자율주행차를 위한 데이터 전송이 눈곱만치라도 지연된다면 어떤 불편이나 사고가 발생하겠는가?

다중접속 엣지 컴퓨팅 네트워크의 위상배치(topology)

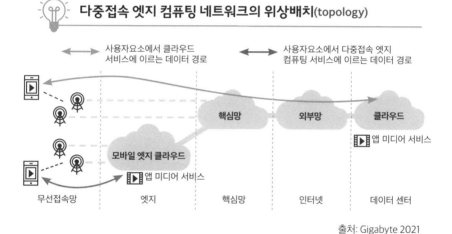

출처: Gigabyte 2021

MEC는 커넥티드 카, 머신 러닝, 스마트 공장, 스마트 시티, IoT 등 데이터 전송 지연을 거의 '제로'로 낮춰야 하는 서비스에 필수다. 특히 5G 이동통신에는 꼭 필요한 기술이다. 워낙 쓰임새가 다양해서 특히 통신사들이 B2B(기업과 기업 사이) 비즈니스의 새 먹거리로 침을 흘린다. 인도의 시장조사 기업 Mordor Intelligence(모르도르 인텔리전스)는 세계 MEC

시장이 2020년의 360억 달러에서 2025년이면 1,570억 달러 규모로(연평균 성장률 34%) 확대될 거라고 예상한다. 게다가 아직 개발 초기여서 세계 표준규격도 확립되지 않은 상태다. 이렇다 보니 통신사들과 클라우드 기업들은 국경을 넘나들며 합종연횡을 시도하는 등, MEC라는 이 '무주공산'을 선점하려는 경쟁이 치열하다.

☑ MEC 사업에 가장 적극적인 한국 기업은?

1) 먼저 SK텔레콤. Bridge Alliance(브릿지 얼라이언스)라는 이름의 아시아·중동·아프리카의 34개 통신사 연합체를 통해 영향력을 높이고 있다. 2020년 초 Singtel(싱가포르), Globe(필리핀), Taiwan Mobile(대만)과 함께 Global MEC Task Force라는 기구를 창설하고 의장사로서 표준규격 확립을 주도하고 있다.

2) 그다음은 KT. 자국에서 각각 5G를 상용화한 Verizon(미국), Vodafone(영국), Rogers(캐나다), América Móvil(멕시코), Telstra(호주) 등과 손잡고 글로벌 MEC 연합체인 '5G Future Forum'을 출범했다. 우선은 5G 도입 확산과 다양한 MEC 기술을 확보하고 나아가 세계에 흩어져 있는 5G MEC 간 호환성을 제공하는 표준을 개발하겠다는 목표다. 국내에서는 주요 8개 도시에 5G MEC 통신센터를 구축했고, B2B 고객용 에지 클라우드 서비스도 최초로 출시했다.

3) LG유플러스는 국제 제휴에 별다른 행보를 보이진 않고 있다. 대
   신 국내에서 신사업을 발굴하기 위해 구글과 클라우드 사업 협
   력을 추진 중이다.

021 다크 이코노미
Dark Economy

불 꺼진 매장, 불 꺼진 식당, 불 꺼진 극장

Dark(어둡다)는 불이 꺼진 상점(매장), 불이 꺼진 식당이나 주방, 불이 꺼진 극장 등을 상징한다. 그렇다면, 다크 이코노미, 즉, 불을 꺼놓은 채 실현하는 경제라니, 도대체 어떤 비즈니스 모델일까? 이 역시 코로나-19 확산으로 전자(온라인)상거래가 급속히 늘어나면서 생겨난 개념이다. 슈퍼마켓으로, 식당으로, 옷가게로 직접 가서 사고, 먹고, 입어보고 구매하던 소비자들의 발길이 뚝 끊겨버린 탓이다. 수많은 소매점, 식당, 학원 등이 문을 닫았다. 유통업과 동네 상권은 문자 그대로 꽁꽁 얼어붙었다. 대신 온라인 주문 수요는 폭증했다. 예외적인 경제 상황은 예외적인 대응을 요구했다.

업체들은 영업의 틀을 바꾸고, 적자가 쌓이는 오프라인 매장은 줄줄이 문을 닫아야 했다. 인터넷 주문과 신속한 배달만이 살 길이었다. 운영할수록 적자만 쌓이는 매장은 '주문 처리 센터'나 창고로 변했고,

주차장은 '픽업 센터'로 둔갑했다. 식당 홀은 불을 끄고 주방만 운영해야 했다. 그러자 인건비, 유지비, 관리비, 인티리어 등 고정비가 오히려 줄고 숨통이 트였다. 직접 고르고 만져보고 입어봐야 만족할 것만 같았던 고객들도 빠르고 간편한 인터넷 쇼핑의 장점에 곧 적응했다. 헬스클럽의 출입문이 봉쇄되자 집에서 혼자 운동하는 '홈 트레이닝' 수요가 폭발했다. 행여 밥줄 끊길까, 노심초사했던 발버둥이 '대박'으로 돌아온 업체도 적지 않았다. 한 마디로 전혀 뜻밖의 반전이었다. '다크 스토어' '다크 키친' 등을 통한 다크 이코노미의 탄생이다. 그 본질은 영업의 온라인화와 플랫폼화로 요약할 수 있다.

코로나-19로 속도를 붙인 온라인 장보기 시장은 2020년 2,715억 달러에서 2024년이면 6,633억 달러 수준으로 커질 것으로 보인다. 이와 함께 다크 키친의 성장도 해마다 평균 12%씩이나 되어, 오는 2027년엔 714억 달러 규모가 될 전망이다.

☑ 다크 이코노미의 구체적인 사례를 든다면?

1) Macy's(메이시즈) ; 백화점은 19세기에 처음 등장했다. 고객의 즐거움과 쇼핑 경험을 극대화하기 위해 최고급 상품군의 확보는 말할 것도 없고, 혁명적으로 정교한 공간 배치와 상품 디스플레이, 호화의 극을 달리는 내부장식 등으로 세상을 놀라게 했다. 그것이 부유층 고객의 지갑을 열게 하는 백화점의 전통적인 마케팅 방식이었다.

'메이시즈' 하면 미국 자본주의 역사를 상징하는 고급 백화점 체인이다. 160년이 넘는 역사를 자랑하는 미국 최대의 이 백화점 그룹도 2020년 말 주요 매장 2개를 '픽업 및 온라인 주문 처리 센터'로 바꾸면서 다크 스토어 방식으로 돌아섰다. 코로나-19로 개점휴업에 들어간 매

매장 앞에서 온라인으로 주문한 물건을 건네주는 메이시즈 백화점의 '길거리 픽업' 서비스

장들은 아예 통째 물류창고로 변신했고, 대신 폭증하는 인터넷 주문에 발 빠르게 대처했다. 원래부터 입지 좋은 도심에 짓기 마련인 백화점이어서 소비자와 가까운 데서 배송이 시작되므로, 상대적으로 아주 빠른 배달이 가능했다. 덕분에 메이시즈는 2020년 3분기 '온라인 구매 후 매장 앞 픽업' 형태의 매출이 전체 매출의 30%까지 급증하는 결실을 즐길 수 있었다.

또 다른 대형 백화점 Nordstrom(노드스트롬) 역시 다크 스토어 전략으로 위기에 대응한 경우다. 2020년 3분기 동안에만 16억 달러어치의 온라인 주문을 받았는데, 새 창고나 물류 센터에 투자할 필요도 없이 오프라인 매장에 쌓여 있던 재고를 배송했다. 부동산이나 물류에 들어가는 비용이 최소화되는 다크 스토어의 장점을 십분 활용한 것이다. 세계 최대 할인점 월마트라든지 타깃, 나이키 등의 매장도 비슷한 방식으

로 변신하게 될 것이다.

2) Reef Technology (리프 테크놀러지) ; 미국 4,500개 지역에서 하드웨어와 주차장 관리를 하는 이 회사는 코로나-19로 사람들이 외출을 끊으면서 주차장이 텅 비자 고민에 빠졌다. 그러나 그 휑한 공간에 주방 설비를 갖춘 이동형 컨테이너 박스를 설치한 다음, 배달 전문 식당을 입주시킴으로써 위기를 벗어났다. 컨테이너마다 동시에 최대 5개 식당이 움직인다. 식당의 불이 꺼지고 배달이 폭증하는 세태의 변화에 다크 키친으로 재빨리 적응한 것이다. 소프트뱅크 등으로부터 7억 달러의 투자까지 유치한 가운데, 2021년에는 이런 공유 주방 약 400개를 운영할 계획이란다.

리프 테크놀러지의 컨테이너 식당

이와 비슷하게 햄버거 체인 Fatburger(팻버거)는 LA 15개 매장을 '다크 키친'으로 전환하고 주방을 넓혔다. 덕분에 치킨 배달 사업을 하는 자매 브랜드는 단 하나의 레스토랑도 없이 시장을 무난히 장악했다. 코로나-19로 문 닫은 식당의 주방 설비를 활용해 배달 전문 식당과 테이크아웃 칵테일 바를 연 회사도 있다. 홀에 손님이 사라지자 재빨리 다크 키친으로 전환하는 식당은 한두 곳이 아니다.

3) Whole Foods Market (홀 푸즈 마켓) ; 아마존의 홀 푸즈 마켓은 저명한 고급 식료품 매장이다. 하지만 같은 이유로 2020년 가을 뉴욕에 다크 스토어를 열게 된다. 홀 푸즈 마켓을 상징하는 샐러드 바도, 계산대도 없다. 아니, 일반 소비자는 아예 매장 안으로 들어올 수도 없다. 온라인 주문만 받고 배송하는 물류창고로 둔갑했기 때문이다. 이들의 도심 내 다크 스토어는 음식물의 신선도를 지키면서도 배송에 가장 유리한 고지를 점하고 있다.

✅ 한국에도 다크 이코노미는 활발한가?

물론이다. 가령 롯데마트를 위시한 대형 마트들은 오프라인 손님이 급감하고 온라인 주문이 급증하는 다크 이코노미 추세를 감지하자마자 주요 매장 뒷공간에 다크 스토어를 만들었다. 손님이 없어진 매장에는 자동화된 상품 분류대와 그 안으로 수많은 플라스틱 상자들만 보이고, 장보기 전문 직원들이 분주히 코너를 돌며 주문받은 물건을 고른다. 지역에 따라 분류된 상품은 2시간 단위로 배송된다. 한 매장에서 처리하는 온라인 주문이 하루 약 900건, 한 달이면 2만5천여 건이다. 마트 전체 매출이 적잖이 줄어드는 와중에도 이런 다크 스토어는 한 달 만에 온라인 매출이 44~89% 올랐다는 통계치도 눈에 띈다. 효자 노릇을 톡톡히 하는 셈이다.

 최근 4년간 한국 온라인 식품 시장의 규모

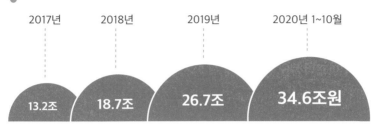

2017년 13.2조

2018년 18.7조

2019년 26.7조

2020년 1~10월 34.6조원

다크 키친 역시 쾌속 성장 중이다. 특히 공유 사무실처럼 큰 주방 하나를 여러 업체가 나눠 쓰는 '공유 주방'이 주된 형태로 인기와 영향력을 누리고 있다. 큰 공간을 쪼개 일정한 보증금을 토대로 그저 4~5평씩 주방 시설을 빌려주는 방식인데, 대체로 보증금은 1천만 원 이하, 월 이용료는 100만 원 남짓이다. 국내 최초 공유 주방 업체로 다크 이코노미의 초창기인 2015년에 창업한 '위쿡,' 경쟁 업체인 '고스트키친,' '먼슬리키친' 등이 두드러진다. 다크 키친은 싸구려 'B급 상권'에 머물렀던 과거의 이미지를 벗고 대기업 프랜차이즈 일색이던 강남의 노른자 상권에도 진출하는 등, 이제 외식 산업의 주류로 부상하고 있다 해도 과언이 아니다.

☑ 식당이나 상점에서만 볼 수 있는가?

다크 이코노미는 유통과 외식업에 국한되지 않는다. 예컨대 연극

관람에도 다크 이코노미 현상을 볼 수 있다. 현실의 극장은 텅 비었지만, 관객은 스마트폰 앱으로 입장권을 구매하고, 시간에 맞춰 집에서 앱을 켜면 헤드폰으로 360도 입체음향을 누리면서 공연 현장을 생생하게 즐긴다. 바로 '다크 씨어터(dark theatre)' 형태의 다크 이코노미다. 실제로 2020년 영국 극단 Darkfield Theatre(다크필드)는 국내 우란문화재단과의 파트너십을 통해 극장에 가지 않고 즐길 수 있는 오디오 체험극 「Double(더블)」을 제공한 바 있다.

이제 다크 이코노미는 거스르기 힘든 대세다. 코로나-19가 어떤 식으로 끝나든 그 추세는 되돌리기 어려워 보인다. 그 확산의 영향은 분야도 가리지 않을 것이다. 연극이나 영화 같은 문화 영역에까지 침투할 수 있다면 삶과 경제의 더 많은 측면으로 파고들 것이 확실하다. 기업의 규모와 비전에 걸맞게 더 높은 경쟁력을 갖추지 못하면 순식간에 도태될 수 있다. 물론 이런 경쟁의 격화 외에도 서비스 인력의 일자리 불안정성이 높아지는 등, 다크 이코노미의 부작용 또한 만만치 않을 것이다.

022

닥터 코퍼

Dr. Copper

구리가 경기를 예측하는 지표라고?

　구리는 제조업 전반에 사용되는 재료일 뿐만 아니라, 경제외적인 요소들에도 크게 영향을 받지 않아서, 실물경제의 경기를 판단-예측하는 지표로 자주 쓰인다. 그래서 구리를 가리켜 마치 사람을 부르듯 '닥터 코퍼'라고 부른다.

　구리는 전기와 열을 잘 전도하고 지구에 골고루 널리 매장되어 있다. 대량생산이 쉬워 예로부터 장식품, 무기, 화폐 등에 사용됐다. 표면에 생물이나 세균이 서식할 수 없어서 살충·살균·항균 효과도 탁월하고 인체에 거의 해를 끼치지 않는다. 오늘날에도 구리는 동전, 냉난방기, 방열기, 지붕재, 전선 등에 그 자체로 혹은 합금의 형태로 널리 쓰이는 필수 금속이다. 말이야 바른 말이지, 구리 없는 세상은 상상하기 어려울 정도다.

2021년 들어 호황이 예상됐던 '구리 가격'은 코로나-19로 인한 뜻밖의 수요 침체로부터 회복이 더뎌지면서 예상과 다르게 횡보하고 있다. 원자재 슈퍼사이클이 예상되면서 10년 만에 9,610달러 선을 돌파했던 2월 초에서 계속 밀리는 형국이다. 애당초 구리에 투자할 요량으로 들어 갔던 자금은 단기 수익을 누릴 수 있는 투자처로 옮겨간 분위기다. 수요가 축 처져 있으니 구리 재고도 쌓여간다. 런던금속거래소(LME; London Metal Exchange)의 3월 구리 재고는 2배가량 늘었고, 상하이선물거래소 역시 재고가 7개월 이래 최고 수준이라고 알려졌다.

 2021년 1분기 구리 가격 변동

☑️ **이런 상황에서 향후 구리 시장 전망은?**

1) 앞으로도 수요는 계속 줄거나 현 상태로 유지되는 반면, 공급은 늘어나리라는 것이 대다수 전문가의 견해다. 미국, 페루, 파나마, 인도네시아에서의 채굴과 제련을 통해 2021년 구리 공급은 상당히 넉넉할 것으로 보는 것이다.

2) 반대로 2021년 하반기부터는 수요가 증가할 것이란 의견도 있다. 4월부터 에어컨 생산이 활력을 띠기 시작하면 구리 가격이 지지를 받을 거란 전망과 서방의 구리 소비가 회복되는 3~4분기에 다시 가격이 오를 거란 예측도 공존한다. 가전 및 자동차 부문에서 단단한 수요를 보이는 중국, 앞으로 몇 년간 재생에너지와 건설 부문에서 견고할 것으로 보이는 수요, 경기부양책으로 전 세계에서 풀려나간 막대한 양의 유동성. 이런 요소들을 고려할 때, 구리 가격이 크게 떨어질 우려는 없어 보인다.

3) 반대로 수요자들이 상대적으로 값싼 고철로 시선을 돌릴 가능성도 만만찮다. 이 역시 구리 시장에는 악재로 작용할 것이다. 애널리스트들과 컨설턴트들은 고철로 빠지는 대체효과 때문에 올해 중국의 구리 수요가 작년보다 낮은 증가율을 보일 거라고 설명한다.

023

달러 인덱스
U.S. Dollar Index, USDX, DXY

연준이 발표하는 달러의 가치 지표

세계 주요 6개국 통화와 비교한 미국 달러의 평균적인 가치를 나타내는 지표. 여기서 6개 통화는 유로, 엔, 파운드 스털링, 캐나다 달러, 스웨덴 크로나, 스위스 프랑이다. 달러 인덱스는 1973년 3월을 기준점 100으로 하여 미국 연방준비제도 이사회가 작성-발표한다. 위 6개국 각 통화의 비중은 그 국가의 경제 규모에 따라 유로 57.6%, 엔 13.6%, 영국 파운드 11.9%, 캐나다 달러 9.1%, 스웨덴 크로나 4.2%, 스위스 프랑 3.6%로 정해져 있다. 누구나 알고 있다시피, 달러는 기축통화基軸通貨 (key currency)이며, 이 6개국 통화는 준기축통화라고 부른다.

☑ 달러 인덱스는 어떤 의미를 지니는가?

인덱스가 오르면 미국 달러화 가치가 오른다는 의미이고, 인덱스가 하락하면 그 가치가 떨어진다는 의미다. 투자 측면에서 보자면, 달러 인덱스가 오르면 미국 국채 수익률이 하락하고, 주식시장이라든지 상품

시장 등은 대체로 약세를 띠게 된다. 이처럼 달러 인덱스는 세계의 원자재시장, 주식시장, 원화 등을 전망하는 데 유용한 주요 지표다.

 달러 인덱스를 결정하는 6개 통화의 비중

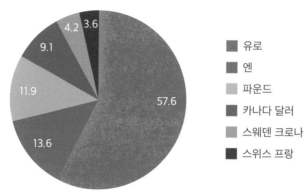

- ■ 유로
- ■ 엔
- ■ 파운드
- ■ 카나다 달러
- ■ 스웨덴 크로나
- ■ 스위스 프랑

☑️ 미국 달러는 2021년 들어 어떻게 움직이고 있나?

대규모 부양책과 통화 완화에도 굴하지 않고 고공행진을 해왔던 미국 달러는 2020년 말까지 그야말로 가치 하락 추세를 보였다. 전문가들은 경쟁 시장들이 경제 재개에 나설 움직임인 데다 미 국채 금리도 안정세였기 때문으로 분석했다. 투자은행 골드만삭스는 아예 유로화에 베팅할 것을 추천할 정도였다. 그런데 2021년 초부터 달러 인덱스는 빠르게 상승했다. 예상보다 빠른 미국 경제의 회복이 확실시되면서 강달러 현상이 두드러진 모양새다.

그러나 2분기 들어서자마자 달러 가치는 또 곤두박질을 시작한다.

소득, 소비, 고용 등 주요 경제지표도 확실히 나아지고 있었고, 게다가 기업들도 1분기에 '깜짝 실적'을 쏟아냈는데, 이상하게도 달러 인덱스는 하락을 면치 못하고 있다. 왜 그럴까? 유럽 내 코로나-19 백신 공급이 확대되면서 사망률과 입원율이 떨어지고 경기 회복이 본격화하면서 미국과의 성장률 격차가 줄어들 거란 전망이 가장 그럴싸한 이유다. 실제로 화이자 백신 1억 회분이 유럽에 추가 공급된다는 소식에 달러 인덱스가 2021년 2월 초 이후 최대 낙폭을 기록했다.

달러 인덱스를 압박한 또 다른 요소는 미국 국채 금리의 약세. 10년 만기 국채 금리는 최근 연 1.6% 안팎에서 움직이고 있다. 국채 금리가 떨어지면 글로벌 자본이 미국으로부터 빠져나가지 않겠는가? 주요 금융회사의 외환 책임자들도 국채 금리 하락과 함께 대규모 유동성이 미국에서 유출되고 있다고 설명했다. 글로벌 증시가 뛰면서 모두가 안전자산으로 인식해온 달러에 대한 수요가 줄었다는 지적도 있다.

 2021년 초 달러 인덱스의 변동

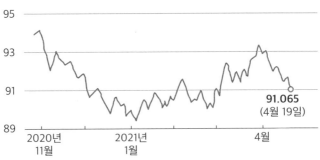

자료: 미 외환시장

2020년 말부터 2021년 초에 이르는 기간 동안 달러 인덱스의 움직임은 위의 도표에서 확인할 수 있다. 현재 외환 전문가들은 '달러 약세'에 베팅하고 있다. 2021년부터 4조 달러가 넘는 부양 자금을 미국 정부가 풀었으니 달러 가치의 희석은 계속될 것이란 근거에서다. 당분간은 국채 금리와 달러 가치가 동반 하락하는 추세를 볼 수 있을지 모르겠다. 달러를 대체할 수 있는 대표적인 안전자산으로는 단연 금을 꼽는다. 그래서인지, 달러 인덱스가 약세를 보이자 반대로 국제 금값은 상승세를 타고 있다.

024

대체불능 토큰
NFT; Non-Fungible Token

디지털 자산인가, 합의된 '환각'인가?

2021년 들어 세간의 가장 폭발적인 관심을 얻기 시작한 경제용어를 들라면, 단연 NFT를 꼽겠다. NFT 열풍이 그야말로 거세다. 블록체인 암호화 기술로 토큰(표식)을 부여해 보호함으로써 결코 대체할 수 없는 디지털 자산을 가리켜 NFT라고 한다. 각 토큰이 고유의 값을 지닌 데다가, 그 상품에 대한 정보가 담긴 메타 데이터와 불법 복제를 방지하는 타임 스탬프까지 합쳐져 있어서, 세상에 유일하고 완전 대체불가능! NFT는 주로 SuperRare(슈퍼레어), OpenSea(오픈시), Nifty Gateway(니프티게이트웨이) 등 글로벌 플랫폼에서 거래되며, 결제는 주로 암호화폐 이더리움으로 이루어진다. 특히 유형이냐, 무형이냐를 따지지 않는 MZ세대를 향한 호소력이 크다.

한평생 만날 일이 없을 영어 단어 fungible을 불러낸 NFT는 처음엔 장난처럼 인터넷 밈이나 팬아트 등에 쓰이다가, 2016년 가상화폐 시장이 본격 성장하면서 제대로 확산했다. 특히 비트코인 값이 폭등한 2017년 가상화폐 시장의 자금이 NFT로 흘러들면서 NFT 창작물의 가격이 오르기 시작했고, 지금의 'NFT 붐'으로 이어졌다. NFT 미술작품만도 2021년 3월 중 3억7,193만 달러어치가 거래될 정도로 폭증했다. 위·변조가 불가능한 데다 누가 무엇을 얼마에 샀는지 투명하게 알 수 있는 NFT는 디지털 예술계의 골칫거리였던 저작권 등을 해결해줄 기술로 평가받는다. 요즘 한창 떠오르는 메타버스 분야에서도 활발하게 쓰일 가능성이 크다.

☑ 토큰이 뭐야?

블록체인은 발행과 거래를 기록한 디지털 장부를 수십만 개로 분산시키고, 이 장부가 사슬(체인)처럼 줄줄이 엮여 있어, 조작이 불가능하다. 이 과정에 참여하는 컴퓨터에 그 대가로 주는 것이 암호화된 토큰(token)이다. 토큰을 화폐로 쓰면 비트코인이나 이더리움 같은 암호화폐가 되고, 공인증명서처럼 활용해 다른 파일과 연결하면 NFT가 된다.

비판적인 목소리도 만만치 않다. 디지털화한 NFT 자산은 아무리 '원본'이라 불러도 결국 컴퓨터 속의 데이터에 지나지 않는다는 것이다. 그래서 NFT 자산을 '합의된 환각(consensual hallucination)'이라고 깎아내리는 매체도 있다. 또 NFT 작품의 인기가 애당초 과대평가가 됐다는 시각도 있다. NFT를 향한 열풍이 다른 대상으로 옮겨가면 NFT 자산의 가치는 순식간에 곤두박질할 거라는 견해다. 짧은 기간에 큰돈이 유입

NFT 아티스트 비플의 연작 '매일: 첫 5,000일'의 일부를 이루는 「The First Emoji (첫 번째 이모콘)」

되면서 가격에 거품이 생긴 것은 사실로 보인다. 그뿐인가, 온라인에 개방된 NFT 자산의 이미지 사용 등, 저작권 문제도 아직은 모호하다. 경매업체 크리스티에서 일했던 전직 경매사는 이렇게 물었다. "실제로 존재하지 않는 예술작품을 구매한다는 문화라니, 도대체 말이 된다는 건가?" 아무런 가치도 없는데 돈을 받고 팔 수 있는 자산을 발명해내고 있는 NFT 판매자들, 전문가들이 그들을 사기꾼이라 부르는 데는 그럴 만한 이유가 있는지도 모르겠다.

최근 몇 년 사이에 현존 작가의 실물 작품이 경매에서 팔린 가격과 NFT 형태로 판매된 가격을 아래의 표에서 한번 비교해보자.

단위: 미국 달러

실물 작품 경매		NFT 판매	
Jeff Koons 제프 쿤스	토끼 9,110만 (2019)	Beeple 비플	매일: 첫 5,000일 6,930만 (2021)
David Hockney 데이빗 호크니	예술가의 자화상 9,030만 (2018)	M. Hall/J. Watkinson 맷 홀/ 존 왓킨슨	크립토펑크 #3100 758만 (2017)
Beeple 비플	매일: 첫 5,000일 6,930만 (2021)	M. Hall/J. Watkinson 맷 홀/ 존 왓킨슨	크립토펑크 #7804 757만 (2017)

실물 작품 경매		NFT 판매	
Jeff Koons 제프 쿤스	풍선 개 5,840만 (2013)	Beeple 비플	크로스로드 660만 (2020)
Gerhard Richter 게어하트 리히터	돔 플라츠, 밀라노 3,710만 (2013)	Jack Dorsey 잭 도시	최초의 트윗 290만 (2006)

✅ 구체적으로 어떤 과정을 거쳐 NFT 자산을 만드는가?

NFT와 디지털 작품(자산)의 연결하는, 즉, 토큰을 생성하는 자세한 기술적 절차를 설명하기는 쉽지 않겠지만, 쉬운 말로 묘사하자면 대충 이렇게 된다.

① NFT와 연결하고자 하는 데이터(디지털 작품)를 선정한다. 실물 작품의 경우, 이 단계에 들어가기 전에 먼저 작품을 디지털화해야 파일로 만든다.

② NFT 거래 플랫폼에 가상화폐(주로 이더리움 사용) 지갑을 연결한다.

③ 원본 보증을 하고 싶은 사진, 영상, 음악 등의 컴퓨터 파일을 업로드한다.

④ 가격이나 로열티 따위를 설정한다.

⑤ NFT와 디지털 작품의 연결이 완료되고, 토큰이 생성된다.

⑥ NFT 작품을 판매하기 위해 시장에 게시한다.

⑦ 디지털화 과정을 온라인에 공개하고 실제(물리적) 작품을 완전히 없애버리면, NFT 자산의 가치는 한층 더 높아진다. 신원을 밝히지 않고 활동하는 영국의 그러피티(graffiti) 아티스트 Banksy(뱅크

시)의 디지털 작품을 판매한 이들이 실물 원본을 불태운 것도 이 때문이다.

✅ 어떤 디지털 자산에 NFT가 적용될까?

1) 디지털화한 '실물' 미술작품. 예를 들어 통상 한정판으로 실물 제작하는 데이미언 허스트의 벚꽃 판화 8종을 디지털화하여 무한 제작, 온라인으로 판매. 6일 만에 7,481점이 팔려 약 253억 원의 판매고 기록.

2) 애초 디지털로 만든 창작물. 가령 5,000개 이상의 JPEG 그림 파일을 모은 디지털 예술가 Beeple(비플)의 「매일: 첫 5,000일」이라는 작품은 크리스티 경매에서 약 780억 원에 낙찰.

2) 온라인 게임

3) 비디오 콘텐트[1]. 예컨대 행인들이 길에 쓰러진 트럼프 전 대통령의 알몸 앞을 지나치는 내용인 비플의 10초짜리 영상 「교차로」는 75억 원 상당에 판매됨.

3) 디지털 카드. 예를 들어 디지털화된 야구 카드나 포켓몬 카드.

4) 영상 트레이딩 카드. 가령 미국 프로농구 하이라이트 장면이 담긴 「NBA 톱샷」 같은 작품은 등장한 지 2년 만에 약 2,600억 원 이상 호가.

---

[1] 국내에서는 이를 contents로 착각하여 '콘텐츠'로 표기하는 사람이 많지만, content가 정확한 용어이며 표기도 '콘텐트'로 함이 미땅하다.

5) 트윗 포스팅 내용. 약 28억 원에 팔린 트위터 공동창업자 잭 도시
  의 '최초 트윗' 한마디는 이미 NFT의 상징처럼 되어버렸다.

2021년 여름, 국보 70호 훈민정음 해례본을 소장한 미술관이 훈민
정음을 NFT로 만들어 개당 1억 원씩 100명에게 판매하는 사업을 추진
하면서 찬반양론이 시끄러웠다. 새 기술로 국보에 대한 젊은 세대의 관
심도 높이고 후원회도 키우려는 좋은 뜻의 시도인가, 아니면 민족의 상
징인 훈민정음을 영리 목적으로 혼탁한 NFT 시장에 끌어들이는 짓인
가? 주무 부처인 문화재청도 딱 부러지는 반응을 못 내는 가운데, 판단
은 역사의 몫일 것 같다.

 NFT 시장 시가총액(단위: 만달러)

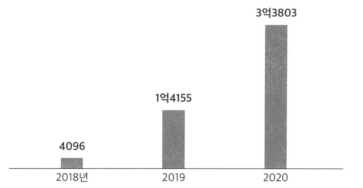

자료: nonfungible.com

☑ NFT의 미래에 대한 전망은?

크게 두 가지로 나뉜다.

1) "메타버스와 결합해서 성장을 지속할 것이다." 디지털 세상에는 감독 기능도 없고 수익의 흐름도 불확실한데, NFT는 블록체인으로 소유권을 증명하기 때문이다. 미술품 같은 디지털 자산을 '감상'하는 게 아니라 '확실히 소유'하며 '이슈의 중심에 서는' 데서 만족을 얻는 MZ세대를 주요 타깃으로 하여 커나갈 것이라는 의견이다. 한정판 운동화를 사려고 매장 앞에 줄을 서던 젊은이들의 열기가 디지털화한 것으로 보는 전문가들도 있다.

2) 머잖아 NFT의 공급이 수요를 넘어설 거란 비관적 전망도 있다. NFT를 발행하는 데 큰 비용이 들지 않아서, 무제한 발행이 가능하다는 점이 문제로 지적된다. 그렇지 않아도 가상화폐 투자자들이 NFT 자산을 비싼 가격에 사고팔면서 시장에서 그 가치를 턱없이 불려왔다는 의혹이 불거진 상황 아닌가. NFT 예술품이 쏟아져 나온다면, 가격은 당연히 떨어질 터이다. 디지털 아트에 담긴 가치가 이렇게 과대평가된다면, 그건 예술이 아니라 투기라는 얘기다.

025 도시형 생활주택

건설사도, 수요자도 군침 흘리는 주택

- 분양가 상한제 등 각종 부동산 규제에서 좀 더 자유롭다.

- 입지도, 교통 여건도, 주변 환경도 전반적으로 탁월하다. 상권이 잘 발달했고 생활 인프라가 잘 갖춰진 곳, 쇼핑 시설이 가까이 있는 곳, 업무 밀집 지역이 조성된 곳 등을 중심으로 지어진다.

- 요컨대 최고급 삶의 품질을 지향하는 최고급 주거 공간을 제공한다. 주택 안의 개방감을 극대화하고, 확 트인 테라스와 펜트하우스 같은 특화 설계를 적용하며, 세탁과 청소와 주차서비스 등, 입주자 편의를 위한 주거 서비스까지 제공한다.

- 원래는 1인 가구를 위한 원룸 형식이었는데, 대형 건설사들이 뛰어들면서 고급화 경쟁에 불이 붙었다. 지금은 비쌀수록 고소득 젊은 층만의 커뮤니티를 형성하고 차별화된 호텔식 서비스를 받는 등, 편리하게 생활할 수 있어서 인기가 높다.

- 분양가는 아파트보다 훨씬 높다. (고급형은 실제로 평당 분양가가 8천만 원을 넘보며 서울 핵심 입지 아파트보다도 높음)

- 청약통장이 필요 없다. 그래서 현금이 풍부하고 청약가점이 낮으면서 핵심 역세권을 선호하는 수요자들이 군침을 흘린다.

'도시형 생활주택'의 특징을 열거해봤다. 가구당 전용면적 85㎡ 이하이며, 300가구 미만의 국민주택 규모에 해당하는 주거지를 도시형 생활주택이라고 부른다. 우리 모두에게 익숙한 아파트는 '도시 및 주거정비법'에 의하여 규제되지만, 이런 도시형 생활주택에는 '주택법'이 적용된다. 따라서 분양가상한제나 주택도시보증공사(HUG)의 고분양가 심사 대상에서 제외되어, 분양가가 아파트보다 높게 책정된다. 건설사와 수요자들이 위에서 언급한 매력적인 특징을 지녔을 뿐 아니라 규제도 덜 받는 도시형 생활주택 쪽으로 눈을 돌리는 것은 당연해 보인다.

026

도심항공교통
UAM: Urban Air Mobility

서울에서도 곧 만날 3차원의 길

남대문에서 롯데타워까지 딱 5분. 하늘을 나는 택시. SF 영화 속 이야기가 아니다. 불과 3~4년 후면 시범테스트가 이루어지고 8~9년 후면 서울 상공에 택시들이 날아다닐 가능성이 농후하다. 마침내 도시인들에게 3차원의 길이 열리는 셈이다. '플라잉 카'라는 별명으로도 불리는 UAM은 미래 모빌리티 시대의 주축이 될 수도 있는 이동 수단이다.

한화시스템이 미국 기업과의 협력 아래 2024년까지 개발할 계획인 UAM '버터플라이' 모형.

전기로 구동되며 수직으로 뜨고 내리는 작은 비행체를 'eVTOL(electric vertical takeoff and landing) 기체'라고 부르는데, UAM은 바로 이런 eVTOL을 이용한다. 수직 이착륙이기 때문에 활주로가 필요 없다. 해외에서는 이미 다수의 기업이 eVTOL 기체 개발을 완료했다고 한다. 예컨대 독일의 Lilium(릴리움)은 2019년 초 이미 5인승 eVTOL 항공기 'Lilium Jet(릴리움 제트)'의 처녀비행을 성공리에 마쳤다. 50분에 300㎞를 이동하는 속도였다. 미국 Joby Aviation(조비 항공)은 eVTOL 1,000회 이상의 시범 비행을 거쳐 2024년 상업서비스를 시작할 계획이다.

막혀도 너무 막히는 출퇴근길 교통지옥으로부터 우리를 자유롭게 해줄지도 모르지만, 그럼에도 UAM은 기존 육상 교통을 대체하는 게 아니라 보완하는 개념이다. 대량생산이 실현되고 우버 식의 공유 비즈니스 모델을 개발한다면, 이동 거리당 비용을 자동차 수준까지 낮출 수도 있다. 이런 친환경 UAM이 새로운 교통수단의 주류가 되어 기존 운송 수단들과 시너지 효과를 낸다면, 2030년경에는 인간의 삶의 질이 몰라보게 높아질 것이다.

국내에선 모빌리티 선두주자 현대자동차와 한화시스템이 초기 시장을 선점하기 위해 경쟁하고 있다. 283억 원을 들여 미국 개인 항공기 개발 전문기업 Overair(오버에어) 지분 30%를 인수한 한화시스템은 5인승 비행체 '버터플라이'를 개발하고 있다. 한화시스템은 기체 앞뒤에 수평·수직으로 방향을 바꿀 수 있는 프로펠러를 2개씩 장착한 모형을 이미 공개한 상태다. 2025년 시범 서비스 개시를 목표로 하고 있다.

UAM 사업 비중을 전체의 30%까지 키우겠다는 현대자동차는 다인승 에어택시 개발에 한창이다. UAM 정거장을 건설하고 운영하기 위해서 인천국제공항공사와 팀을 꾸리기도 했다. 무인 셔틀이 다니며 승객을 태우고 에어택시 정거장까지 데려다주는 방식의 운용 계획도 공개했다. 동시에 KT와 협력하여 UAM용 통신 시스템 개발까지 진행 중인데, 앞으로는 무인 비행체를 위한 일종의 '교통통제 플랫폼'을 구축한다는 구상이다. UAM을 위한 무인 관제탑 같은 걸 만들겠다는 얘기다. 현대차의 에어택시 서비스는 2028년에야 시작될 것으로 예정되어 있다.

☑ UAM 시장의 규모는 얼마나 성장할까?

최근 모건스탠리가 내놓은 통계치가 있다. 전 세계 UAM 시장 규모는 2020년의 70억 달러에서 2040년이면 1조5천억 달러로 가파르게 성장할 것이라고 예상했다. 연평균 성장률로 치면 무려 30.7%에 달한다. UAM이 대중화되기만 한다면 실로 거대한 규모의 시장이 열릴 것이라는 뜻이다.

 UAM(도심항공교통) 시장 규모 전망

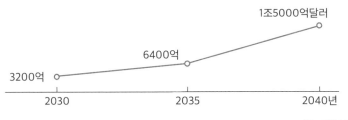

1조5000억달러

6400억

3200억

2030   2035   2040년

자료: 모건스탠리

시장의 크기가 엄청난 만큼, UAM 사업에 뛰어드는 업체들의 면면도 다양하다. 보잉과 에어버스 같은 전통의 비행기 제조업체들은 말할 것도 없고, 현대차와 GM 등 글로벌 자동차 업체들, 여기에 각국의 스타트업까지 합하면 200개가 넘는 크고 작은 기업들이 치열한 경쟁을 벌이는 중이다. 시야를 좀 넓히면, UAM은 완전히 새로운 이동 수단이므로 모든 산업군이 다 함께 힘을 보태야 이 시장이 성공적으로 열릴 수 있다. eVTOL 기체의 개발은 기본이거니와, 안전과 자율주행 기술의 확보, 여기에 사이버 보안을 갖춘 정교한 통신 시스템, 수직이착륙 시설,

효율적-종합적인 관제 시스템 등이 완비되어야 비로소 가능하다. 참고로 도심 위를 운행할 수 있는 비행 허가를 받은 플라잉 카는 아직 없다.

✅ UAM 때문에 부동산 시장이 바뀐다?

UAM이 세계의 부동산 지형도를 바꿔놓을 거란 분석이 증권업을 위시한 재계에서 나온다. 가령 대도시 주요 지점에 있는 건물의 옥상은 '플라잉 카'들이 이륙-착륙하는 정거장으로 활용할 수 있을 것이다. 그렇게 되면 부동산 가치는 지금처럼 1층에 스타벅스 같은 가게가 있느냐의 여부로 결정되는 게 아니라, 옥상에 UAM 거점이 있느냐에 따라 결정될 테니까 말이다. 그것도 아주 먼 미래의 얘기가 아니다. UAM이 상용화되는 2030년쯤엔 서울의 부동산 시장도 어쩌면 강남, 마포, 용산, 성동으로 이어지는 고정관념에서 벗어날지 모를 일이다. 실제로 우버는 'Skyports(스카이포츠)'라는 이름 아래 Macquarie(맥쿼리), Related(릴레이티드) 같은 부동산 개발사와 손잡고 고층빌딩 옥상을 UAM 이착륙 거점으로 활용하는 전략 사업을 진행하고 있다.

✅ 개발 중인 플라잉 카에는 어떤 종류가 있는가?

eVTOL 방식이어서 기다란 활주로가 없어도 되고, 헬리콥터 같은 소음도 안 내며, 탄소를 배출하지 않아야 플라잉 카로서 합격점을 받는다. 항공 전문가들 얘기를 들어보면 현재 플라잉 카는 기술에 관한 한 거의 모든 한계를 극복했고, 다만 아직 높은 가격만이 문제다. eVTOL은 추진 형태에 따라 크게 세 가지로 구분할 수 있다.

1) Mutirotor(멀티로터) 방식: 고속 회전하는 대형 날개와 터빈 엔진 때문에 발생하는 헬리콥터의 엄청난 소음을, 전기모터로 작은 로터 여러 개를 돌림으로써 해결했다. 승객이 헤드셋 없이도 자유롭게 대화할 수 있을 만큼 조용하다. 전기가 동력이므로 탄소 배출도 거의 없다. 지금도 쉽게 만날 수 있는 소형 드론을 사람이 탈 수 있는 크기로 키운 것이라고 보면 된다.

독일 볼로콥터의 멀티로터 방식 플라잉 택시

제작이 비교적 쉽고 빠른 양산이 가능하나, 속도가 느리고 항속거리도 짧다. 도심 내 단거리 운항에 적합하다. 중국 億航(이항; Ehang)의 '이항216'과 독일 Volocopter(볼로콥터)의 '볼로시티'가 이런 종류에 해당한다. 미국 Joby Aviation(조비)이 개발한 '조비 에어크래프트'는 드론처럼 공중에 멈춘 상태로 떠 있거나, 제자리에서 방향만 바꿀 수도 있다.

2) Lift and cruise(리프트 앤드 크루즈) 방식: 기체에 날개가 있고, 이륙용과 비행용 로터를 따로 달았다. 이륙할 때는 수직 방향의 로터를 사용해 떠오르고, 순항 고도에 이르면 수평 방향의 로터

리프트 앤드 크루즈 추신방식으로 개발된 미국 위스크 에어로의 '코라'

로써 속도를 낸다. 최대 시속 180km로 100km 거리를 날 수 있어 중장거리 운항이 가능하다. 미국 Wisk Aero(위스크 에이로)의 'Cora(코라)'가 이런 추진 기술을 채택한 모델이다.

3) Vectored Thrust(벡터드 쓰러스트) 방식: 구현하기 어렵지만 가장 유망한 기술. 날개에 달린 로터가 이륙할 땐 하늘을 향해 기울고(tilt), 비행 중에는 기체 앞쪽으로 기울도록 한 틸트 로터(Tilt-rotor) 방식이다. 원래 미 해병대 비행기에 쓰이던 기술이다. 속도와 항속거리 모두 우수하다. 미국 Archer(아처)가 최근 LA에서 공개한 'Maker(메이커)'는 뉴욕 맨해튼에서 JFK공항까지 약 30km 거리를 22분 만에 주파했는데, 회사는 상용화되는 경우 운임을 1인당 50달러로 예상했다. 70분이 걸리는 우버보다 오히려 싸다. 우리나라의 한화시스템이 개발 중인 '버터플라이'와 독일 릴리움의 '릴리움 제트', 영국 Vertical(버티컬)의 'VA-X43'도 벡터드 쓰러스트 형태다.

미국 아처가 만든 eVTOL '메이커'

✅ 그렇다고 장밋빛 전망만 있는 건 아닐 텐데?

'교통지옥에서의 해방' 그리고 '이르면 2024년 상용화'라는 목표와 함께 엄청난 투자금이 UAM 시장으로 몰리고 있다. 현대차그룹은 UAM의 사업 비중을 전체의 30%까지 키운다는 비전 아래, 승객과 화물 운송 모두를 아우르는 제품군을 구축하면서, 화물용 무인 항공 시스템도 선보인다는 계획이다. 구글 창업자 Sergey Brin(세르게이 브린)이 투자한 Kittyhawk(키티호크) 역시 2인승 'Heaviside(헤비사이드)'로 2024년 출시할 비행 택시 서비스를 준비하고 있다. 조비, 릴리움, 아처, 버티컬 등은 SPAC과의 합병을 통해 뉴욕 증시에 데뷔할 예정이다. 이래저래 비행 택시의 실현 가능성을 시장이 높게 보고 있다는 증거는 충분하다.

그러나 장밋빛 전망만 있는 건 아니다. 기체를 개발하는 거야 문제가 없다 하더라도 최적의 이착륙장이 완료되어야 한다. 그 전에 항공관제 시스템, 통신 시스템, 승객 환승을 위한 센터에 이르기까지 여러 기반 시설도 갖춰져야 한다. 또 안전 문제와 대중의 인식 개선 역시 풀어야 할 숙제다. 발생했다 하면 대규모 인명 피해가 나는 것이 항공 사고의 특성 아닌가. 게다가 자율주행 관련 규제도 정비하고 완화해야 하는 등, UAM 상용화 앞에는 넘어야 할 산이 아직 많다.

디지털 전환
Digital Transformation

도전과 불확실을 향한 미묘하고 중요한 턴

경제, 사회, 정치 전반에 디지털 기술을 적용하여 전통적인 구조를 혁신하는 추세를 뜻하는 용어. 그러나 보통은 기업들이 기존의 경영 요소에 디지털 기술을 통합하여 비즈니스 운영 방식과 서비스를 합리화-심화하고, 비즈니스 모델을 창조하거나 개선하며, 미래를 위한 비전과 지향점을 정립하고, 나아가 그 기업이 속해있는 산업까지 혁신하는 전략이라고 풀이할 수 있다. 이를 위해 기업이 사용하는 디지털 도구는 빅 데이터 설루션[2], 사물인터넷, 클라우드 컴퓨팅, 인공지능처럼 다양한 정보통신기술을 아우른다.

효율적인 비즈니스로 경쟁자들을 압도하기 위해서는 외부 요소들

---

[2] 영어 단어 solution도 국내에선 대개 '솔루션'으로 표기되지만, 이 책에서는 일제강점기의 영향을 지양하여 정확하게 '설루션'으로 적는다. 물론 기업 명칭에 쓰인 '솔루션'은 예외다.

에 의한 압박에도 불구하고 경영이 일사불란하게 미래를 지향하여 혁신하는 길을 찾아야 한다. 이는 그 어느 때보다도 지금 더욱 중요하다. 왜일까? 코로나-19의 확산으로 우리 사회의 거의 모든 측면이 가상의 공간으로 옮아갔거나 옮아가고 있기 때문이다. 업무도, 상거래도, 엔터테인먼트도, 사회적인 교류도, 그 어느 것 하나 기술적인 전환을 경험하지 않은 분야가 없기 때문이다. 물리적인 거리를 두지 않을 수 없게 된 우리 사회의 구성원들이 동시에 '연결'과 '소통'을 갈망하기 때문이다. '피지컬'에서 '디지털'로의 변환은 얼마나 미묘하고도 중대한 변화인가. 그것은 도전이요, 불확실이며, 적응이다. 동시에 예기치 못한 엄청난 혜택 혹은 이익을 의미할 수도 있다.

디지털 전환에 이르는 길은 여러 가지 모양을 띨 수 있지만, 대체로 아날로그 형태를 디지털 형태로 바꾸어주는 '전산화(digitization)' 단계, 그리고 정보통신기술을 활용하는 '디지털화(digitalization)' 단계를 거치게 된다. 어떤 산업이든, 어떤 기업이든, 극히 짧은 시간에 이 묵직한 변화를 수행해내지 않으면 안 된다. 그야말로 '제조환경의 재설정'이 될 수도 있고 '단절'과 '파괴'를 의미할 수도 있는 disruption을 마주해야 한다. 하지만 바로 이 '파괴적 전환'이 경쟁력의 재분배를 초래한다. 어떤 방식으로든 디지털 전환을 전적으로 포용한 기업들이 경쟁력의 우위를 점유할 것이고, 지속 가능한 소비자 맞춤형 제품을 시장에 내놓을 수 있을 거란 얘기다.

그래서 디지털 전환은 자발적으로 앞장서서, 선제적으로(proactive) 이루어져야 한다. 그래야만 내일의 비즈니스를 위한 좀 더 바람직한 포지션을 차지할 수 있기 때문이다.

028

디지털 피벗
digital pivot

비즈니스 모델 자체의 디지털 대전환

피벗(pivot)은 '축'이나 '중심'이라는 의미의 명사이기도 하고, '어떤 축을 중심으로 회전하다'는 뜻의 동사이기도 하다. 발레에서 한 발로 빙글빙글 도는 것, 농구에서 한쪽 발을 축으로 해 다른 발로 도는 것, 군대에서 향도(기준으로 삼는 병사), 중심되는 인물도 모두 피벗이다. 그럼, 경영학에서 '피벗'이라고 하면 무슨 의미일까? 환경과 기술이 변하더라도 흔들리지 않는 중심축이 되어야 하는 비즈니스의 본질 혹은 정수를 가리킨다. 따라서 '디지털 피벗'은 아날로그 기업이 디지털 기업으로의 변신을 위한 여정을 시작했을 때, 그 조직의 추진을 도와줄 수 있는 아주 폭넓은 '기술 관련 자산 및 비즈니스 능력'을 가리키는 용어다.

✅ 그렇다면 디지털 피벗과 디지털 전환의 차이점은?

디지털 전환은 기존의 아날로그 경영을 디지털 방식으로 바꾼다든지, 기존의 디지털 사업을 좀 더 심화한 디지털로 업그레이드하는 것이다. 이에 비해 디지털 피벗은 기존 사업을 디지털 관점에서 다시 해석하여 재정립하는 것, 그러니까 비즈니스 모델 자체를 전환한다는 개념이다. 그래서 최근 스타트업들이 디지털 피벗을 언급할 때는 주로 사업 방향의 전환을 의미하는 용어로 쓴다. 하지만 이 둘을 애써 구분하려는 노력은 그다지 의미가 없어 보인다. 어쨌거나 궁극의 디지털 전환은 하나하나의 기술을 도입하여 시행하는 것만으로는 이룩하기 어렵고, 디지털 피벗의 확립이 전제되어야만 가능하니까 말이다. 기업이 비즈니스의 본질을 확고히 다잡은 다음에, 가치를 창출하고 확산·전달하는 방법을 창의적으로 다양하게 바꾸어야 한다는 얘기다. 결국, 외부의 충격과 난관을 극복하고 승리하기 위해 중요한 것은 IT 민첩성, 회복탄력성, 그리고 속도다.

✅ 훌륭한 디지털 피벗을 보여준 기업의 사례를 든다면?

전문가들은 성공적인 디지털 피벗의 대표 기업으로 미국의 월마트를 꼽는 데 이의가 없다. 월마트의 특성은 단연 아날로그요, 오프라인이며, 유통이었지만, 60년 역사를 지닌 사업에 디지털 기술을 접목하면서 AI 부문까지 훌륭하게 투자했기 때문이다. 2020년 이 회사의 온라인 매출은 전년 대비 두 배가량 늘었고, 전통의 오프라인 매장과 디지털 온라인 쇼핑을 융합한 옴니채널이 성장을 이끌고 있다. 그러니까 원래의 월마트라는 돌덩어리는 아날로그 사업의 본질을 재해석하고 디지털 기술이라는 도구와 접목하는 디지털 피버팅으로 인해 번쩍이는 금덩이로 둔갑한 셈이다.

이미 디지털 전환이 낯설지 않은 우리나라에서도 코로나-19의 충격은 산업지형도의 급변을 초래했다. 조선, 철강, 석유화학 등 소위 '중후장대重厚長大' 타입의 아날로그 기업은 부진했고 '경박단소輕薄短小' 스타일의 디지털 기업이 약진한 것이다. 끝내 뉴욕 증시로 진출한 디지털 기업 쿠팡의 약진은 참으로 상징적이었다. '새벽 배송'이란 작은 혁명을 불러온 마켓컬리와 유통기업 SSG닷컴 그리고 유통플랫폼 사업자인 배달의민족 등도 압도적인 성장을 과시했다. 산업과 영역을 불문하고 '기존 질서의 파괴 및 새로운 구도의 형성'이라는 구호를 채택하게 되었다. 세탁소나 주유소 비즈니스가 디지털 피벗을 경험할 수 있다고 쉽게 상상하겠는가? 하지만 음식배달이나 식품유통이 그랬던 것처럼 놀라운 디지털 피벗이 이루어진다. 철두철미 아날로그였던 서비스들이 디지털 기술을 만나 재탄생하고 있다. 용달업이나 숙박처럼 왜소하고 나약한 아날로그 자영업이 플랫폼 구조와 이어지면서 고성장 첨단산업으로 변신하고 있다.

위기는 크게 보이고 기회는 작게 보이는 법. 모든 가능성은 열려 있다. 업의 본질은 유지하되 가치를 창출하고 전달하는 방식을 대전환하는 디지털 피벗, 성공할 때 거둘 수 있는 수확은 어마어마하다.

029

디투씨
D2C; Direct to Consumer

아마존이라는 황금어장을 버린 나이키

"쿠팡, 네이버, 저리 비켜, 내 물건은 내가 직접 판다!"

"플랫폼도 우리와 경쟁하는 자체 상품을 기획하잖아? 우리도 플랫폼을 벗어나 직접 소비자에게 다가가겠다."

D2C는 말 그대로 "소비자와 직접 맞닥뜨리는" 사업 형태, 소위 '언택트(비대면)' 시대를 풍미할 비즈니스 모델이다. 좋은 제품을 싼 가격으로 소비자의 문 앞까지 배달해주는 면도기 공장, 언제 어디서든 고객 문의에 응답하고 필요하다면 택시 타고 직접 배달까지 하는 안경 스타트업, 시장에 존재하지 않는 다양한 사이즈를 공급하는 브래지어 스타트업 등이 D2C를 훌륭하게 구현한 사례다. 그뿐인가, 이미 시장에서 확고한 입지를 구축한 대기업 테슬라도, 삼성전자도, 나이키도 망설임 없이 D2C에 뛰어들고 있다. 참고로 미국의 D2C 시장 규모는 2017년의 7조5,000억 원에서 2020년 23조7,500억 원으로 세 배 가까이 커졌다는

통계도 있다.

오로지 아이디어 하나로 무장하고 '계란으로 바위를 치려는' 스타트업, 시장을 장악한 골리앗(대기업)과의 살 떨리는 경쟁에 나선 다윗(신생 기업)의 전략은 무엇일까? 정교한 데이터 분석으로 소비자의 욕구를 정확히 짚어내는 것, 내 제품이나 서비스를 그 욕구에 맞춰 재단하는 것, 무엇보다 늘 소비자의 목소리를 경청하면서 비즈니스를 영위하는 것, 그리하여 정글 같은 시장에서 나만의 독특한 '아이덴티티'를 일사불란하게 호소하는 것. 게다가 플랫폼이 요구(거의 갈취)하는 판매 수수료나 까다로운 조건을 피하는 것. 이런 것들이 D2C의 전략이며, 이미 시장의 상당 부분을 움켜쥐고 있는 대기업들조차 배워야 할 시대정신이다.

(1) 나이키가 최대 온라인 상거래 플랫폼 아마존을 등졌다. 2019년 11월의 일이다. 왜 엄청난 매출이 보장된 거대 유통망을 버린 걸까? 앱이나 홈페이지를 통한 '나만의' 온라인 시장을 키우겠다는 모험이었다. 좋은 결단이었을까? 우선 온라인 판매가 84% 급증했다. 그뿐인가, 같은 업계의 경쟁사들이 코로나 때문에 고통의 시간을 지나고 있던 2020년 9~11월 나이키의 매출은 오히려 전년보다 9% 늘어났고 영업이익은 30%나 증가했다. 아마존에 갖다 바치는 수수료가 없어졌으니, 매출에 견주어 영업이익이 상대적으로 더 많이 늘어날 수밖에.

(2) 제너시스BBQ는 어느 유튜브 채널과 손잡고 치킨 할인 판매를 시도한 적이 있다. 다만 할인은 회사 앱과 홈페이지에서만 받을 수 있다는 조건이었다. 말하자면 할인 행사로 D2C 모델을 실험해본 것이다. 한 달 만에 앱 가입자가 7배 가까이 급증하면서, 이 행사의 성공을 증명했다. 앱 할인 마케팅은 적잖은 비용을 초래했지만, 앱 이용자 데이터가 축적되면서 맞춤형 마케팅도 가능해졌다. 막강한 온라인 플랫폼에의 의존도를 낮추고 앱이나 소셜 미디어로 직접 소비자와 거래하는 모델로 전환할 힘을 얻은 것이다.

(3) 삼성전자 같은 초대형 기업도 D2C에 주목할까? 그렇다, 코로나 창궐 이후 급증한 온라인 판매를 이미 목격한 삼성전자도 예외가 아니다. 이커머스 전문가들을 스카우트하고 있다는 소문도 들린다. 최근 공개한 'N-ERP'라는 차세대 자원관리 시스템에 처음으로 '온라인 직접 판매 현황 분석' 기능도 포함돼 있다. 삼성전자는 이것이 스마트폰 등 주요 제품의 D2C 사업을 키우겠다는 전략이라고 직접 밝혔다.

030 라스트 마일 딜리버리
Last Mile Delivery

마지막인 동시에 가장 중요한 그 구간

서울 사는 내가 온라인으로 고급 화장품을 주문하고 결제한다.

이 화장품은 부산의 한 기업에서 제조한다.

제조사는 제품을 택배회사 부산센터에 가져가 배송을 의뢰한다.

택배회사는 (비행기, 열차, 트럭 등으로) 서울 본사까지 운송한다.

분류된 제품은 내 아파트에서 가장 가까운 센터까지 배송된다.

마지막으로, 이 센터의 배송 요원이 내 아파트까지 배달해준다.

위의 과정에서 내(소비자)가 사는 곳까지 물건을 전달하는 마지막 구간이 바로 '라스트 마일'이고, 이 구간의 배달을 '라스트 마일 딜리버리'라고 부른다.

이와는 좀 다른 관점에서 보도록 하자. 가령 통신이나 방송 서비스에서도 라스트 마일을 상상할 수 있을까? 통신이나 방송사업자에서 시작되는 전송 서비스가 소비자에게 도달하기까지의 과정 중에서 소비자의 전화, TV, 컴퓨터 등에까지 도착하는 마지막 구간을 라스트 마일이라 할 수 있다. 이 구간에서의 품질이 통신-방송사업자가 약속하는 고품질의 초고속인터넷, 고화질 영상 같은 서비스 품질을 좌우한다.

세계 자율주행 라스트 마일 딜리버리 시장의 성장 전망(단위: 억달러)

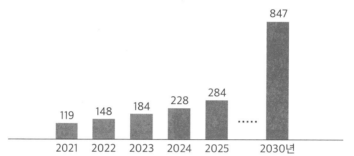

자료: 스타티스타

✅ 라스트 마일 딜리버리, 왜 중요한가?

물류 업계는 전체 물류비용 중 라스트 마일 딜리버리가 차지하는 비중이 50~60% 정도라고 추산한다. 또 지금은 사람이 라스트 마일을 담당하지만, 자율주행 로봇이 투입되면 새로운 시장이 열릴 거라고 예상한다. 물론 모빌리티 로봇이 상용화되어 실제 투입되기까지는 적잖은 시간이 걸린다. 아무튼, 라스트 마일 시장을 선점하기 위한 모빌리티 업체들의 경쟁은 이미 뜨겁게 달아올랐다. 지금까지 우리는 라스트 마일 배송을 그저 그런 서비스 영역으로 바라봤지만, 최근 사물인터넷이며 자율주행, 첨단 로봇 등의 기술이 접목되면서 혁신 가능성이 큰 시장으로 변했다. 예컨대 한 시장조사기관은 전 세계 라스트 마일 딜리버리 시장이 2021년의 119억 달러에서 2030년이면 847억 달러로 성장할 것으로 전망했다.

☑ 라스트 마일 딜리버리, 어떤 업그레이드가 이루어지는가?

Transforming Intelligent Ground Excursion Robot, 혹은 줄여서 'TIGER(타이거)'라 부르는 자그마한 로봇이 있다. 스마트 모빌리티 기업으로의 전환을 모색하는 현대자동차그룹이 최근 공개한 로봇이다. 길이 80㎝, 폭 40㎝, 무게 12kg의 몸체에 다리와 바퀴로 움직이는데, 계단을 오르고 험난한 지형도 거뜬히 지나는가 하면, 평탄한 도로에선 사륜구동 차량으로 달린다. 업계에서는 머지않은 미래에 타이거와 같은 로봇이 택배 기사를 대체해 소비자에게 물건을 전달할 수 있을 것으로 기대한다.

2020년 현대차그룹에 인수-합병되면서 국내에도 잘 알려진 미국의 로봇 개발업체 Boston Dynamics(보스턴 다이내믹스)는 'Spot(스폿)'이란 인공지능 로봇을 개발해왔다. 로봇팔이 장착되어 있어서 물건을 집어 들거나 문을 여닫을 뿐 아니라, 원격 제어와 자율 충전의 기능까지 갖고 있다. 역시 택배 기사를 대신하여 라스트 마일 딜리버리를 수행할 수

있으며, 화재나 지진 등의 재난이 생겼
을 때 구조 로봇으로도 활용된다. 목적
기반의 모빌리티를 개발해 라스트 마
일 딜리버리 분야의 수요에도 적극적으
로 대응한다는 현대차그룹의 4대 미래
사업 전략 취지에 딱 들어맞는 로봇 아
닌가.

보스턴 다이내믹스가 만든 로봇 개
'스폿'은 재난구조용으로도 쓰인다.

    자율주행과 커넥티드 카 기술에서 앞서가는 현대차그룹은 물류 브
랜드 '부릉'을 운영하는 메쉬코리아라든지, 라스트 마일 딜리버리용 배
터리 공유 사업을 벌이고 있는 중국의 스타트업 임모터(易马达; Immotor)
에도 투자하는 등, 신속한 행보를 보여주고 있다.

    자동차 기업 포드도 이 분야에 적합
한 로봇 개발에 한창이다. 특히 대학에
서 독립한 스타트업 Agility Robotics(어
질리티 로보틱스)와의 파트너십을 통해 두
발로 걷는 배달 전문 로봇 'Digit(디짓)'을
선보였다. 아파트나 다른 건물의 계단을
오르내리기 쉬워서, 자율주행 밴이 목
적지에 도착하면 트렁크에서 내린 디짓

최근 미국 스타트업 어질리티
로보틱스가 개발한 2족 보행 로봇 '디짓'

이 계단을 올라가 고객의 문 앞에서 초인종을 누르는 기술까지 구상하

고 있다고 한다.

라스트 마일 딜리버리 로봇이 자율주행차와 효율적으로 결합한다면 이 시장에 미치는 충격파가 적잖을 것으로 전문가들은 기대하고 있다. 자율주행차에는 카메라, LiDAR(라이다), 센서가 부착돼 있어서 목적지까지 로봇을 무난히 데려갈 것이다. 자동차에 장착된 대용량 배터리로 로봇을 충전할 수도 있을 것이다. 게다가 데이터와 전력이라는 두 가지 중요한 자원을 차량에서 얻을 수 있다는 점도 여러 가지 가능성을 창출한다. 고된 노동을 마다하지 않는 택배 기사들이 일제히 로봇으로 대체되는 미래, 그때의 라스트 마일 딜리버리가 어떤 모습일지, 상상되는가?

031

라이브 커머스 혹은 "라방"

Live Commerce

쌍방향 소통으로 큰 무한 실시간 거래

스마트폰만 있으면 언제 어디서든 방송 틀고 물건 산다.

(그러니까, 언제 어디서든 방송으로 물건을 팔 수 있다.)

품목 제한도 없어 그야말로 무궁무진. 심심하면 '라방' 본다.

채팅 기능이 추가돼 판매자와의 실시간 소통이 된다.

200만 원이 넘는 미니 클라우드 백 230개, 10초 만에 완판.

라이브 방송으로 쇼를 열고 152억 원짜리 목걸이 등 400여 점의 시계

와 보석 제품을 소개한 카르티에, 2시간 동안 77만 명 넘게 시청했다.

이러니 비대면 쇼핑 이끌고 대면 쇼핑 욕구를 대체했다는 평이 나온다.

이러니 온·오프라인 경계를 없앤 커머스라고 추켜세우는 거다.

한두 시간 안에 수천, 아니, 수만 명의 고객에게 브랜드를 홍보할 수 있

어 브랜드 경험을 높이는 데도 안성맞춤.

이러니 디지털 전환에 소극적이었던 명품 업계나 패션 업계조차 앞다투

어 합류하고, BMW, 아우디, 테슬라까지 끼어들 수밖에!

라이브 커머스는 실시간 방송으로 상품을 소개하고 판매하는 모바일 쇼핑이다. 줄임말 좋아하는 우리나라에선 '라방'으로 통한다. 굳이 설명이 필요치 않은 코로나-19 확산 이후의 소비 행태다. 영상을 기반으로 펄펄 날아다니는 SNS가 보편화했기에 가능한 소비문화이므로, 앞으로도 오래오래 특히 젊은 세대 위주로 기승을 부릴 것이다. 라이브 커머스가 무럭무럭 자라는 가장 큰 비결은 '쌍방향 소통'. 판매자와 고객이 실시간으로 소통할 수 있다는 얘기다. 일반 전자상거래에서는 구매 전환율이 0.3~1%밖에 안 나오지만, 라이브 커머스의 구매 전환율은 5~8%나 되는 이유다.

사실 라이브 커머스가 빨리 자리 잡은 나라는 중국이다. 가령 2020년 중국의 라이브 커머스 매출은 전체 전자상거래 매출의 9%에 해당하는 약 191조 원이었다. 2017년만 해도 겨우 약 3조2천억 원이었으니, 엄청난 속도로 늘어났다. 2020년 11월 광군제 기간 알리바바가 매출의 25%를 라이브 커머스로 올렸다고 하니, 그 영향력을 알 만하다.

이에 비해 우리나라의 라이브 커머스는 아직 걸음마 단계다. 하지만 롯데·신세계·현대·CJ 등 유통 대기업도, 네이버·카카오 등 플랫폼 대기업도, 열정적으로 뛰어들면서 빠르게 성장할 태세다. 2020년 3조 원대였던 라이브 커머스 규모가 2023년 10조 원, 2030년 30조 원대로 커질 거라는 전망도 나온다.

특히 홈쇼핑에서는 단연 1위이면서도 모바일에서는 좀 시들했던 CJ 오쇼핑의 라이브 커머스 혁명이 눈에 띈다. CJ의 장점인 '방송'을 십분 활용하고 미래의 역량을 모바일과 라이브 커머스에 집중하여, 'CJ온스타일'이란 통합 명칭 아래 모바일 거래액을 3조까지 끌어올린다는 계획이다. 이를 위해, 경쟁사인 GS홈쇼핑이 그랬던 것처럼, 20년 넘게 고수해온 '홈쇼핑'을 아예 던져버렸다. 쿠팡이나 카카오 같은 디지털 유통 거인들과의 불꽃 튀기는 격전이 볼 만하겠다.

서구 시장의 반응은 어떨까? 지금까진 관심이 적었다. 그러나 이젠 미국을 시작으로 적극적인 참여가 눈에 띈다. 최근 틱톡을 통해 라이브 커머스로 패션 제품을 판매한 월마트의 시도가 그런 변화를 보여준다. 아마존도 새로운 추세를 놓치지 않고 아마존 라이브를 운영하고 있다. 앞으로 거대 플랫폼 업체들이 하나둘씩 뛰어들면서 미국 라이브 커머스 시장은 2023년까지 250억 달러 규모로 비대해질 것이라는 전망이다.

032

랩 어카운트 혹은
종합자산관리계좌
Wrap Account

내 취향대로 전문가가 대신 투자해준다

주방에서 쓰는 알루미늄 랩처럼 감싼다는 뜻의 'wrap'과 계좌를 의미하는 'account'를 합친 용어. 고객이 계좌에 넣은 돈을 증권사의 전문가가 고객의 취향에 맞게 다양하게 투자해서 수익을 창출해주고 수수료를 받는 식의 종합자산관리계좌로 보면 된다. 랩 어카운트의 고객은 대부분 개인이다.

개인투자자들의 피눈물을 쏟게 한 라임과 옵티머스 사태는 뚜렷이 해결되지도 못한 채, 사모펀드에 대한 신뢰만 땅에 떨어졌다. 이후 서울 강남권을 중심으로 엄청난 규모의 자금이 랩 어카운트로 유입된다는 이야기가 돌면서 이 용어는 한층 더 관심을 모았다. 일부 거액 자산가들이 랩을 사모펀드의 대안으로 본다는 얘기였다. 어떤 이유에서일까? 우선은 투명성이다. 고객이 자금 운용 실상을 전혀 모른 채 결과만 기다려야 하는 사모펀드와 달리, 랩 어카운트 운용은 투명하게 공개되어 원하는 투자자는 언제라도 들여다볼 수 있기 때문이다. 게다가 투자자가 주식 비율을 늘리거나 낮추기를 원하면, 운용자에게 그런 지시도 할 수 있으니 더 만족스럽다.

계속되는 초저금리로 예-적금의 의미가 없어진 금융 배경도 상대적으로 높은 수익률을 허락하는 랩 어카운트의 매력을 두드러지게 한다. 그래서 투자금이 랩으로 유입되는 속도가 놀랍다. 금융투자협회에 집계에 의하면, 2020년 한 해 동안 10조 원의 신규 자금이 유입되어 동년 11월 현재 랩 어카운트 잔액은 129조 원에 달했다. 코스피 3000시대를 연 2021년 들어서도 대형 증권사들의 랩 어카운트에는 뭉칫돈이 계속 몰려들고 있다. 커져만 가는 증시의 변동성이 불안한 자산가들이 랩을 합리적인 투자처로 받아들이는 것이다.

 늘어나는 랩 어카운트 잔액

2020년 월말 기준

사상최대 **131조**

130조원

129조

120조

119조

112조

110조

1 2 3 4 5 6 7 8 9 10 11월

자료: 금융투자협회

다만 랩에 투자할 때는 주의해야 할 점이 몇 가지 있다. 우선 가입할 수 있는 최저 금액이 다소 높아 1,000만~5,000만 원 수준이다. 랩 어카운트는 실적으로 배당하는 상품이라는 점도 기억해야 한다. 다시 말해서 운용 결과가 나쁘면 원금까지 잠식될 수 있다는 얘기다. 그리고 정해진 만기까지 중도 환매를 할 수 없거나, 환매가 허용된다 하더라도 수수료가 붙는 경우가 대부분이다. 이런저런 상황을 고려하면 랩 어카운트에는 여유 자금으로 가입하는 것이 현명하다. 반면, 해외주식을 기초자산으로 하는 랩은 (해외 펀드와 달리) 직접 투자 상품의 범주에 속한다. 따라서 이익 중 250만 원을 공제한 후 양도소득세를 내야 한다. 금융소득종합과세 대상자의 경우, 랩을 통한 자금 운용이 해외 펀드보다 절세 측면에서 유리하다.

033

레이블링[3]
Labeling

오토 레이블링
Auto Labeling

최첨단을 가능하게 하는 '막노동'?

'인공지능' 하면 최첨단의 기술이요, 미래의 상징처럼 들린다. 하지만, 인공지능을 가능하게 만드는 과정은 그런 스마트한 이미지와는 달리 노동집약적이고 아날로그적이며 반복적이고 지루하다. 어마어마한 양의 데이터를 사람이 일일이 수집하고 (AI가 이해할 수 있도록) 가공하고 정제하여 입력해서 반복적으로 학습시키고 훈련해야 하기 때문이다. 이런 과정을 '레이블링' 혹은 '데이터 레이블링'이라 부른다. 예를 들어볼까? 자율주행 AI가 존재하도록 만들려면, 그야말로 수천만 장의 사진과 비디오를 만들고 레이블링해 입력할 수밖에 없다. 그런 혹독한 중

---

[3] 국내에선 label을 '라벨'이라 표기하는 관행이 널리 퍼져 있지만, 이는 전혀 근거 없는 잘못된 표기이므로 이 책에서는 정확한 발음을 따라 '레이블'로 표기했다.

노동과 학습이 투입된 다음에야 비로소 AI가 도로 위 사물을 분별하게 되는 것이다. AI 개발에 필요한 전체 시간의 60~70%가 바로 이 레이블링 단계에 투입된다면 믿겠는가.

AI 시대에 데이터 레이블링의 중요성이 급부상하면서, 요즘은 AI의 학습 초기 과정을 최대한 쉽고 빠르게 끝내는 기술도 등장했다. 말하자면 레이블링 자체를 자동화하고 그 작업을 사람이 아니라 AI에게 맡기자는 개념이다. AI가 AI를 학습시키는 셈이다. 바로 이것이 '오토 레이블링'인데, 국내에도 있는 기술이다. 이를 활용하면 사람과 견주어 작업 속도가 10배까지 빠르다고 한다. 예컨대 데이터 10만 개를 '레이블링'하는 경우, 최초의 100개만 사람이 레이블링하고, 나머지 9만9,900개는 특별히 만든 AI가 자동으로 가공하고 정제하여 레이블링하는 식이다.

 슈퍼브AI가 제시한 오토 레이블링 개념도

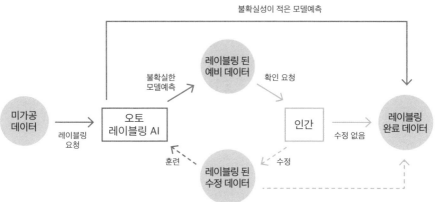

　　재벌그룹 출신 연구원들이 주축이 된 슈퍼브AI, AI 분야 스타트업인 디에스랩글로벌, AI 학습 데이터 기업 크라우드웍스 등은 이미 상당한 수준의 오토 레이블링 기술을 확보해서 앞서나가는 중이다. 그밖에도 다수의 AI 기술 기업들이 레이블러들의 전문성을 키워주는가 하면, 음성인식 AI, 이미지 센싱 등 기술을 바탕으로 자동화 플랫폼 구축에 나서는 등, 이 산업 육성에 공헌하고 있다. 마침 2020년부터 정부가 추진하고 있는 디지털 뉴딜 사업의 핵심 부문이 AI 학습용 데이터 관련 사업이라, 레이블링 기업들의 움직임은 더 활발해질 것으로 보인다.

034

레이어드 홈 혹은
옴니-레이어드 홈
Omni-Layered Homes

지금 내 집은 예전의 내 집이 아니다

집이 변하고 있다.

코로나-19가 불러온 현상이요, 뉴노멀이다. 일터에서 돌아와 지친 몸을 눕히고 휴식하는 공간, 그런 다음 다시 일터로 돌아가면 텅 비어 쓰이지 않는 공간, 그것이 예전의 집이었다. 이젠 아니다. 일, 운동, 교육, 여가, 휴식 등으로 집의 기능이 커지고 넓어졌다. 집을 보는 관점도 달라졌다. 집에 머무르는 시간이 길어지자 사람들은 집을 달리 보기 시작한 것이다. 잠깐 머물렀을 땐 보지 못했던 손때, 무심하게 넘어갔던 균열이 눈에 들어오게 됐다. 왠지 가구나 소품들이 따분하게 보이기 시작하고, 변화의 욕구가 물씬 일어난다. 여기저기 손을 대고 없애고 더하고 바꾸는 사람들이 늘면서 '레이어드 홈'이란 신조어가 등장했다. 포토샵에서 이미지의 층이나 그런 층을 덧붙인다는 의미의 '레이어'를 빌어온 용어다. 입고 있는 옷에 새 아이템을 덧대어 '레이어드 패션'을 완성하듯, 살고 있는 집에 가구와 소품을 더해 새로운 집으로 바꿔놓는단 의미다. 하나둘씩 구석구석을 손보기 시작한 소비자를 위해 가구·생활용품 업체들은 신상품을 늘리고 다양한 서비스와 할인 혜택을 잇달아 선보이고 있다.

✅ '레이어드 홈'의 '레이어'는 어떤 것들인가?

기본 레이어 (Basic Layer) ; 예전부터 수행해왔던 기능을 심화하는 첫째 층. 집의 기본 기능이 강화되면서 위생 가전·가구·인티리어[4] 산업의 발전을 가져오고 호텔 용품이나 로봇 등을 활용해 프리미엄화한다.

추가적인 레이어 (Additional Layer) ; 집의 기능이 추가된다는 의미의 응용 레이어. 일찍이 집에서 하지 않던 일을 수행하는 층위다. 집이 다기능화하면서 작업, 학습, 운동, 쇼핑, 문화생활 등등, 전에 없던 활동을 할 수 있다.

확장 레이어 (Expanding Layer) ; 집의 기능이 '집 밖'으로 확장한다. 내집 근처라든지 동네로 넓혀져서 내 집과 '인터랙트'하는 층위가 되는 것이다. 그저 슬리퍼만 걸치고 나가도 되는 집 근처, 요즘 '슬세권'이라고도 표현되는 권역으로 경제활동이 커진다.

---

4 국내에선 interior라는 단어를 '인테리어'라고 표기하는 사람들이 많지만, 이는 일제강점기의 잔재에 영향을 받은 잘못된 표기이므로 이 책에서는 정확한 발음을 따라 '인티리어'로 표기했다.

레이어드 홈 또는 옴니-레이어드 홈으로 불리는 이 추세는 한두 해로 끝날 것 같지 않다. 우리나라만의 동향도 아니다. 어쩌면 우리에게 집이라는 공간을 바라보는 새로운 패러다임을 제시하고 있는지 모를 일이다. 그리고 이런 패러다임이 내수 및 수출 산업에도 장기간 영향을 미칠 것임은 두말 할 나위 없다.

035 리셀테크
Resell-Tech

MZ세대가 열광하는 되팔기 재테크

설명이 별로 필요 없다. '되파는 재테크 기술'을 가리키는 용어다. 요즘 MZ세대를 위시한 젊은 층이 열광하는 기법으로서, 값비싼 명품이나 한정판으로 나온 희귀 상품을 구매했다가 다시 팔아 수익을 남기는 방법이다. 리셀테크가 이렇듯 인기를 구가하고 있지만, 그 대상이 될 만한 명품이나 희귀 제품은 워낙 비싸서 젊은이들이 선뜻 투자하기 어려운 면도 있다. 그래서인지, 최근엔 소위 '조각투자'라는 이름 아래 적은 금액으로도 리셀테크를 구현하도록 돕는 펀드까지 눈에 띈다.

어떤 스타트업이 2021년 4월에 론칭한 '피스(Piece)'라는 이름의 플랫폼을 예로 들 수 있다. 이들이 최초로 펀딩에 돌입한 포트폴리오는 시작한 지 30분 만에 완판되는 기염을 토했다. 최소 10만 원이라는 적은 돈으로도 희귀성이 높은 한정판이나 명품(의 일부)에 수월하게 투자할 수 있는 조각투자 플랫폼이 등장한 것이다. 베테랑급 명품 감정사와 구매 전문가까지 동원해서 투자의 안전성도 높였다. '피스'의 펀드 운용은 미리 구매해놓은 명품을 온라인으로 '리셀'하고, 여기서 생긴 수익을 투자자들과 나누는 구조다. 처음 시도한 포트폴리오의 예상 수익률은 6개월 기준 25% 수준으로 상당히 매력적이다. 이 정도의 투자 대상이라면, 여윳돈이 많지 않은 MZ세대가 열광할 만하지 않은가.

명품은 눈으로 볼 수 있는 현물이니까 누구나 가치 변화를 알 수 있고 주식보다 쉽게 투자할 수 있기 때문이라고 설명하는 이들도 있다. 어쨌거나 소소한 금액을 투자할 마땅한 상품이 없던 터에 리셀테크를 기반으로 한 조각투자가 인기를 끌자, 공동 구매와 공동 소유를 표방하는 다른 창의적인 플랫폼들도 많이 생겨나 소액 투자자들의 관심을 받으면서 세를 불리고 있다. 고액 자산가가 아니면 소유하기 힘든 고가의 미술품이나 각종 저작권 같은 것을 공동으로 사서 공동으로 소유하고 수익이 생기면 나누는 구조다.

음악 저작권 공유 플랫폼 뮤직카우는 최근 걸그룹 브레이브걸스의 노래 「롤린」이 역주행하면서 그 저작권에 투자한 소액 투자자들에게 1,000% 가까운 경이로운 수익률을 안겨주었다. 또 서울옥션블루는 온라인 미술품 경매사이지만 미술 작품뿐만 아니라 스니커즈 같은 것도 공동 구매할 수 있는 플랫폼을 운영하고 있다.

036

리쇼어링
Reshoring

돌아오라, 공장이여, 고국의 품으로

해외로 옮겼던 국내 제조업체의 생산기지가 다시 본국으로 돌아오는 것을 의미한다. 애초 생산기지가 해외로 나갔던 것(이것을 오프쇼어링 off-shoring이라 부름)은 인건비를 위시한 각종 비용 절감을 위해서였거나, 국내 경제-정치적 환경이 불리했기 때문이었을 것이다. 그렇다면, 본국으로 되돌아오는 것은 어떤 이유에서일까? 진출했던 외국의 인건비가 상승해서 매력이 없어졌거나, 그 나라의 정치적 리스크가 너무 커졌거나, 본국 정부가 장기적인 경기침체라든지 실업률의 급증을 해결하기 위해 거절하기 힘든 인센티브를 제공하기 때문일 것이다.

선진국들이 자국 기업들의 리쇼어링을 촉구하며 돌아오라고 본격적으로 목소리를 높이기 시작한 것은 2000년대 중반. 뭐니 뭐니 해도 고용과 투자를 드높이는 부문은 제조업이라는 사실을 절감했기 때문이다. 특히 금융위기 이후 제조업 경쟁력 강화에 목을 메왔던 미국은 오바마 정부 시절 리쇼어링 드라이브를 강하게 걸었다. 그러기 위해 유턴 기업에 대해 2년간 설비투자 세제 감면, 특별 우대 세율 등 여러 가지 '당근'을 제시했다. 여러 언론 보도에서 확인되다시피, 이러한 미국의 노력은 가시적이고 실질적인 성과로 이어지고 있다.

리쇼어링에 적극성을 보이는 점에서는 유럽도 다르지 않다. 국내총생산에서 제조업이 차지하는 비중을 15%로 끌어올리겠다는 야심찬 목표부터 확립한 영국이 이런 점에서 두드러진다. 제조업체의 국내 유턴을 한층 더 매력적으로 만들기 위해 법인세도 낮추고 노동시장의 개혁도 주저하지 않았다. 경쟁국보다 농업과 부가가치가 상대적으로 낮은 제조업이 강세인 프랑스도 '집 나간 제조업체'를 귀가시키는 노력을 아끼지 않는다. 특히 완성차업체 등 특정 기업에 지원금을 주는 등, 리쇼어링을 부추기는 전략을 쓴다.

소위 '잃어버린 20년'이란 오명에 시달려온 일본도 자국의 수출 경쟁력을 현저히 높이면서 리쇼어링 효과를 봤다. 우선 다소 공격적인 통화·재정 정책을 펼침과 동시에 엔저 정책도 꾸준히 추진했다. 대기업에 대한 규제를 느슨히 풀면서 대규모 양적 완화까지 시행함으로써 경제 전반이 활력을 되찾았다. 여기에 여러 지방자치단체의 다양한 지원책까지 합쳐지면서 본국으로 회귀하는 제조업체들이 늘어난 것이다.

✅ 해외 생산기지 설립이 왕성했던 한국은?

"리쇼어링이야말로 기업 투자 확대와 기업 유치를 동시에 가능하게 하는 임금·일자리 확대 정책"이라는 어느 국회의원의 발언처럼, 한국도 해외 진출 기업의 복귀에 소극적일 수 없다. 아직 두드러진 성과는 없지만, 고부가가치 산업 공장을 더는 해외에 빼앗기면 안 된다는 인식이 널리 공유되고 있다. 다만, 반도체 등 하이테크 산업 생산시설을 자국 내에 묶어두려는 미국 등 선진국의 정책은 오히려 한국의 리쇼어링 노력을 가로막는 요인이 되고 있다.

해외로 나갔던 기업이 자발적으로 국내에 복귀하고픈 마음이 생길 수 있도록 하는 다양한 지원책이 절실하다. 우선 리쇼어링의 대상이 될 업종을 선정함으로써 정책의 타깃을 또렷이 정해야 한다. 그런 다음 유턴기업의 연구개발 지원, 보증 혹은 감세 등 혜택, 특별투자지역 입주 허용 등의 인센티브를 제공해야 할 것이다. 또 이런 전략을 실제 법안으로 뒷받침해주는 것도 필요할 것이다.

독립을 위해 당신이 돈에다 희망을 건다면,
당신은 절대로 그걸 갖지 못할 것이다. 사람이 이 세상에서 누릴 수 있는
단 하나의 진짜 안전장치는 지식과 경험과 능력이라는 저수지다.

If money is your hope for independence you will never have it.
The only real security that a man will have in this world is a reserve of
knowledge, experience, and ability.

— 헨리 포드(Henry Ford) —

제2부

ㅁ-ㅅ

마이 데이터 서비스
My Data Service

데이터 축적과 유통으로 가치 창출

미래 산업의 마중물로 불리는 마이 데이터 서비스(본인신용정보관리 서비스)가 우리나라에서도 마침내 출범했다. 데이터가 구동하는 사회, 데이터를 모아 축적하고 유통함으로써 융합 가치를 창출하는 사회가 열린다. 마이 데이터 서비스는 은행 계좌 잔고, 부동산, 자동차, 보유 주식 잔액, 보험상품에다 금, 미술품, 암호화폐, 한정판 스니커즈에 이르기까지, 내 자산을 한눈에 보여준다. 어떤 카드를 쓰는 게 유리한지, 어떤 보험에 들어야 더 나은지, 추천해준다. 챙기기 만만치 않은 연말 정산도 나 대신에 해준다. 은퇴하고 싶은 나이에 따라 남은 생애 자산운용 계획도 세워준다. 카드에 적립된 포인트, 신용·체크카드 사용액, 보험료와 보험금, 소득공제 내역, 건강검진 데이터, 병원비 지출 내역 등 시시콜콜한 사항까지, 한마디로 다 된다.

그뿐이랴, 재무(금융)와는 무관한 일상의 마이 데이터까지도 관리해준다. 가령 내 차를 팔았을 때 받을 수 있는 중고차 시세를 알려준다든지, 자동차 검사할 때가 되었음을 상기시킨다든지, 휘발유 가격이나 가까운 주유소를 안내해주는 앱도 있다. 나의 에너지 사용량 데이터를 보여주고 사용 패턴을 알려주는 플랫폼도 있다. 내 신용정보를 갖다 주면 그 정보를 기초로 나한테 안성맞춤인 각종 서비스를 제공하는 사업들이다. 말하자면 별의별 서비스를 다 제공하는 나만의 '어벤저스'가 생기는 격이다. 우리나라에서 이 같은 마이 데이터 사업을 하는 회사가 벌써 28개에 이른다.

마이 데이터 서비스를 선도한 것은 미국이었다. 2011년 정부가 도입한 '스마트 공시(smart disclosure)' 제도 덕분에 국민은 의료·에너지·교육 같은 분야의 개인 정보를 내려받을 수 있다. 그렇게 획득한 '마이 데이터'를 이용해 새로운 일상업무·금융·투자 서비스를 추천받기도 한다. 이런 정보를 가공해서 대도시 방범 카메라에 축적된 영상 데이터를 해석하고 거리 범죄율을 집계한다든지 교통량을 분석하는 스타트업도 생겼다. 여기에 날씨 정보를 더하면 언제, 어디에, 사람들이 얼마나 많이 모여들게 되는지를 측정할 수도 있다.

미국과 같은 시기에 영국도 개인 정보를 디지털화해 제공하는 마이 데이터 정책을 시작해 지금에 이르고 있다. 오픈 뱅킹 시행에 힘입어 오픈 응용 프로그램 표준안도 마련했고, 덕분에 거의 모든 금융상품 정보가 개방된 상태다. 개인 데이터 저장소를 운영하는 Digi.me(디지미) 같은 플랫폼은 공공-민간부문에 흩어져 있는 금융·의료·엔터테인먼트 등 개인 정보를 한데 모아 관리하고 활용한다. 플랫폼 사용자는 여기저기 저장된 데이터를 자신의 클라우드 서버에 모으고 다양한 제휴 앱을 통해서 여러 가지 서비스를 이용한다.

유럽연합도 마이 데이터 서비스 추진에 가속도를 붙이고 있는 것은 마찬가지. 관련 법을 제정해 회원국 간 개인 정보의 자유로운 이동을 가능하게 했다. 이 같은 개인 정보의 자유로운 이동과 개인 정보 보호의 강화를 동시에 입법화한 것은 EU가 처음이다. 이미 2010년대에 개인 데이터를 활용한 사업을 미국 빅테크 기업들에 하나둘 내주며 위기감을 절감했던 것이, 개인 정보 주권의 강화를 지향하는 EU의 적극적이고 신속한 행동을 촉발했다고 한다.

☑ 우리나라의 마이 데이터 서비스는?

한국의 마이 데이터 서비스는 2021년 후반에 막 시작되었다. 우선 (1) 은행권, (2) 카드사를 포함한 여신전문금융사, (3) 토스, 네이버파이낸셜, 카카오페이 같은 빅테크 등이 마이 데이터 사업 본인가를 받았다. 앞으로 2차 라이선스 심사가 끝나면 (4) 보험사와 (5) 증권사에다 (6) 유통사에 이르기까지 다양한 기업이 마이 데이터 서비스로 치열한 경쟁을 펼칠 것이다.

마이데이터 본허가 받은 국내 기업	
은행	KB국민은행, NH농협은행, 신한은행, 우리은행, SC제일은행
여신 전문 금융사	KB국민카드, 우리카드, 신한카드, 현대카드, BC카드, 현대캐피탈
금융투자	미래에셋대우
상호금융	농협중앙회
저축은행	웰컴저축은행
핀테크	네이버파이낸셜, 민앤지, 보맵, 비바리퍼블리카, 뱅크샐러드 쿠콘, 팀윙크, 핀다, 핀테크, 한국금융솔루션, 한국신용데이터 해빗팩토리, NHN페이코, SK플래닛

자료: 금융위원회·금융감독원

마이 데이터 산업의 핵심은 데이터 유통-가공-결합이다. 성격과 종류가 다른 정보를 결합하고 이를 쓸모있는 정보로 만들어야 한다는 얘기다. 그러기 위해선 방대한 데이터를 융합할 수 있는 전산과 IT 인프라가 필수다. 하지만 대형 기관이라면 모르거니와, 대부분 국내 기업은 마이 데이터 융합을 위한 인프라가 전혀 없다. 그렇다고 사업자를 금융기관과 일일이 연결한다면 속도와 효율 면에서 뒤처지고 여기저기서 이중 투자(게다가 천문학적인 금액의)가 발생할 것이다. 그래서 데이터 유통의 효율성을 높이는 '마이 데이터 중계기관'이 필요하다.

이런 중계기관은 고객이 마이 데이터 앱으로 여기저기 흩어져 있는 자신의 데이터를 조회할 때 중간에서 연결하는 '다리' 역할을 한다. 모든 데이터는 데이터 축적 기관에서 마이 데이터 사업자로 곧바로 가는 대신, 중계기관을 거쳐 유통되는 셈이다. 이를 위해 정부는 보건복지부 같은 주요 데이터 집적기관과 각각의 분야마다 중계기관을 선정해놓고 있다. 결국, 이들 중계기관의 역할이 이 산업의 진흥에 막대한 영향을 끼칠 것이다. 핀테크 기업과 대형 금융사 간 '공정한 경쟁 환경(a level playing field)', 신속하면서도 안전한 정보 유통 환경, 서비스 편차 등의 장애 발생 최소화, 이 모든 핵심 성과가 중계기관의 활용에 달려 있기 때문이다.

✅ 이 분야에서 한국의 경쟁력은 어느 정도?

전문가들의 일치된 견해는 이렇다. "늦었지만 충분히 해볼 만하다." 미국과 유럽은 일찌감치 출발했으나, 극도로 개인화된 디지털 서비스 제공에는 아직 부족한 모습이다. 가령 오픈 뱅킹을 가장 먼저 시작한 영국에서 오픈 뱅킹 사용자는 200만 명 정도다. 경제활동인구의 기껏 6% 수준이다. 이에 비해 뒤늦게 출발한 한국의 오픈 뱅킹 가입자는 2020년 말 기준 경제활동인구의 82%인 2,200만 명을 넘었다. 디지털 친화도에서 비교가 안 될 정도다. 또 유럽은 개인 정보가 지나치게 보호되면서 금융상품 정보를 모두 개방하지 않았다. 미국은 마이 데이터 서비스가 아직 금융권에 적용되지 않은 상태다.

마이 데이터 사업을 허가제로 하는 나라는 한국이 거의 유일하다. 정부가 나서서 시스템을 움직이는 물적-인적 요건까지 심사하는 등, 리스크를 고려해 사업을 추진한다는 얘기다. 이렇게 되면 그 혜택은 결국 소비자에게 돌아갈 것이다. 금융회사에 데이터 개방 의무를 부과한 것도 신속한 사업 활성화를 북돋울 것으로 기대된다. 게다가 마이 데이터 서비스가 금융에 머무르지 않고 의료나 유통 분야 등으로 확산하면 한국의 경쟁력은 극대화할 수 있다. 산업별 리스크를 확인하고 다양한 인센티브 정책으로 (시간이 걸리더라도) 산업 간 융합을 유도하며, 경쟁력 풍부한 플레이어를 키워내 새로운 부가가치를 창출해야 할 것이다.

002

매칭 공구

업그레이드되어 돌아온 공동 구매

"나 혼자 사면 80만 원인데, 여럿 모여서 세 개 사면 60만 원."

한물간 줄 알았던 공동 할인 구매(공구)가 돌아왔다. 함께 구매할 짝을 실시간으로 배정해주고, 2인 이상이 같이 사면 할인된 가격에 물건을 주는 '톡딜' 서비스 같은 것이다. 10여 년 전 공구를 밀어내고 번성했던 소셜 커머스와는 어떻게 다른 걸까? 가능한 한 많은 수의 불특정 다수를 끌어모아서 실행하는 공구가 아니라, 구매자들을 '가까운 동네'라든가 '같은 취향' 같은 특정 주제로 묶어서 구매하는 '맞춤형 공구'라는 점이다. 중국에서 한창 인기가 치솟고 있다는 아파트 단지별 '마을 공구'도 딱 그런 사례다. 아파트 공구를 관리할 '공구 단장'도 채용하고, 이들에게 월급까지 준다니 점입가경이다.

☑ 왜 매칭 공구가 다시 인기일까?

소셜 커머스의 경우, 불특정 다수의 온라인 상품평은 갈수록 믿음성이 줄어들고 있다. 그보다는 우리 동네 사는 사람이 올렸거나 나와 같은 축구광, 요리애호가, 와인애호가 등이 쓴 리뷰를 더 믿게 된다. 요컨대 온라인 쇼핑의 신뢰도가 많이 떨어졌다는 것이 공구 컴백의 원인으로 꼽힌다. 소비자 동향에 목이 마른 기업의 관점에서도 취향에 따른 공구를 기반으로 조사하면 동향 파악이 훨씬 쉬워진다. 게다가 인공지능 기술의 발전 덕분에 공구와 같은 맞춤형 유통을 위한 기술 비용도 줄어들었다는 게 또 다른 요인이다.

이런 매칭 공구가 통신 서비스와 넷플릭스나 웨이브 같은 OTT 서비스에까지 확산한 모습도 대단히 흥미롭다. 2~5인이 함께 가입하면 통신 요금을 할인해주는 LG유플러스의 서비스가 바로 그런 예인데, '통신 서비스 공구'로 불린다. 그뿐인가, 잘 알려진 브랜드의 스니커즈, 혹은 미술 작품까지도 매칭 공구의 대상이 되고 있다. 서울 옥션이 그런 공구 서비스와 그렇게 구매한 제품을 팔아서 수익을 나눠 갖기까지 하는 서비스를 선보였다.

머니 무브
Money Move

언제든 어느 방향으로로든 돈은 움직인다

"은행 예금서 지난달 16조 이탈"

2021년 2월 초 어느 일간지 기사 제목이다. 은행 예금으로부터 주식이나 채권이나 부동산 같은 다른 자산으로 돈이 이동하는 현상이 머니 무브다. 은행 예금은 안전자산이다. 그런데 왜 돈이 다른 데로 옮겼을까? 예금금리가 너무 낮아서이거나 다른 자산에서 거둘 수 있는 수익이 훨씬 크기 때문일 테다. 예금에서 빠져나간 그 엄청난 돈은 어디로 가는 걸까? 부동산, 주식, 채권, 외화, 원자재 등 위험하긴 해도 수익이 높은 자산으로 이동할 것이다. 대체로 경기가 호황일 때 이런 현상이 나타난다. 반대로 불황이나 다른 이유로 인해 자금이 고위험-고수익 자산에서 은행 예금으로 몰리는 경우는 이를 Reverse Money Move(역 머니 무브)라고 한다.

머니 무브는 한 나라 안에서도 생기지만, 국경을 넘어서도 물론 발생한다. 가령 2020년 4분기를 예로 들면, 무려 199조 원에 이르는 대규모 자금이 60개 이상의 신흥국 주식과 채권 시장으로 쏟아져 들어왔다. 이런 머니 무브는 2021년 초반까지도 같은 방향으로 뚜렷이 나타났다. 코로나-19의 확산으로 3분기까지 부지런히 자금을 빼내 갔던 선진국 투자자들이 재빨리 재투자에 나선 탓이다. 이유는 간단하다. 미국, 유럽 등 선진국의 초저금리가 계속되면서 투자자들이 고수익에 목말라 있었기 때문이다.

머니 무브는 언제든, 어떤 방향으로든, 생길 수 있다. 2021년 4월경까지는 신흥국에서 훌륭한 수익률을 누릴 수 있었으니까 거기에 머물러 있었을 뿐, 이후 사태가 반전되면서 선진국 자금은 다시 썰물처럼 빠져나갔다. 돈이 움직이는 동기는 수익률, 그 이상도, 그 이하도 아니다.

메타버스
Metaverse

'잠시 반짝' 호재가 아니라 거대한 트렌드

30년 전 닐 스티븐슨의 소설 <스노우 크래쉬>에 나왔던 용어.

2020년 엔비디아 CEO 젠슨 황이 인용하면서 널리 알려진 개념.

Second Life(세컨드 라이프)의 인기가 폭증하면서 부쩍 유명해진 개념.

2021년 한국 사회에서도 최대의 화두가 된 미래 인류의 생활 패턴.

알고 보면 우리가 이미 들어왔던 가상현실이 확산-진보된 개념.

향후 IT산업의 핵심 키워드가 될 거라는 속삭임이 들리는 트렌드.

'초월'을 의미하는 'meta'와 현실 세계인 'universe'의 합성어. 현실과 연동된 3차원 가상세계를 뜻하며, 구체적으로는 게임이나 프로그램, 앱 등을 통해 이용자들이 서로 자유로이 물품 거래도 하고 창작도 할 수 있는 플랫폼을 말한다. 말하자면 웹과 인터넷 같은 가상세계가 현실 세계에 흡수된 모양이라고 할까. 가령 예전의 게임에서는 이용자가 정해진 규칙에 잘 적응하는 데 초점을 맞췄다면, 메타버스에서는 이용자가 게임의 룰을 정한다. 현실에서처럼 이용자가 가치를 창출하는가 하먼, 그에 대한 보상도 받는다. 가상세계 이용자가 만들어내는 콘텐트, 즉 사용자 생성 콘텐트(UGC; User Generated Content)가 상품으로 유통되고 거래의 수단으로는 가상통화가 쓰인다.

메타버스의 미래는 아래와 같은 네 가지 핵심 요소를 중심으로 펼쳐질 것으로 보인다.

(1) 증강현실(AR; Augmented Reality);
- 현실의 모습에다 가상의 물체를 입혀 상호작용한다.
- 현실 공간에 놓은 기계장치-설치물을 통해 판타지를 보여준다.
- 현실 배경에 새로운 세계관이나 인터랙션의 규칙을 만들고 사용자들이 이를 서로 지키고 소통하며 즐긴다.

(2) 라이프로깅(Life Logging);
- 사용자가 살아가는 모습이나 일어나는 사건을 텍스트, 이미지, 영상으로 기록하고 온라인에 저장한다.
- 다른 사용자가 저장한 '라이프로그'를 보고 이에 대한 의견을 남기거나 감정을 표시한다.

(3) 거울 세계 (Mirror Worlds);
- 현실 세계의 모습과 정보와 구조 등을 가져와 그대로 복사하듯이 만들어낸다.

(4) 가상의 세계(Virtual Worlds);
- 현실과 전혀 다른 배경이나 제도, 심지어 다른 공간을 설정하고 그 안에서 살아간다.

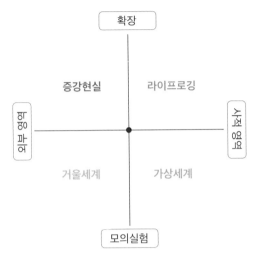

몰아치는 메타버스 열풍의 중심에 우선 미국의 게임사 로블록스(Roblox)가 있다. 로블록스는 사용자가 직접 게임을 만들고 맞바꾸며 즐기는 게임 플랫폼. 플레이하면서 모든 거래는 로벅스(Robux)라는 가상화폐로 이뤄진다. 코로나-19로 게임에 더 많은 시간을 소비하는 청소년 게이머들의 폭발적인 인기를 누리는 중이다. 2020년 3분기 기준 한 달에 한 번 이상 이용하는 사람이 1억5천만 명에 달한다. 이쯤 되면 게임이 그냥 게임이 아니라 하나의 대체현실이다.

방탄소년단(BTS)이 신곡 「다이너마이트」 안무 영상을 공개할 때, 어떤 무대를 선택했을까? 음악방송도, 동영상 플랫폼도 아닌, Fortnite(포트나이트)라는 게임 사이트였다. 무대에 참석한 이용자들은 함께 춤을 추거나 감상을 공유하며 행사를 즐겼다. 2019년 월드 투어에서 18억 원의 수익을 거둔 인기 가수 Travis Scott(트래비스 스콧) 역시 포트나이트에서 개최한 콘서트로 관람객 1,230만 명을 모으고 216억 원의 수입을 올렸다. 포트나이트를 통해 신곡을 발표하거나 콘서트를 개최한 세계적인 가수는 한둘이 아니다.

새로 출시하는 자동차의 신제품도 증강현실로 발표한다. 촬영은 300평 남짓한 스튜디오 안에서 하지만, 불타는 장면과 지진 장면까지 창출해낸다. 초실감 기술을 동원한 메타버스 광고 제작은 전통적인 해외 촬영 비용의 50%가량을 절약한다. 가상세계는 시시각각 정교한 공간으로 진화하는 중이다. Spatial(스페이셜)은 가상 공간에서 회의나 콘퍼런스를 가능하게 해주는 서비스를 제공한다. 대표적인 NFT 거래소들이 그 안에다 가상 미술관을 열겠다고 한다. NFT로 만든 작품들을 사고파는 가상 갤러리가 등장하는 것이다. 어디가 끝일지 알 수 없다.

패션용 원단과 부자재를 파는 가상의 쇼핑몰이 있다. 초실감 기술로 구현한 동대문 원단, 보송보송한 털실, 갖가지 부자재, 지퍼, 단추, 벨트고리 등 1,500개 이상의 가상 물품을 판다. 바이어는 실물 견본을 받아보는 대신, 디지털 샘플을 사서 3D 영상 의상을 제작해볼 수 있다. 초월과 현실이 뒤섞인 메타버스 상점이다. 가구 회사는 대기업이 마련한 3D 플랫폼에 자신들의 가상 아이템을 납품하고, 소비자는 가상의 가구를 메타버스 안에서 이리저리 배치해본 다음, 마음에 들면 실물 제품을 주문한다. 골프대회 TV 중계도 메타버스 기법이다. 가상의 3D 코스에 볼의 궤적과 낙하지점, 비거리, 샷의 분포 같은 데이터까지 보여주어, 생생하게 실감 나고 몰입성 만점이다.

업스트림-다운스트림을 막론하고 메타버스 분야에서 활약하는 기업들이 대체로 만족할 만한 수익 창출에는 다다르지 못했다. 그건 잠시 숨을 고르고 생각해봐야 할 현실적인 이슈라고 할 수 있다. 그렇지만, 장차 시공간을 뛰어넘어 소비자를 확보하고 매출의 급성장을 경험할 것이라는 메타버스의 미래만큼은 거의 모든 전문가가 낙관하는 바다. 메타버스는 잠시 반짝이는 호재가 아니라, 하나의 거대한 트렌드로 굳어지고 있다.

모빌리티
Mobility

인간의 모든 움직임을 변모시킬 흐름

사전적 의미는 이동성, 기동력, 움직이기 쉬움, 등등. 그러나 경제 분야에서는 사람들의 이동을 편리하게 만드는 각종 이동 수단이나 서비스, 나아가서 빠르고 효율적이며 안전하고 저렴한 이동을 위한 플랫폼이나 사회적 시스템까지를 가리키는 용어가 되었다. 아니, 그냥 "용어가 된" 정도가 아니라, 최근엔 비즈니스-투자 분야를 휩쓸면서 아주 난리가 났다. 다들 '모빌리티' 아우성이다. 전기차, 수소차, 자율주행, 개인이동 수단, '플라잉 전기차', 굴러다니는 컴퓨터, 미래인의 새로운 생활 중심 등.

모빌리티의 선두에는 역시 전기차 산업의 총아 테슬라가 있다. 기존 자동차에서 단순히 엔진을 제거하고 전기모터와 배터리를 장착한 '1세대 전기차'를 뛰어넘은 공로가 크다. 소위 'Native EV(태생부터 전기차)'라고 해서 개념-디자인-부품까지 오롯이 독립적으로 탄생했기 때문이다.

2017년 판매를 시작한 이후 한 번도 세계 전기차 시장 1위를 놓치지 않았고 100년 넘는 역사의 쟁쟁한 완성차 제조사들을 제쳤다. 이런 테슬라에 도전하는 폭스바겐의 향후 5년간 95조 원의 투자라는 질주도 무섭다. 전기차 범용의 자체 플랫폼을 기반으로 하는 폭스바겐의 전기차는 품질, 안전, 혁신성에서 이미 높은 점수를 받고 있다. 세계 최대 완성차 제조업체인 GM도 다소 늦었지만 모빌리티에 시동을 걸었다. 2035년까지 '내연기관차 중단'과 '완전한 전기차 회사로의 변신'을 선언했다.

'혁명'이라 불리는 스마트폰을 주도했던 애플이 이런 흐름을 놓칠 리 없다. 전기차도 화석연료와 엔진을 뺀 '전기제품'이니 결국 스마트폰과 다를 게 없다는 확신으로 이 산업에 뛰어들었다. 내연기관차와 비교해서 전기차는 필요한 부품이 3분의 1밖에 안 되고, 기계 공학 못지않게 전기-전자제어 기술이 큰 비중을 차지한다. 애플의 도전에 고개가 끄덕여진다. 현대차그룹과 손잡는다는 섣부른 뉴스로, 많은 사람이 기억하듯이, 잠시 한국 증시를 뒤흔들어놓기도 했다. 전기차의 '차세대로 넘어가는 격변'을 예고했다, 어떤 자동차 회사(혹은 전자회사)와 손을 잡고 어떤 전기차를 만들어낼지는 두고 볼 일이지만, 이제 막 싹이 튼 모빌리티 생태계가 더 풍성할 터이다.

더불어 전기차 생산과 운행에 필수적인 주요 기술과 부품들도 주목받고 있다. 자동차용 반도체, 다양한 전기차용 배터리, 컴퓨터 그래픽 기술, 고성능 모터, 자율주행 기술, 환경과 물체를 인식하는 AI 기술, 충전 인프라 등의 밸류 체인이 만들어진다. 구글, 인텔 같은 귀에 익은 이름 외에도 엔비디아, LG에너지솔루션, 삼성SDI, SK이노베이션 등이 언론에 수시로 오르내린다.

당연한 이야기이지만, 모빌리티는 전기차에서 멈추지 않는다. 승용차, 트럭, SUV, 택시로 가지를 쳐나가는 전기차 모빌리티는 머지않아 전기나 수소를 연료로 하는 선박, 항공기에 이르기까지 분야를 넓혀 나갈 것이고, 궁극적으로 인간의 모든 '움직임'을 변모시킬 뿐만 아니라, 자율주행 기술이 발전함에 따라 더 많은 '여가'와 '엔터테인먼트'를 허락할 것이다.

무노력 쇼핑
Effortless Shopping

번거로움이 싫은 소비자의 구매를 위해

소비자가 상품을 구매하기 위해 매장에 올 필요가 없는 상황은 이미 오래전에 보편화했다. 이젠 한 걸음 더 나아가 소비자가 PC나 모바일에 접근하지 않아도 필요한 상품을 자동으로 구매하도록 해주는 쇼핑이 나왔다. '무노력 쇼핑'은 문자 그대로 소비자가 아무런 노력을 기울이지 않아도 되는 형태의 쇼핑이다. 이는 다른 어떤 분야보다 경쟁이 치열한 온라인시장의 플레이어들이 지향하는 목표다. 고객의 이탈을 막고 경쟁력을 높이자는 새로운 개념이다. 소비자들은 어디서든 가능한 한 빠르고, 가장 번거로움이나 어려움이 적은 쇼핑 경험을 요구하기 때문이다.

☑ 리테일 혁신이라는 큰 그림에서 무노력 쇼핑의 위치는?

온라인 커머스의 초기에는 오프라인 업체들이 온라인 강화 전략에 치중했다. 그러나 시간이 흐르면서 거꾸로 온라인 업체들의 오프라인 영역 확대로 흐름이 바뀌는 중이다. 2017년 여름 아마존이 140억 달러에 살짝 못 미치는 돈을 주고 오프라인 체인 Whole Foods(홀 푸즈[5])를 인수한 사건은 그런 흐름을 상징적으로 보여주었다. 중국으로 눈길을 돌려보면 알리바바 같은 온라인 거인 역시 백화점, 가전제품 양판점, 대형 슈퍼마켓 체인 등의 지분을 인수하고 있다.

이처럼 온-오프라인의 경계가 갈수록 흐려지면서, 미래의 유통업계는 스마트한 온라인 서비스, 생생한 오프라인 체험, 빠르고 부드러운 첨단 물류가 융합한 형태로 발전할 것이다. 그리고 이와 같은 리테일 혁신을 위해서 (1) 무인점포, (2) 무인 물류, (3) 무노력 쇼핑이라는 소위 '3무無 기술'이 중요한 역할을 할 것으로 전문가들은 예상한다.

이 셋 가운데 인건비를 절감해줄 '무인점포'가 가장 먼저 도입-실행되었다. Amazon Go로 대표되는 아마존의 무인점포나 알리바바의 자회사가 개발한 무인 편의점, 그리고 무인 계산대 시스템을 도입한 일본의 5대 편의점 등은 이미 언론에서도 많이 소개되었거니와, 우리 주변에서도 무인점포는 전혀 낯선 쇼핑 현장이 아니다.

그다음 물류 자동화, 드론 배송, 자율주행 차량을 특징으로 하는 '무인 물류'도 이미 시범 적용 단계를 지났다. 아마존의 경우, 총매출액

---

5   국내에서는 통상 '홀푸드'로 불리고 표기된다.

에서 물류비용이 차지하는 비율은 2010년부터 10년 동안 연평균 35.1% 증가했다. 같은 기간 매출액의 연평균 증가율이 25.9%였으니, 물류 혁신을 지향하는 아마존의 의지와 열정이 얼마나 강할지, 쉬이 상상되지 않는가. 알리바바도 마찬가지다. 로봇끼리 정보를 주고받으며 작업을 배분하고 중앙 통제의 필요성도 없는 물류 체제를 확립해 하루 100만 건 이상의 화물을 처리함으로써 무인 물류의 혁명을 보여주고 있다. 여기에 고객에게 상품을 전달하는 배송도 드론, 자율주행차, 드로이드 등을 통한 자동화가 활발하게 진행되고 있다. 일본에서는 고객이 원하는 시간과 원하는 장소를 입력하면, 택배 상자 격인 로보네코 자율주행 차량이 배달하는 서비스가 테스트 중이다.

무인점포와 무인 물류가 확립되면서, 이제 '무노력 쇼핑'의 시대가 점점 가까워지고 있다. 그러니까, 세제가 떨어지면 세탁기가 알아서 세제를 주문해주는 식의 쇼핑이 우리의 일상에 스며들 거란 얘기다. 이 분야에서도 아마존은 선구자로 꼽힌다. 소비자가 직접 필요한 상품을 파악해 버튼을 누르는 반응형 커머스인 그들의 Dash(대쉬) 서비스는 최근 인공지능과 머신 러닝 기술을 통해 '예측형' 커머스로 진화 중이다. eBay 매장에 가지 않고도 매장을 방문해서 쇼핑하듯이 체험할 수 있는 AR/VR 기술까지 구현되고 있다. eBay Australia(이베이 호주)는 백화점 체인 Meyer(마이어)와 손잡고 VR 백화점 앱을 세계 최초로 출시했다. 1만 2천여 개의 상품이 이 앱에 리스트되어 있으며, 인기 품목은 360도 3D로 볼 수 있다. 그뿐인가, Sight Search(사이트 서치)라는 이름의 시선 인식 기술을 통해 제품을 일정 시간 동안 바라보면 저절로 클릭이 되면서 상세정보를 확인할 수도 있다. 특정 상품에 대한 소비자들의 반응을 수집할 수 있음은 물론이다.

007

문샷 씽킹
Moonshot Thinking

세상을 뿌리째 바꿀 무모함과 도전정신

환경오염은 돌이킬 수 없으리만치 악화하고 있다.

머지않아 인류는 지구에서 더는 살 수 없을 테다.

우리 모두 화성으로 이주하는 수밖에 없다.

그래서 나는 'Space X' 프로젝트를 추진해왔다.

그렇다, 나는 화성에서 죽고 싶다. 하지만,

우릴 화성으로 보낼 로켓기술은 많은 시간을 요구한다.

그때까진 전기차를 만들어 환경오염을 줄이자.

얼핏 듣기에 황당한 이 일련의 생각은 일론 머스크의 속셈이었다고 한다. 테슬라가 탄생한 배경이기도 하다. 이처럼 세상을 뿌리부터 바꾸겠다는 무모하고도 도전적인 생각을 '문샷 씽킹'이라 부른다.

달을 좀 더 잘 보려면 어떻게 할까? 망원경을 만지작거려야 할까? 아니, 우주선을 타고 아예 달로 가면 확실히 볼 수 있잖아? 황당하다고? 아니, 그게 창의고, 그게 바로 문샷이다. 문자 그대로 달을 향해 탐사선을 쏘아 올리는 것이 문샷이지만, 경제 분야에서는 황당하리만치 뜻밖이고 혁신적인 프로젝트를 의미한다. 특히 파격과 창의를 중시하는 실리콘밸리에서는 언뜻 불가능해 보이는 혁신적 사고를 (그냥 생각 수준에서 멈추지 않고) 실제로 만들어나가는 것을 '문샷 씽킹'이라 부른다.

문샷 씽킹이 시도 때도 없이 곳곳에서 목격되는 나라는 역시 미국이다. 스마트폰과 SNS와 플랫폼 경제가 지난 10여 년 우리의 일상을 크게 바꾸어놓았음에도 인류의 삶 자체에는 혁신적인 변화가 없었다는 비난은 유효할지 모른다. 그러나 창조적 파괴와 집요한 노력이 어우러진 미국의 '문샷 DNA'를 부정하긴 어렵다. 그리고, 다소 역설적이게도, 코로나-19 팬데믹과 뒤이은 미-중 경쟁은 이러한 미국의 혁신 DNA를 들깨우고 있다.

코로나-19 창궐 초기엔 미국에서 코로나로 목숨을 잃은 사람이 20초마다 한 명꼴이었다고 한다. 세계 최강국의 체면을 구긴 일인 건 맞다. 하지만 첫 확진자가 나오기도 전에 바이오 기업 Moderna(모더나)가 세계 최초의 코로나 백신이자 인류 최초의 mRNA 타입 백신을 이미 설계해놓았다는 사실을 아는 사람은 많지 않다. 그리고 미국에서 첫 사망자가 나왔을 즈음, 이 백신은 제조 단계를 넘어 National Institutes of Health(NIH; 국립보건원)의 임상시험을 기다리고 있었으니! 국가적 에너지를 집중하기만 한다면 어떤 일도 해낼 수 있다는 미국의 저력이다. 민간 주도의 우주여행, 탄소를 배출하지 않는 인공육, 육해공을 넘나드는 자율주행 기술, 인공핵융합 같은 청정에너지에 이르기까지, 문샷 DNA 에서 출발해 미국이 세계의 기술 혁신을 주도한 예는 일일이 손꼽을 수 없을 정도다.

미·중의 치열한 기술 경쟁이 세계의 정치와 경제를 좌우할 향후 수십 년, 한국은 어디쯤 자리 잡고 있을까. 삼성전자와 현대차 등 이미 글로벌 시장에 깊숙이 발을 담근 기업들은 애플, 테슬라, 구글, 페이스북 같은 기술 거인들의 다양한 문샷 프로젝트에 맞서면서 배워야 할 뿐 아니라, 동시에 한민족 고유의 문샷 DNA에도 불을 붙여야 한다. 지난 몇 년 동안 세계의 주목을 받아온 소위 K-컬처를 제외하면 '믿을 거라곤 내수시장'뿐인 네이버와 카카오는 무려 14억 인구를 등에 업은 알리바바와 텐센트와 대적해야 한다. 우리 나름의 문샷 씽킹으로 혁신하고 돌파하는 수밖에 없겠지만, 여기엔 또 정부의 지혜로운 통합과 지원이 절실하다. 미국의 문샷 씽킹과 기술 낙관주의가 실현되려면 정부의 역할이 관건이라는 영국 주간지 Economist(이코노미스트)의 지적은 한국에도 그대로 적용된다.

ㅁ－ㅅ

008

밈 주식
meme stocks

밈 투자
meme investing

채팅과 억측에 기대는 고약한 투자 관행

진화생물학자 Richard Dawkins(리처드 도킨스)는 스테디셀러 <이기적 유전자>에서 유전이 아닌 모방을 통해 확산하는 문화 요소를 '밈' 혹은 문화적 유전자라고 불렀다. 이 말은 주식시장으로 옮겨와 개인투자자들의 반복적 모방 투자를 뜻하는 용어로 널리 쓰인다. 기업의 비즈니스 실적 때문이 아니라 소셜 미디어나 Reddit(레딧) 같은 온라인 포럼에서 떠들어대는 입소문 때문에 주가가 급등락하거나 거래량이 오르내리는 주식을 밈 주식이라 하고, 그런 주식에 대한 투자를 밈 투자라고 한다. 2021년 초에 19달러로 출발, 한 달 만에 483달러로 폭등(2,442%)했다가, 다시 채 2주일이 안 돼 40달러대로 주저앉았던 미국 비디오게임 소매업체 GameStop(게임스톱) 주식은 그 대표적인 예다. 이 경우는 헷지펀드들의 공매도 행태에 대한 개인투자자들의 반감과 비난이 들끓으면서 촉발되긴 했다. 어쨌거나 이 정도로 심한 가격 변동은 주식시장에서 흔히 볼 수 없는 현상이며, 이성적인 투자자들이라면 회피하고 싶은 상황이다. 도박이라 해도 과언이 아닐 정도다. 이러한 밈 주식들이 2021년 들어 유난히 미국 주식시장을 들었다 놨다 하는 바람에 증권거래청이 개입하는 사태까지 벌어졌다.

주식이란 해당 기업의 기초적인 재무 실적에 근거해 내재적 가치를 지니는 법이다. 그런데 밈 주식처럼 비합리적인 소문과 부추김 때문에 단기에 엄청난 급등락을 거듭하는 대상에 투자한다면, 이는 투자라기보다 순전히 투기라고 봐야 한다. 또 이런 밈 투자는 (특히 초보 주식투자자에게) 대단히 나쁜 투자 관행을 부추기기도 한다. 대상 기업을 꼼꼼히 조사-연구하고 그 재무제표를 분석하며 합리적으로 계산-예측함으로써 꾸준히 투자하는 대신, 모바일 시대에 걷잡을 수 없이 난무하는 채팅과 억측을 판단의 기준으로 삼아 단기 수익만을 노리는 병적인 관행을 조장하기 때문이다.

무작정 밈을 따라다니는 행태는 물론 현명한 투자 전략이 아니다. 앞서 언급한 게임스톱 사태에서처럼 결국 극소수의 기존 주주만 돈을 벌고 대다수 '개미'들은 돈을 잃는 구조가 반복되기 때문이다. '밈'에 흔들린 개인투자자는 순식간에 나락으로 빠질 수 있다. 하지만 밈 투자 현상의 논리와 배경을 정확히 알아두면, 주식투자와 관련된 리스크가 어떤 것인지를 이해하고, '나는 어느 정도의 리스크를 감내할 것인가'

를 결정하는 데 적잖은 도움이 된다. 그렇지만 주식시장이 어떻게 작동하는지와 바람직한 투자 결정은 어떤 것인지를 먼저 확실히 익혀두는 것이 물론 전제 조건이다.

게임스톱 이후에도 주가가 심하게 요동친 밈 주식은 계속하여 등장하고 사라졌다. 역시 인터넷 커뮤

니티 레딧이 띄운 레이저 스캔 업체 Microvision(마이크로비전), 바이오제약 업체 Brooklyn ImmunoTherapeutics(브루클린 이뮤노쎄러퓨틱스)와 Ocugen(오큐젠), 온라인 게임 플랫폼 Skillz(스킬즈) 등의 주가도 어지러운 급등락을 거듭했다. 미국 최대의 극장 체인 AMC, 한때 직장인들의 사랑을 받았던 Blackberry(블랙베리) 역시 밈 주식의 대열에 들었다. 최근 소프트웨어 기업 S3 Partners(S3 파트너즈)는 자신들의 데이터를 토대로 밈 주식이 될 가능성이 짙은 후보 기업이 230개나 된다고 발표했다. 이거야 물론 미국 이야기이긴 하지만 정신이 번쩍 드는 수치가 아니겠는가.

✅ 우리나라의 밈 주식과 밈 투자 실태는?

정도의 차이는 있어도, 밈 열풍은 국내 주식시장도 가만두지 않는 것 같다. 소액 주주들이 공매도에 대항해 주식 매집 운동을 벌였던 셀트리온이 한국판 밈 주식의 원조로 지목되는 가운데, 최근의 단연 두드러진 밈 주식 사례는 '흠슬라'란 별명으로 통하는 HMM과 '두슬라'로 불리는 두산중공업이다.

특히 HMM 주가는 2021년 3월 중순부터 단 두 달 만에 140% 가까이 급등했고, 전년도와 대비하면 12배라는 경이로운 상승을 기록했다. 물론 실적 개선도 어느 정도 뒷받침했지만, 공매도 잔액이 약 3,560억 원이었고 개인의 매수세가 아주 강했기에 밈 주식으로 부를 만했다. 두산중공업 역시 2021년 5월 주가가 200%가량 뛰면서 밈 주식으로 떠오른 종목이다. 역시 약 3800억 원의 공매도 잔액이 있었고 그 기간 개인들이 사들인 금액도 2,000억 원에 달한다.

 HMM(단위: 원)

그 외에도 십시일반으로 공매도를 찍어누르자는 '씨젠스톱' 운동을 촉발했던 씨젠, 유가증권시장의 LG디스플레이, 두산인프라코어, 롯데관광개발, 코스닥의 에이치엘비나 케이엠더블유도 밈 주식 후보군으로 거론된다. 대선을 앞두고 어김없이 모습을 드러내는 '대선주자 관련주들'은 어떨까, 그들도 밈 주식에 해당할까?

009

배양육 培養肉
Cultured meat, Synthetic meat

건강에 좋고 환경친화적이라는 특별한 고기

고기는 고기이되 자연에서 키워 도축한 고기가 아니다. 근육에서 줄기세포를 뽑아 배양 탱크에서 영양분을 주며 배양해 생산하는 살코기다. 지금은 햄버거용 패티에 들어가는 '다진' 고기 정도가 아니라, 고기 질감을 그대로 살린 스테이크용 '덩어리' 고기까지 나온다. 한술 더 떠 배양육에다 식물성 단백질을 결합한 '융합형' 소고기도 나온다. 본격적인 시장 진입이 가까워졌다는 얘기다.

☑ 배양육은 왜 필요할까?

(1) 먼저 지나친 육류 소비로 인한 비만과 기타 건강 문제를 줄일 수 있기 때문이다. 실험실에서 만드는 배양육, 특히 식물성 고기는 장기적으로 인류의 건강 증진에 도움이 된다는 점에서 그 가치를 인정받는다. 빌 게이츠를 위시한 IT 거물들이 식물성 대체육 개발사 Beyond Meat(비욘드 미트)와 Impossible Foods(임파서블 푸즈), 배양육 업체인 Memphis

Meats(멤피스 미츠) 등에 앞다투어 투자한 것도 이런 이유에서였을 것이다

(2) 배양육이 일반화되면, 온실가스 배출이 줄어든다. 전 세계에서 나오는 온실가스의 15%를 가축이 배출한다는 사실을 떠올리면 그 의미를 알 수 있을 것이다. 게다가 육류 섭취를 선호하는 추세는 점점 더 강해져, 2050년까지 육류 소비가 70%나 증가하고 이에 따라 온실가스 배출도 90% 넘게 많아질 것으로 전문가들은 예상한다. 가축이 전혀 개입되지 않는 배양육이 확산하면 온실가스 배출은 획기적으로 줄어들 것이다.

(3) 배양육은 실험실에서 만드는 대체육이므로, 직접 소나 돼지를 도축하지 않는다. 따라서 동물 윤리라는 불편하고 민감한 문제를 피해 갈 수 있다.

(4) 실제로 가축을 기르다 보면 항생제를 오용-남용하기도 하고 이런저런 바이러스에 감염되는 경우도 적지 않다. 그러나 배양육은 이런 우려가 필요 없는 대체육이다.

최근 배양육이 다진 고기에서 덩어리 고기로 진화하면서 제품도 한층 더 다양해지고, 본격적인 대량생산과 상업화도 그만큼 가까워졌다. 세포 배양 방식으로 스테이크용 소고기를 처음 만들었던 이스라엘의 한 업체는 3D 프린터로 근섬유를 잉크처럼 뿌려 꽃등심 스테이크를

만들었다. 동식물의 장점을 요령껏 버무려서 동물성 지방세포가 더해진 식물성 소고기를 개발한 스페인 회사도 있다. 미국의 푸드테크 기업 Eat Just(잇 저스트)가 싱가포르에서 닭고기 배양육의 시판을 위한 허가를 따냈다는 얘기도 들린다. 소고기 배양육의 양산과 상용화도 먼 미래의 이야기가 아니다.

배양 시설과 기술이 발전하면서 배양육의 제조원가(와 가격)도 속속 내려가고 있다. 3D 프린터로 만드는 배양육 스테이크가 이제는 진짜 소고기 가격과 비슷한 수준이라고 할 정도로 경쟁력을 갖추었다. 당연히 시장 전망도 매우 밝다. 영국의 한 투자은행은 2029년경이면 세계 육류 수요의 10% 정도를 식물성 고기와 배양육 등이 대체할 것으로 전망한다. Tyson Foods(타이슨 푸즈)와 Cargill(카길) 같은 글로벌 축산 업체는 물론이고, PepsiCo(펩시콜라), McDonald's(맥도널드), Taco Bell(타코 벨) 같은 식품 업체까지 대체육 투자에 뛰어드는 것도 무리가 아니다.

☑ 우리나라에도 배양육을 만드는 기업이 있을까?

(1) 씨위드 : 초기의 배양액은 소의 태아 혈청을 사용했기 때문에 가격도 비싸고 윤리 측면의 논란도 있었지만, 이후 해조류를 이용해서 대체육을 배양하는 기법을 개발했다. 2022년까지 첫 제품을 출시하겠다는 목표와 함께, 현재 100그램에 1만 원 정도인 소고기를 1천 원까지 낮추겠다고 한다.

(2) 다나그린 : 값싼 콩 단백질로 배양육의 지지체를 만들었다. 여기

에 근육세포와 지방세포를 넣고 배양액을 주면서 키워 고깃덩어리를 만들어낸다. 2022년에는 양산에 돌입하겠다는 목표를 세우고 있다.

010

벌집 계좌
Honeycomb Accounts

가상화폐 때문에 재조명받는 '금지된 장난'

　칸칸이 나눠진 벌집처럼 여러 투자자의 투자금이 하나의 계좌에 옹기종기 모여있는 경우, 이를 벌집 계좌라고 한다. 투자자 각자의 실명으로 만든 계좌가 아니므로, 거래의 투명성이 떨어질 수밖에 없다. 은행과 금융 당국의 관점에서 보면 투자자들이 입금한 내용까지 확인할 수는 있지만, 그 이후 단계부터는 알 수가 없기 때문이다. 그래서 정부도 이미 2018년에 벌집 계좌의 운영을 전면 금지했다.

✅ 왜 2021년 들어 갑자기 논란의 대상이 된 걸까?

　가상화폐를 사고팔고자 하는 개인에 대해 신규 가상계좌 발급이 중단되자, 가상화폐 거래소들이 고객의 돈을 법인 명의의 계좌로 받아 운영한 것이 발단이었다. 200개에 이르는 것으로 추정되는 가상화폐 거래소의 거의 모두가 벌집 계좌를 운영했다. 이렇듯 고객의 돈과 회사의 돈이 뒤섞여 투명하게 정리되지도 않은 상태에서, 9월 24일까지 실명

거래 조건을 갖춰 금융위원회에 신고를 마친 가상화폐 거래소만 영업을 계속할 수 있고 나머지는 문을 닫아야 하도록 법이 바뀌었다. 실명계좌를 이용하는 너덧 개의 거래소를 제외하고는 투자자들이 막대한 피해를 보는 상황을 맞게 된 것이다. 2019년 여름에 폐업한 어느 한 거래소에서만도 700명 이상의 투자자가 100억 원이 넘는 손해를 입었다는 추측이 나오는 것으로 봐서, 피해의 규모는 엄청날 것으로 보인다. 다만, 위에서 언급한 금융위원회 신고가 완료된 후부터라도 가상화폐 거래소들이 이용해온 벌집 계좌가 일제히 사라지게 된 것은 그나마 다행이라 하겠다.

011

베이퍼웨어
vaporware

너무 이른 홍보로 수증기처럼 사라진

하드웨어/소프트웨어 신제품을 일찌감치 발표해 커다란 반응과 관심을 불러일으켰지만, 막상 제품이 실제로 출시되기까지 여러 해가 걸리거나 심지어 아예 출시도 안 된 채 기억에서 사라지는 제품을 가리킨다. 말하자면 마케팅이 너무 성급하고 과장된 케이스라고나 할까? 주로는 컴퓨터산업에서 쓰인 용어지만, 차츰 자동차나 바이오 영역으로까지 확장되었다.

Theranos(쎄러노스)라는 이름의 미국 스타트업이 있었다. Edison(에디슨)이라는 진단 키트를 개발했는데, 극소량의 혈액으로 무려 250종의 질병을 진단할 수 있다고 대대적으로 홍보했다. 이를 기반으로 기업가치가 10조 원 이상이라는 평가까지 나오면서 순식간에 바이오 부문의 신데렐라가 된다. 그러나 에디슨은 겨우 16가지 질병만 진단할 수 있다는 사실이 드러났고, 창업자 Elisabeth Holmes(일리저베쓰 홈즈)는 법의 심판대에 올랐으며, 쎄러노스는 청산에 들어간다. 성급한 욕망이었는지, 의도적인 사기 행각이었는지는 알 수 없지만, 극단적인 베이퍼웨어의 사례로 기록될만하다.

기업들은 왜 베이퍼웨어를 만드는 걸까? 예상할 수 있는 경쟁을 미리 피하자는 의도와 고객들이 우왕좌왕하지 않도록 미리 붙들어두자는 의도를 읽을 수 있다. 물론 다분히 의도적인 마케팅 전략으로 치부할 수도 있지만, 그것만으로는 충분히 설명할 수 없는 경우도 있을 것이다. 잠재적인 경쟁사들과의 충돌을 선제적으로 막아야겠다는 두려움이 깔려있을 수도 있기 때문이다.

베이퍼웨어는 불법일까? 미국에서는 서슬 퍼런 독점금지법을 위반할 정도로 심하게 일찌감치 제품을 공개한 혐의로 입건된 기업이 더러 있지만, 실제 유죄로 판결 난 경우는 거의 없다고 한다. 그래서인지 베이퍼웨어라는 용어가 남용되고 있다든가, 스타트업이나 개발자들에게 부당한 낙인을 찍는 거라는 비난도 만만치 않다.

012

보복 소비
Revenge Spending

가능성의 문제가 아니라 '언제'의 문제

"이 지긋지긋한 코로나, 물러가기만 해봐라, 친구들이랑 그동안 못 갔던 식당 가서 실컷 먹을 거야." "봉쇄만 풀려봐, 난 일주일에 네 번씩 헬스클럽 가서 운동할 거다." "백신 접종 끝나고 일상만 회복되면 그새 참았던 명품 쇼핑 신나게 하고 해외여행도 다시 즐길 겁니다." 쉽게 말해서 이런 것들이 보복 소비다. 보상 소비라고 표현하는 이들도 있다.

코로나 백신 접종률이 70%를 넘으면서, 기회만 노리고 있던 보복 소비의 조짐은 이미 구체화하고 있다. 항공, 여행, 숙박, 소매, 공연 등의 업종도 이에 따라 수익 회복을 위한 조직 재정비에 박차를 가하고 있다. 1년이 넘게 움츠러들었던 소비심리만 놓고 따진다면, 이미 코로나를 극복한 것처럼 보인다는 말까지 나돌 정도다.

코로나-19 발생 직후엔 상상도 할 수 없었지만 2021년 들어 소비가 살아나고 있음을 보여주는 획기적 사건들이 연이어 생겼다. 2월 서울 여의도에 문을 연 '더현대서울' 백화점. 개장 이후 1주일간 거의 150만 명이 방문하면서, 첫 일요일에는 하루 매출 102억 원이라는 경이로운 신기록까지 세웠다. 롯데, 신세계, 현대 등 백화점 3사의 3월 초 사흘 연휴 매출도 코로나-19 이전인 2019년 같은 기간 대비 20% 이상 증가했다. 서울 강남과 홍대 상권의 방문객 수는 2020년 12월 최저점을 찍었다가 2021년 2월에는 코로나-19 직전 대비 30% 넘게 증가했다. 같은 기간 대학·학원가에 있는 편의점 매출도 전년 대비 600% 이상 늘었다. 40개가 넘는 자체브랜드(PB)로 패션 제품을 파는 이랜드리테일도 2021년 2월 매출이 전년보다 큰 폭으로 늘어났다고 알려졌다.

 다시 늘어난 강남, 홍대 상권 유동인구(단위: 명)

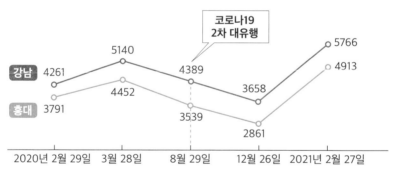

자료: 로플랫

연휴나 특정 기간의 '반짝' 성적표만으로 소비 회복을 단정하면 곤란하다는 지적도 나오긴 한다. 그러나 1998년의 외환위기나 2008년의 금융위기 때와는 상황이 다르다는 분석이 지배적이다. 사실 연간 50조 원에 이르렀던 해외여행 지출이 코로나-19로 인해 거의 모두 사라지면서 가처분소득이 늘어나 있는 상황 아닌가. (실제로 2020년 4분기 가계동향조사에 의하면 2인 이상 가구의 월평균 소득은 517만 원으로 전년 같은 기간보다 2% 가까이 늘었다.) 코로나바이러스가 백신으로 완전히 극복되거나 독감처럼 다루어지면서 일상이 회복된다면, 이 돈의 적지 않은 부분은 보복 소비 형태로 폭발할 수 있다. 18개월 이상 계속된 방역 조치로 폐업했거나 돌이키기 힘든 손실을 떠안은 자영업자들에겐 당장 비현실적으로 들릴 수 있겠지만, 보복 소비는 가능성의 문제가 아니라 '언제 시작되느냐?'의 문제인 것 같다.

보스웨어
Bossware

'자네가 뭘 하는지 모두 보고 있다네!'

한 마디로 보스(상급자)가 PC나 스마트폰으로 사용하는 소프트웨어. 어제 오늘 나온 전혀 새로운 개념은 아니다. 예전에도 대기업들이 단순한 형태로 사용했었다. 하지만, 코로나-19 이후 더 늘어난 재택근무가 이런 희한한 소프트웨어를 퍼뜨린 주범이다. 보스웨어 시장 규모가 코로나-19 이후 4배 이상 커졌다는 보안 업계의 추정이 이를 뒷받침한다. 풀어놓으면 나태해지는 것이 인간의 본성인가? 어쨌거나 직원들이 제대로 근무하고 있는지, 효율이나 집중도는 어떤지, 등을 추적하는 데 쓰이는 프로그램, 한 마디로 '보스'가 직원들을 감시할 때 쓰는 소프트웨어라고 보면 된다. 당연히 보스웨어에 대해 볼멘소리도 늘어나고 논란과 충돌도 벌어진다.

✅ 어떤 보스웨어를 많이 쓰며, 주로 어떤 내용을 확인할까?

보스웨어를 사용하면 특정 직원의 업무용 PC가 작동하고 있는가의 여부, 특성 프로그램이 실행되고 있는가의 여부, 업무용 메신저의 사용 이력 같은 것을 확인할 수 있다. 최근 출시되는 보스웨어의 기능은 더 다양해지고 훨씬 강화됐다. 아예 직원들의 모니터를 실시간으로 확인하는가 하면, 키보드를 두드리는 내용까지도 들여다볼 수 있다.

이메일과 채팅을 볼 수 있는 구글의 Vault(볼트)라든가 마이크로소프트의 eDiscovery(이디스커버리)를 위시해서 어떤 웹사이트를 자주 방문하는지를 보여주는 Clever Control(클레버 컨트롤) 외에도 Time Doctor(타임 닥터), Teramind(테라마인드) 등이 대표적으로 사용되는 보스웨어 제품이다. Sneek(스니크)라는 보스웨어는 직원 컴퓨터의 웹캠과 녹음기를 작동시켜 일하고 있는 직원의 모습까지 녹화한다. 온라인 회의 분야의 선두주자인 Zoom(줌)에도 회의 참가자의 표정으로 집중도를 확인하는 기능과 일부 채팅 내용을 열람하는 기능이 있었으나, 사용자의 반발로 없어졌다.

해외에서는 금융이나 제조업에서의 보스웨어 이용률이 상대적으로 높다고 한다. 으레 사무실로 출근하는 전통적인 업종일수록 직원들의 '딴짓'이 더 걱정되기 때문일까? 우리나라에서도 주 52시간 제도가 시작된 이후 보스웨어 사용이 한층 보편화한 것으로 알려진다. 법이 정한 근무시간이 줄어들었으니, 직원들의 '자리 비움' 시간을 더 철저하게 기록하겠다는 의도다.

☑️ 보스웨어에 맞서는 소프트웨어도 나올 법한데?

보스웨어의 의도가 감시인지라, 이에 대한 저항은 불가피하다. 물론 보스웨어를 도입하는 측은 보안과 생산성을 유지하려면 불가피한 조치라고 항변한다. 이에 대해선 NYT도 옹호성 발언을 한 적이 있다. 직원 관리용 소프트웨어가 모두 직원들을 실시간 감시하는 게 아니므로, 보스웨어를 둘러싼 '빅브러더 논쟁'이나 우려는 지나치다는 요지였다. 그러면서도 경영진이 어떤 소프트웨어를 쓰느냐에 따라 사생활 침해 우려가 있음은 수긍했다.

직원들은 당연히 저항한다. 웹캠으로 직원들이 일하는 모습을 수시로 촬영한 한 테크 기업은 소셜 미디어에서 격론을 불러일으켰다. 현행법 위반 아니냐는 논쟁까지 벌어졌다. 어느 영국 은행은 직원이 오래 자리를 비우면 경고 메시지를 보내는 보스웨어를 쓰다가 개인정보법 위반 혐의로 조사를 받기도 했다.

'장군'이 있으면 '멍군'도 있기 마련, 직원들의 저항이 커지면서 '안티 보스웨어'도 등장했다. 가령 업무용 채팅을 하면서 자리를 비워도 드러나지 않게 하려고 자신의 상태를 항상 'active(활성)'로 만들어놓는 앱이 바로 안티 보스웨어다. 혹은 감시 프로그램이 깔린 윈도 OS를 벗어난 별도 OS에서 맘대로 컴퓨터를 쓰는 소프트웨어도 있다. PC 안에 개인용 가상 PC를 만들어주는 VirtualBox(버추얼박스)가 그런 것이다. 또 보스웨어의 감시 기능 자체를 막아버리는 애플리케이션도 있고, 가상의 마우스-키보드 움직임을 회사로 보내는 기능이 사용되기도 한다.

차라리 보스웨어 사용 내용을 직원들에게 공개하는 편이 낫다고 조
언하는 전문가도 있다. 일부 직원들의 '게으름'이나 '딴짓'을 잡아낼 수
는 있겠지만, 보스웨어를 오-남용하는 관행이 드러나면 오히려 노사 관
계가 심한 타격을 입는다는 이유에서다. 갈수록 중요해지는 리더들의
'공감 능력'과 생산성 제고를 위한 직원들의 '일탈 방지'를 어떻게 조화
시킬 수 있을지가 경영진의 새로운 과제다.

014

분산신원확인
DID: Decentralized Identification

□ - 入

디지털 지갑 안에 저장된 운전면허증

각 개인이 디지털 기기에 신원 정보를 분산시켜 관리함으로써 자신의 정보를 스스로 통제하도록 하는 전자신분증 시스템. 중앙 시스템에 의해 통제되지 않는다는 점에서 과거의 신원확인 방식과 확연히 다르다. 가령 내 스마트폰 안에 나의 운전면허와 주민등록증을 보관하는 상황을 상상해보자. 지갑에 들어있는 면허증을 꺼내 보였던 것처럼, 암호 입력으로 디지털 지갑 안에 저장된 면허증이나 정보를 직접 꺼내 사용하면 된다. 블록체인 기반의 '탈중앙화'가 특징인 이 DID를 활용하면, 기관이 개인정보를 장악하고 있다가 대량 유출하는 사고나 실수를 막을 수 있다.

흔히 'W3C'로 통하는 World Wide Web Consortium(월드 와이드 웹 컨소시엄)이 블록체인 기술을 토대로 DID의 국제 표준을 만들고 있다. 어떤 중앙의 인증기관이 개입하거나 관리하지 않아서 우선 편리할 뿐 아니라, 위조-변조의 위험과 해킹 위협으로부터도 안전하다 보니, 지금 DID 시장은 한창 불이 붙은 모양새다. 더구나 코로나-19로 '비대면 인증'의 신뢰성이 무엇보다 중요해지면서, DID는 핵심 기술로 떠오르고 있다. DID 기술을 가다듬는 IT 업체들은 물론이거니와, 통신사, 보안 업체, 금융권, 정부 기관, 경찰까지 DID 붐의 가장자리로 밀려나지 않기 위해 치열한 경쟁을 벌이고 있다.

현재 우리나라에서 대표적인 DID 서비스로는 통신사와 은행들이 손잡고 개발한 이니셜(Initial), 코인플러그가 중심이 된 마이키핀(MyKeepin), 라온시큐어의 옴니원(OmniOne), 아이콘루프의 마이아이디(MyID) 등을 꼽을 수 있다. 모바일 운전면허증과 각종 증명 서류 같은 서비스가 경쟁적으로 추진되는 가운데, 금융권에선 16개 시중은행이 모여 DID 기반 공동 금융 서비스를 위한 연합체를 구성하기도 했다. 또 KT는 양자암호통신과 DID 기술의 결합을 추구하고 있으며, SK텔레콤은 전자문서 지갑 '이니셜'로 발급 가능한 전자 증명서를 지금의 42종에서 2021년 내 300종까지 늘린다는 계획이다.

DID 기술은 아직 초입 단계고 업체마다 개발 양식이 달라, '호환성'이 최대의 숙제가 될 것 같다. 모두 '연합 전선'을 부르짖고는 있지만, 주도권을 놓기는 싫은 터라 한동안 진통을 겪어야 할 것이다. 호환성도 이루어내고 동시에 선점 사업자의 표준화도 완성하게 된다면, 우리는 DID 서비스가 활짝 꽃피는 모습을 목격하게 될 것이다.

015 불리한 가용정보

AFA: Adverse Facts Available

고래가 새우에게 휘두르는 못된 몽둥이

아주 널리 쓰이는 용어는 아니지만, 고래(미국)가 새우(한국)를 상대로 불량배 짓을 한 사건과 관련이 있어서, 표제어로 선정했다. 미국은 2016년 우리가 수출하는 일부 철강 제품과 변압기에 판매 가격의 최대 60.81%라는 어마어마한 관세를 매겼고, 이로부터 3년간 줄곧 이 방망이를 휘둘렀다. 당시 미국이 이를 정당화하기 위해 사용한 논리가 바로 AFA, 즉, 불리한 가용정보였다. 우리나라는 결국 미국을 상대로 WTO(세계무역기구)에 제소할 수밖에 없었고, 약 3년여 만인 2021년 1월에 승소 판결을 받아냈다.

쉽게 말해서 AFA는 미국 정부가 요구하는 자료를 충분하게 제출하지 않는 업체에 대해, 최대한 불리하게 관세를 부과하는 조치를 가리킨다. 즉, 반덤핑·상계관세 조사 대상 기업(한국 수출업체)이 자료를 제출해도 이를 무시하고 그 기업에 불리한 가용정보를 사용해 덤핑률 또는 보조금 비율을 상향 조정하는 조사기법이다. WTO는 미국의 AFA 사용이 WTO 협정을 위반했다고 판결한 셈이다. 앞으로 다른 수출품목에 대하여 미국이 제멋대로 불합리한 AFA를 적용하지 못하도록 방지하는 효과도 있을 것이다.

016

브이·브이·아이·지
VVIG

2021년 증시는 이들 때문에 불타오른다?

뭐 그리 중차대한 의미가 담긴 경제용어라고 할 수는 없다. 2021년 벽두부터 상승 추세였던 우리나라 증시에서 소위 "코스피 3000시대"를 이끄는 주도 업종을 가리키는 신조어 정도라고 할까? 구체적으로는 백신(Vaccine), 밸류(Value), 주도(Initiative), 친환경(Green) 관련 업종을 가리키는 것으로, 2020년의 증시 활황을 이끌었던 주역 BBIG(배터리·바이오·인터넷·게임)와 대비된다.

• V·V : 마침내 코로나-19 백신이 만들어지고 세계적으로 접종이 확대하면서 해당 업종의 상승이 이어지고 있지만, 투자자들은 이미 그런 기대가 상당 부분 반영되었던 기업들이 아니라 상대적으로 오르지 못한 기업 찾기에 몰두할 것이다. 단순히 밸류에이션(실적에 견주어본 주가 수준)이 낮은 종목이 아니라 상대적으로 저평가되었더라도 성장성까지 갖춘 기업이 유망할 것이다.

•I : 글로벌 시장을 주도하는 1등 기업에 투자하란 의미로 만들어진 범주다. 2021년 연초만 해도 반도체 빅 사이클을 예고하며 승승장구할 것만 같았으나, 중반-후반 들어 기세가 꺾이면서 숱한 투자자들에게 절망만 안겨준 삼성전자와 SK하이닉스가 여기에 포함된다. 자동차 전장 기업으로 전무후무한 업그레이드를 시도 중인 LG전자도 이 범주에서 빠뜨릴 수 없다.

•G ; 미국의 바이든 행정부 출범과 함께 친환경이란 이슈는 다시 한번 제대로 주목받을 전망이다. 우선 전 세계 주요국들이 (열성의 차이는 있지만) 탄소 중립이라는 묵직한 과제를 받아들인 데다가, 파리기후협약 재가동과 더불어 친환경 정책이 본격화할 것이기 때문이다. 전기차 배터리와 수소 경제 관련 기업들은 업스트림-다운스트림을 가리지 않고 골고루 관심을 받게 될 것이다.

블루 웨이브
Blue Wave

미국은 팬데믹 극복도, 경제 회복도 온통 이 색깔

파란색은 미국 민주당을 상징하는 색이다. 2021년 1월 바이든 미국 대통령이 취임하고 백악관에 이어 미국 상·하원까지 민주당이 차지하면서 사람들은 미 정국의 그런 거대한 흐름과 추세를 '블루 웨이브'라고 부르게 되었다. 신정부에 주어진 최대 과제인 코로나-19 팬데믹 극복과 위축된 경제의 부양도 미상불 '블루 웨이브'의 기반과 철학 위에서 실현될 것이다.

✅ 바이든 정부가 추진할 경제정책의 큰 흐름은?

무엇보다 경기회복, 친환경, 인프라 확충이다. 인프라스트럭처에 대한 대규모 투자로써 코로나-19 유행으로 사라진 일자리를 복원하고 친환경 에너지 기반의 경제 구축을 추구한다. 여기서 투자자라면 던져야 할 질문이 있다. "그런 엄청난 투자를 위한 자금이 어디서 나올까?" 세금을 더 걷는 것만으로는 턱없이 부족하다. 부족분은 국채를 발행해서 조달할 수밖에 없다. 코로나-19로 인한 재정지출과 세수감소 때문에 정부 부채는 이미 트럼프 정부 때부터 크게 늘었다. 바이든 정부에서는 훨씬 더 큰 폭으로 확대될 가능성이 크다.

✅ 블루 웨이브는 경제 분야에 어떤 영향을 줄까?

바이든 정부가 채권 발행을 늘리면, 채권시장에 국채가 흔해져서 국채 가격의 하락을 초래할 것이다. 이것은 국채 금리가 높아질 거란 뜻이다. 미국의 국채 금리가 높아지면 통상 우리나라의 국채 금리도 함께 높아진다. 학자들과 언론이 'coupling(동조화)'이라고 부르는 현상이다. 우리나라의 국채 금리가 오르면, 국내 은행도 금리를 높이므로 은행의 수익성이 개선되며, 이는 은행 업종의 주가를 올리는 효과를 가져올 것이다. 물론 이 외에 소재나 에너지, 반도체 등 업종도 금리 상승에 따라 주가가 개선되는 경향이 있다.

블루웨이브는 엉뚱한 경제적 여파를 낳기도 했다. 대마초 ETF가 그야말로 화끈하게 인기를 끌었으니 말이다. 무슨 얘기냐고? 바이든 대통령의 공약 중 하나가 대마초 합법화였다. 당연히 대마초 시장이 커질 것이란 기대로 관련주가 일제히 급등했고, 대마초를 테마로 한 ETF의 수익률도 덩달아 치솟은 것이다. 친환경 ETF 역시 2021년 들어서 상승세를 이어가고 있음은 두말할 나위도 없다.

그밖에도 바이든 정부 첫해 동안 백신 접종 확대, 경기 반등, 유가 상승 같은 요인에 의해 코로나-19로 엄청난 타격을 입었던 운송 및 에너지 ETF의 수익률도 반등세를 탔다. Baltic Dry Index(발틱운임지수) 선물을 추종하는 어떤 ETF는 2021년 들어 53% 넘게 상승하면서 수익률 1위를 기록하기도 했다. 하지만 코로나-19 이전 가격을 아직 회복하지 못했음은 물론이다.

018

블루 카본
Blue Carbon

그린 카본
Green Carbon

푸른 바다가 빨아들이는 기후변화의 원흉

남호주 정부 기관에 소속된 과학자들은 배를 타고 다니며 바다에 모래주머니를 던진다. 폐기물을 버리는 것이 아니다. 이산화탄소를 줄이고 지구온난화를 막기 위해 안간힘을 쓰는 것이다. 그들이 던지는 주

머니는 생분해성 자루. 안에는 해초 묘목과 모래가 들어있다. 이들은 축구장 13개 크기의 해초 군락지를 복원하겠다는 목표 아래 수십만 개의 해초 주머니를 근해에 뿌리는 중이다. 맹그로브(홍수림)와 갯벌과 염습지 같은 연안 해양의 생태계가 같은 면적의 산림보다 이산화탄소를 최대 10배까지 흡수하기 때문이다.

위의 이야기에서 '푸른' 바다(연안 해양 생태계)가 흡수하는 대기 중 탄소는 '블루 카본'이고, 우리가 이미 알고 있는 아마존의 열대우림이나 시베리아 침엽수림 같은 산림 생태계가 흡수하는 탄소는 '그린 카본'이다. 기후변화가 더는 부인할 수 없는 현실이 되자, 블루 카본이 온실가스의 신속한 감축 전략으로 급부상했다. 푸른 바다에서 이산화탄소 줄이기의 해법을 찾는 노력이 지구촌 여기저기서 목격된다.

'블루 카본'은 2009년 UN과 IUCN(International Union for Conservation of Nature; 국제자연보전연맹)이 펴낸 보고서에서 처음 사용된 용어다. 이후 UN 산하 협의체가 공식적으로 블루 카본을 온실가스 감축 수단으로 인정했다. 지금은 미국, 호주, 콜롬비아를 포함한 28국이 이를 활용한 소위 '블루 카본 프로젝트'를 각자의 방식으로 진행하고 있다. 가령 미국의 소비재 기업 P&G라든가, 럭셔리 브랜드인 Gucci(구치)가 중남미와 필리핀에 있는 맹그로브 숲에서 1년 넘게 진행해오고 있는 프로젝트가 그런 것이다.

☑ 블루 카본은 그린 카본과 어떻게 다른가?

결론부터 말하자면, 블루 카본은 그린 카본보다 우수하다. 거의 모든 면에서 그렇다. 어느 UN 산하 기구의 조사에 따르면, 우선 지구에 존재하는 탄소의 55%가 바다에 저장돼 있다. 그런데 블루 카본을 만드는 연안 지역의 크기는 전체 해저 면적의 0.5%밖에 안 되지만, 그런 연안 생태계가 저장하고 있는 탄소는 바다 전체에 쌓여 있는 탄소의 70%를 차지한다. 탄소를 포집捕執하는 효율이 대단히 높다는 뜻이다. 산이 많은 우리나라로 시야를 좁혀서 보자. 국토 면적의 63% 이상이 산림이고, 그 산림이 흡수하는 탄소량은(그린 카본) 약 4,700만 톤이다. 이에 비해 연안의 갯벌은 산림 면적의 1/4조차 안 되지만, 이 갯벌이 흡수하는 탄소량은(블루 카본) 1,750만 톤이라고 한다. '푸른 바다'의 탄소 흡수 효율이 '녹색 수풀'의 그것보다 거의 9.5배라는 얘기다.

블루 카본 VS 그린 카본: 단위 면적당 이산화탄소흡수량 비교

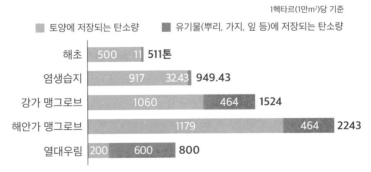

1헥타르(1만m²)당 기준

■ 토양에 저장되는 탄소량　　■ 유기물(뿌리, 가지, 잎 등)에 저장되는 탄소량

	토양	유기물	합계
해초	500	11	**511톤**
염생습지	917	32.43	**949.43**
강가 맹그로브	1060	464	**1524**
해안가 맹그로브	1179	464	**2243**
열대우림	200	600	**800**

자료: IUCN(세계자연보전연맹)

탄소를 저장할 수 있는 공간을 생각해도, 역시 바다(블루 카본) 쪽이 훨씬 크다. 탄소 흡수가 광합성을 통해 이루어진다는 점에서는 산림이나 해초나 마찬가지다. 그러나 산림의 경우, 가지나 뿌리나 잎 같은 작은 유기물에 탄소를 저장하는 반면, 연안 생태계는 너른 바닷속 토양 혹은 퇴적층에다 저장한다. 당연히 블루 카본 쪽이 더 많은 양의 탄소를 저장할 수 있다.

이산화탄소를 빨아들이는 속도 또한 블루 카본이 훨씬 빠르다. 해양 생태계가 육지 생태계보다 40~50% 빠르게 탄소를 흡수한다는 UN의 연구 결과가 이를 뒷받침한다. 탄소를 저장하는 기간이라는 면에서는 어떨까? 물속에서는 박테리아가 호흡할 수 없으므로, 바다에는 유기물을 분해해 탄소를 배출하는 박테리아도 적다. 그래서 해저 토양으로 흡수된 탄소는 수천 년간 저장된다. 이에 비해 나무(산림)는 수령에 따라 차이는 있겠지만, 탄소를 저장할 수 있는 기간이 몇십 년에서 길어 봐야 수백 년을 넘지 못할 것이다.

✅ 블루 카본을 위한 연안 생태계는 충분할까?

맹그로브, 해초 군락지, 갯벌 등으로 이루어지는 연안 해양 생태계는 해마다 줄어들고 있다. 지구온난화로 해수면이 상승하는 것도 그 이유지만, 각종 양식업이나 간척 활동이 계속되고 폐수 배출이 늘어나는 데다 가끔 원유 유출 사고까지 일어나기 때문이다. 다수의 환경 관련 국제기구들이 만든 Blue Carbon Initiative(블루 카본 이니셔티브)는 연안 해양 생태계가 매년 1~2%씩 손실되고 있다고 보고한 바 있다. 이로 인해 매년 최대 54억 톤의 이산화탄소가 추가로 배출된다는 섬뜩한 수치도 함께 발표했다.

더욱 고약하게도, 한번 손실된 연안 생태계는 웬만해서 재생이 힘들다. 해류와 파도가 바닥을 자꾸 침식하기 때문이다. 그러니까 갯벌이든 해초 군락지든 맹그로브든, 인위적으로 복원해야만 재생할 수 있다는 얘기다. 이런 관점에서 블루 카본 프로젝트에 대해 탄소 배출권 발행을 허락하는 방안도 자주 거론된다. 그러니까 연안 생태계에 저장한 탄소를 적절한 가격에 팔 수 있도록 하자는 것이다. 이것은 주머니가 깊은 대기업들이 블루 카본 프로젝트에 좀 더 적극적으로 뛰어들게 만드는 훌륭한 경제적 동기가 될 것이다. 실제로 탄소 배출권을 인증하고 발행하는 기관인 Verified Carbon Standard(통상 VERRA 혹은 '베라'로 불림)는 최근 애플과 콜롬비아 지방정부가 3년간 추진해온 블루 카본 보존 프로젝트에 대해 최초로 탄소 배출권을 승인한 바 있다.

비건 버거
Vegan Burger

고기즙 뚝뚝 흐르는 패티는 이제 싫어요

우리나라 국방부가 채식주의자를 배려하고 있다는 사실을 아는가? 군에서 채식 식단도 제공한다는 소식이다. 병역 판정 검사 때 신상명세서에 '채식주의자'를 표시해도 괜찮다. 삼성전자 일부 사업장도 채식 메뉴를 시범 운영하면서 이를 차차 확대할 거란 얘기가 있다. 2021년도 미쉐린 가이드의 서울 '빕 구르망(가성비 식당)' 목록에는 어느 채식 식당이 처음으로 이름을 올렸다.

채식, 이제 더는 '유별난 식성'이 아니다. 우리나라의 채식 인구가 2008년 15만 명에서 2019년의 150만 명(생선이나 유제품 등을 허용하는 비건까지 포함)으로 폭발적 성장을 기록했으니, 이제 채식은 '주류'로 취급해도 될 터이다. 패스트푸드점들도 육즙 뚝뚝 흐르는 고기 패티 대신 대체육 패티를 사용하는 소위 '비건 버거'를 속속 도입하면서 "채식주의자 잡아라!"를 외치는 중이다.

이런 추세를 놓칠 리 없는 식품과 유통업계의 구색도 다채로워지고 있다. 채식 기호의 증가에 맞추어 농심은 식물성 치즈와 대제 다짐육 같은 신제품을 출시했고, CU와 GS25 등의 편의점은 채식자를 위한 간편식과 채식주의 인증을 받은 떡볶이 간편식을 선보였다. 채식주의를 바라보는 눈길은 확실히 달라지고 있다.

비접촉 결제
Touchless Payment / Contactless Payment

가만히 서 있기만 하면 다 되는 결제

"어, 내 몸이 지갑이고 돈이네! 이젠 손 안 대도 괜찮아! 현금이 없어도 문제없어!"

인공지능까지 가세하면서 인식 기술이 갈수록 정교해지고 있다. 이젠 사람 몸을 활용한 생체 인증까지 왔다. 손을 대지 않아도 신체를 이용하는 결제, 만지지 않는 결제, 바로 '터치리스' 결제다. 코로나-19 이후 사회적 거리 두기가 일상화되면서 비접촉 결제 서비스는 크게 늘고 있다. 이는 비밀번호를 이용한 여러 가지 결제 방법과는 달리 해킹이나 도용의 위험이 없다. 또 스마트폰이나 신용카드처럼 분실 위험도 없다. 그런 이유로 최근 국내외에서 빠르게 도입되고 있다. 미국의 데이터베이스 회사인 Statista(스타티스타)는 미국 비접촉 결제 시장이 2020년의 83억 달러에서 2025년에는 358억 달러까지 성장할 것으로 전망한다.

☑ 터치리스 결제의 실제 사례를 들자면?

우선 외국의 예를 들어보자. (1) 아마존의 손바닥 인식 기술 : 단말기에 손바닥을 스치듯 올리기만 해도 계산이 된다. 손을 기기에 직접 대지 않고 좀 떼어서 대는데, 신원 확인에 걸리는 시간은 단 0.3초! 기존 신용카드나 모바일 결제가 보통 3~4초 걸리는 것에 비하면 압도적으로 빠르다. 사용자의 손바닥 정보를 등록하는 데도 1분이 채 안 걸린다. 놀랍게도 손을 다치거나 상해도 인식에 문제없고, 쌍둥이라도 제대로 인식한다. 아마존 계정이 없어도 가입할 수 있으며, 2021년 2월부터 실제 매장에 적용했다. (2) 구글의 목소리 인식 기술 : 목소리로 사용자를 구분해 결제까지 할 수 있는 기술이다. 많은 사람에게 이미 익숙해진 AI 스피커와의 대화처럼 물건을 주문한 다음, "카드 5개월 할부로 결제해 줘"라고 말하면 자동으로 결제가 이뤄지는 식이다. (3) 애플의 터치리스 결제 : 2020년 1억 달러를 주고 캐나다 핀테크 스타트업 Mobeewave(모비웨이브)를 인수하여 비접촉식 결제 기술을 개발하고 있다.

☑ 국내에서도 터치리스 결제가 쓰이고 있을까?

(1) 티머니의 안면 인식 : 국내 최초로 경전철 13개 역사에 안면 인식 결제 방식을 도입했다. 개찰구에 설치해놓은 고성능 센서나 카메라 앞에 1~2초가량 서 있으면 된다. 얼굴이 자동 인식되고 미리 저장해둔 신용카드로 결제된다. 교통 카드를 꺼낼 필요 없이 개찰구 앞에 서 있으면 된다. 흥미롭게도 마스크를 쓰고 있어도 인식할 수 있다. (2) 롯데카드의 손 정맥 인식 : 편의점에서 '핸드페이'라는 이름으로 손 정맥을 분

석해 결제하는 서비스를 운영하고 있다. 물론 고객이 손바닥의 정맥 정보를 사전에 등록해야 한다. 스마트폰이나 신용카드 없이도 손바닥 정맥 인증만으로 결제할 수 있다. (3) 신한카드의 얼굴 인식 : 2020년 4월부터 편의점 일부와 한양대 교내식당에서 얼굴 인식으로 결제하는 서비스를 시작했다.

어쨌거나 사람의 신체를 활용한 결제 기술들은 최근 여러 해 동안 계속되어온 캐시리스(cashless) 경제, 즉 현금 없이도 돌아가는 경제에 한층 속도를 붙일 수 있을 것이다. 그렇잖아도 코로나-19 장기화로 곳곳에서 현금 사용을 줄일 만큼 줄이는 '현금 없는 사회'로 바뀌는 중이다. 우리의 신체가 돈이 되고 지갑이 되는 비접촉식 기술이 자연스럽게 대체 수단으로 떠오르는 것이다. 각국 정부가 화폐 발행 비용 부담을 줄이고, 위조도 방지하고 거래도 투명하게 만들려는 노력을 기울이면서 터치리스 결제 비율은 갈수록 높아진다. 어느 나라든 은행들이 오프라인 점포를 줄이고, 동전을 사용하는 유료 주차장이나 ATM 기기도 감소추세다. 모두 자연스러운 변화다.

021

B3W
Build Back Better World

세계 최대의 시장을 흠씬 패주자는 음모?

2021년 6월에 열린 주요 7개국(G7) 정상회의에서 미국이 중국의 일대일로一帶一路에 대항하겠다는 의도로 제안한 새로운 파트너십. 이름이야 더 나은 세계를 다시 건설하자는 뜻이지만, 진짜 목적은 중국 견제다. 중국이 막대한 자금을 쏟아붓고 있는 동남아시아와 아프리카에 G7이 더 우호적이고 더 친환경적이며 더 투명한 자본을 제공하면, 이들 국가가 중국과 친해질 이유가 없을 거라는 속내다. 이런 미국의 글로벌 인프라 구상에 7개국은 공동성명 형식으로 동참했다. 동참은 했지만, 진짜 반응은 뜨뜻미지근하다. G7이 대놓고 중국에 반기를 드는 조직으로 비칠 것이 두렵기도 하지만, 무엇보다 중국의 일대일로를 무력화하려면 천문학적인 자금이 필요하기 때문이다. 그렇다고 (중국처럼) 자국 기업들의 팔을 비틀어 자금을 조성할 수도 없잖은가. 중국은, 당연한 노릇이지만, 몇몇 나라가 국제 질서를 좌우하는 시대는 지나갔다며 강하게 반발했다.

미국의 맹방들도 셈법이 복잡하다. 세계 최대의 시장을 두들겨 패기가 그리 쉽겠는가? 해마다 자동차 수백만 대를 중국에 수출하는 독일이 B3W를 쌍수로 환영하겠는가? 심지어 일대일로 프로젝트에 이미 개입된 이탈리아는 어떡할 것인가? 바이든 대통령의 B3W 요구 관철이 결코 쉬울 수 없는 이유다.

게다가 2013년부터 일대일로를 추진하고 있는 중국이 B3W와 같은 서방의 제재를 본격적으로 반격하고 나선다면, 미국이 주도하는 연대가 동력을 잃을 수도 있다. 그렇잖아도 중국 상무위원회는 최근 '대외 제재 방지법'이란 것을 표결했다. 중국 기업이 외국 정부의 제재로 손해를 입으면, 제재한 외국 기업을 상대로 자국 법원에 손해배상을 청구할 수 있게 만든 법이다. G7의 결속이 단단해지는 만큼, 중국의 '딴지 걸기'도 심해질 것이다.

百度(바이두)와 微博(웨이보) 같은 중국 포털에선 다빈치의 「최후의 만찬」을 패러디한 삽화 'The Last G7(최후의 G7)'이 큰 관심을 끌었다. 디지털 아티스트 半桶老阿汤(반통라오아탕)이 만든 이 그림은 G7 각국을 동물에 비유했다. 독수리(독일), 캥거루(호주), 개(일본), 늑대(이탈리아), 흰머리 독수리(미국), 사자(영국), 비버(캐나다), 수탉(프랑스)이 둘러앉아 있다. 중국 국기가 그려진 케이크를 먹기 직전이다. 테이블 아래에는 인도를 상징하는 코끼리가 보인다. 그리고 위에는 "이렇게 하면 우리가 여전히 세계를 지배할 수 있어!"라는 문구가 적혀있다.

반통라오아탕이 '최후의 만찬'을 희화하여 그린 'The Last G7'.

빅 쇼티지
Big Shortage

알면서도 못 고치는 공급 부족의 난리

"코로나 팬데믹 → 방역 조치 (봉쇄/격리/거리 두기) → '집콕' → 너도나도 배달 주문 → 박스 수요 급증 → 소위 '박스 대란' → 대림, 아세아 등 제지회사 주가 급등"

이것은 이미 우리에게 익숙한 사이클이다. 이 사이클의 여러 단계 중에서 '대란'으로 묘사할 수 있는 것이 바로 '빅 쇼티지'다. 쉽게 말해서 꼭 필요한 물건이 없는 품귀 현상이다. 박스와 종이뿐이겠는가? '없어서 난리'가 벌어진 물품이 한둘이 아니다. 반도체 수요가 커지면서 삼성전기의 MLCC(적층세라믹커패시터) 품귀가 극심해졌고, 전기차용 배터리의 필수 소재인 동박도 SKC가 공장과 모든 자원을 '풀' 가동해도 수요를 따라잡지 못한다. 그러나 쇼티지가 가장 심각한 제품은 뭐니 뭐니 해도 자동차용 반도체다. 이 부문의 수급 불균형은 6개월 이상 이어질 것이라는 전망까지 나온다.

물류 측면에서는 어떨까? 코로나-19로 글로벌 여객기들이 운항을 멈춘 항공산업에서는 화물 운송이 새로운 수입원이다. 탑승객의 의자를 다 뜯어내고 화물로 비행기를 가득 채운다. 지구촌 경기가 되살아나고 물동량이 증가하면서 운임은 당연히 급등하고 있다. 해외여행이 '올 스톱'되면서 엄청난 어려움에 봉착할 줄 알았던 대한항공이 뜻밖에도 높은 영업이익을 기록하면서 어닝 서프라이즈를 달성한다. 해운산업도 상황은 마찬가지다. 미국과 유럽을 향한 중국 수출품이 폭증하면서 컨테이너 물동량이 많아지는데 컨테이너선은 그야말로 태부족이다. 운임이 빠르게 오를 수밖에 없다. '전쟁'이라고 부를 정도의 선박 확보 싸움이 여기저기서 벌어진다.

☑ 사겠다는데도 없어서 못 파는 이유가 뭘까?

빅 쇼티지의 이유는 다분히 복합적이다. 코로나-19로 인한 급격한 경기 변동, 친환경산업의 급성장, 공급망에 들어 있는 기업들의 '알면서도 민첩할 수 없는' 속사정, 글로벌 생산-운송-소비 양상의 급변 등등. 배경과 이유만 해도 이렇게 복잡한데, 당장은 해결의 조짐조차 보이지 않는다. 수요와 공급의 불일치 현상이 워낙 눈 깜짝할 새 벌어진 변화로 인한 일시적 상황이기만을 빌 수밖에 없다. 그렇지만 적어도 이 책이 독자들을 만날 때까지는 뾰족한 해법이 나올 것 같지 않다.

이처럼 '빅 쇼티지' 상황이 계속되는 가운데 어쨌든 즐거운 비명을 올리는 것은 각 분야 1~2위 업체들이다. 주가 급등은 제쳐두더라도 우선 제품 가격을 올릴 수 있기 때문이다. 바이어마다 공급을 확보하려고 읍소하는 처지니, 가격이 올랐다고 불평할 겨를이 어디 있겠는가. 심하게 말하자면 부르는 게 값이 돼버린다. 제조업이든 물류업이든 다를 바 없다.

023 상업자 표시 신용카드
PLCC: Private Label Credit Card

유명 브랜드 내걸었더니 누이 좋고 매부 좋네

대형 유통업체들이 '자체 브랜드(PB; Private Brand)' 상품을 직접 만들어 파는 것처럼, 기업이 카드사와 함께 직접 운영하는 신용카드를 PLCC, 즉 '상업자 표시 신용카드'라고 한다. 소비자 관점에서 그냥 쉽게 말하면, '스타벅스 카드'라든가 '무신사 카드'처럼 특정 기업의 이름으로 통용되는 신용카드다. 기업과 카드사의 이 같은 1대1 파트너십은 기획, 상품 설계, 브랜딩, 운영, 마케팅 등, 신용카드의 개발 전 과정을 아우른다. 또 그렇게 구성한 혜택은 해당 기업에 특화되므로, PLCC는 일반 카드보다 사용처가 제한적인 대신 충성도 높은 고객에 몰아주는 혜택이 푸짐하다. 물론 일반 신용카드와 같이 고객이 매월 일정 금액 이상을 사용해야만 온전한 혜택을 받을 수 있긴 하지만. 이때 브랜드를 내걸고 파트너가 되는 기업이 카드 상품 기획부터 전반적인 마케팅을 맡고, 카드사는 카드발급과 결제 시스템을 책임진다.

신용카드가 일반 기업과 제휴하는 형태는 ⑴ 한 업체가 다양한 카드사와 제휴를 맺는 "일반제휴" 단계, ⑵ 기업이 특정 카드사와만 손잡고 제휴카드를 내놓는 "단독제휴" 단계를 거쳐왔다. 그런데 PLCC는 다시 진일보하여 ⑶ 카드사 이름 대신 아예 기업의 이름을 내걸고 신용카드를 출시하는 단계라고 볼 수 있다. 카드사의 이름은 숨겨져 있고 제휴기업이 전면에 나서는 방식이어서, 브랜드의 힘이 막강한 회사가 아니면 PLCC를 만들 수 없다.

사실 현대카드를 제외한 국내 카드사들은 여태 PLCC에 소극적이었다. 그러나 2020년 말 현대카드가 스타벅스, 네이버, 배달의민족 등 내로라하는 기업들과 PLCC를 만들면서 상황이 달라

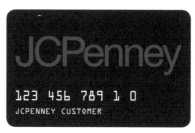
미국의 유명 백화점 JC 페니 이름으로 발행된 PLCC

졌다. 특히 스타벅스 로고가 새겨진 현대카드는 30대 여성에게 인기 폭발이었다. 자신들의 브랜드 확산에 몰두해왔던 카드사들은 이제 PLCC 시장에서 격렬한 경쟁을 벌이는 중이다.

✅ PLCC는 관련자들에게 어떤 점에서 이로울까?

1) 해당 기업에게; 신용카드를 직접 출시하지 않으면서도 비슷한 효과를 누릴 수 있어서, 브랜드 인지도를 높이는 동시에, 기존에 포섭하지 못했던 신용카드사의 오프라인 고객을 확보해 가둬버리

는 소위 '록인(lock-in) 효과'도 거둔다.

2) 카드사에게; PLCC 카드라고 해서 모두 알짜는 아니지만, 석은 비용으로 온라인 고객층을 포섭하고, 발급 건수 및 거래액 증대와 이종 사업간 마이 데이터 결합에 우위를 점할 수 있는 효과를 거둔다. 기업이 카드 마케팅까지 적극적으로 해주기 때문에, 비용을 절감할 뿐 아니라 한 기업과 한 카드사의 협업이기에 발생하는 수익도 공유하게 되어 한층 더 매력적인 모델이 된다.

3) 고객(소비자)에게; 천편일률적인 혜택과 서비스가 적용되는 기존 신용카드에서 탈피, 차별화된 독특한 경험을 할 수 있다. 물론 다양한 곳에서 많은 혜택을 주는 소위 '혜자카드'와 견주어 볼 때 카드 사용에 제약이 있으므로 다소 아쉬울 수는 있다.

 2021년 국내 PLCC 출시 현황

상반기 출시		하반기 출시예정	
카드사	PLCC 협력사	카드사	PLCC 협력사
신한카드	메리어트, 이케아, 아모레퍼시픽, LG하우시스, SK렌터카	신한카드	위버스컴퍼니
삼성카드	카카오페이	KB국민카드	머지포인트, 해피포인트
KB국민카드	커피빈, 위메프페이	현대카드	네이버
현대카드	무신사, 쏘카	우리카드	10개 출시 예정
롯데카드	한국신용데이터, 뱅크샐러드, 핀크	롯데카드	출시 예정

☑ 주로 어떤 기업들이 PLCC 협력사가 되는 걸까?

MZ세대 젊은이들은 자기가 좋아하는 브랜드가 새겨진 실물 카드를 일종의 '굿즈'처럼 생각해서 즐거이 가입한다. 그래서 카드사들은 MZ세대가 선호하는 브랜드를 PLCC 파트너로 삼는 경향이 있다. 업종을 따져보면, 지금까지 PLCC 협력사들은 주로 온라인 유통, 핀테크, 배달, 차량 공유, 패션, 가구 판매, 호텔 체인, 항공 등의 분야에서 이름깨나 있는 회사들이었다. '만년 4위'였던 현대카드는 일찌감치 이런 젊은 층의 입맛을 간파해, PLCC 시장 선점의 효과를 톡톡히 본 것 같다. 2016년 말 679만 명이었던 회원이 2020년 3분기에 907만 명으로(34%) 늘었으니 말이다.

2021년 가장 관심을 끄는 PLCC로는 아무래도 신한카드와 BTS 글로벌 팬 플랫폼 위버스 컴퍼니(BTS 소속사 하이브의 자회사)가 기획한 '방탄소년단 카드'를 꼽아야겠다. BTS 포토 카드만 주면 무조건 가입한다는 등, 팬들의 요란스러운 지지와 성화를 등에 업고 연내 출시를 정조준하고 있다. 특히 PLCC의 주 고객층이 중-장년으로부터 MZ세대로 넘어가는 중이라, 카드 디자인부터 혜택, 마케팅에 이르기까지 '팬덤'에 초점을 맞춘다는 BTS PLCC는 이미 성공을 확보해놓은 듯한 분위기다.

024

상자 상·하차 로봇

노동 강도가 가장 높은 업무는 내게 맡겨!

MIT 졸업생들이 창업한 Pickle Robot(피클 로봇)의 'Dill(딜)'은 로봇 팔 하나로 25kg짜리 택배 상자를 한 시간에 1,800개씩 내린다. 거리와 장애물을 감지하는 라이다 카메라가 두 대 장착되어 있을 뿐

보스턴 다이내믹스의 로봇팔 '스트레치'

아니라 인공지능 학습 기능까지 갖춘 로봇팔이다. 현대차 계열 Boston Dynamics(보스턴 다이내믹스)의 물류 로봇 'Stretch(스트레치)'는 빨판이 달린 로봇팔로 23kg 무게를 집어 내리고 시간당 상자 800개를 부린다. 사람이 하는 작업과 맞먹는 속도다. 스트레치만 가져다 놓으면 알아서 상자를 집어 원하는 곳에 옮겨준다. 중소 업체에도 간단하게 적용할 수 있다

이들은 택배 상자를 올리고 내리는 '상·하차' 업무에 특화된 물류 로봇이다. 상·하차 작업은 택배 관련 업무 중에서도 가장 노동 강도가 높아 인력난이 심한 데다, 물류 창고에서 자동화가 가장 더딘 분야로 통한다. 상자가 쌓여 있는 팔레트를 통째로 옮기는 일은 로봇이 하지만, 막상 팔레트나 트럭에서 상자를 하나씩 꺼내 이곳저곳으로 옮기는 작업은 여전히 사람이 하는 이유다.

✅ 물류 로봇에 엄청난 관심이 쏟아지는 이유는?

지난 10년간 매년 20%씩 성장해온 전자상거래가 첫 번째 답이다. 온라인 매출 급증에 대응해 자율주행 로봇을 도입한 월마트. 팔레트 운반용 로봇을 대량 구매한 가전업체 GE 어플라이언스. 로봇 제조사 Kiva Systems(키바 시스템즈)를 인수한 뒤 미국 전역 물류센터에 팔레트 이송용 로봇 5만 대를 배치한 세계 최대 전자상거래 업체인 아마존. 그런 아마존을 뒤따르는 중국 1위 전자상거래 업체 알리바바. 온라인 비대면 거래가 폭발적으로 성장하자 세계 주요국의 제조·물류 업체들이 일제히 로봇에 공격적으로 투자하고 있다.

우리나라의 사정도 크게 다르지 않다. 롯데글로벌로지스가 경기도 이천시 물류센터에 무인 운송 로봇을 도입했다. CJ대한통운의 곤지암 메가허브는 국내 최대 무인 물류센터로 유명한데, 여기서도 사람이 해 왔던 택배 상자 상·하차 작업을 곧 로봇 기술로 자동화할 계획이다.

로봇의 역할도 택배 상자의 포장, 선별, 상·하차 등으로 갈수록 다양
해지고 있다. 전문가들은 이 로봇들이 물류 업계의 인력난도 해소하고
안전사고도 줄여줄 것으로 기대한다. 그뿐인가, 혹 실수해도 사람이 바
로 잡아주면 로봇은 인공지능으로 배우기 때문에, 별도의 자동화 인프
라가 없는 작업장에서도 사람과 함께 작업할 수 있다. (참고로 전 세계 물
류 창고 가운데 자동화 설비가 없는 곳은 80%나 된다고 한다.) 비싸다, 어렵다, 시
간이 걸린다, 등의 이유로 로봇 도입을 주저하던 업체들이 돌아서면서,
물류 로봇의 고성장은 당분간 확실해 보인다. 2021년 초 시장조사업체
리서치 앤드 마켓은 물류용 자율 이동 로봇과 무인 운송 로봇 시장이
2020년 25억 달러에서 2026년에는 132억 달러까지 성장할 것으로 전망
했다.

상장 전 투자유치
Pre-IPO Placement

IPO를 앞둔 기업의 전략적 투자자 규합하기

주식을 상장하기 전에 다량의 주식을 미리 블록 딜 형태로 매도함으로써 외부 투자금을 모으는 것을 의미하는 용어. 상장을 목전에 둔 시점의 지분투자 성격이다. 이 경우 주식을 매입하는 투자자는 대개 사모펀드 업체, 헷지 펀드, 혹은 대규모 투자 의도를 지닌 업체가 된다.

최근의 실례를 들어보자. 2021년 3월 중순 네이버 웹툰이 4억 달러에 이르는 외부 자본 유치를 추진했다. 업계의 설명으로는 2022년 미국 나스닥에 상장할 계획이었기 때문에 이를 위한 포석을 마련하겠다는 의도였다. 이 경우 네이버 웹툰은 국내 투자자들은 일절 초청하지 않은 채, 글로벌 투자자들만을 지분투자 성격으로 끌어들이고자 했다. 이처럼 전략적으로 글로벌 투자자들과의 파트너십을 구축해놓으면 나중에 상장할 때 공모가를 최적의 수준으로 설정하기도 수월할 터였다.

또 있다. LG에너지솔루션의 사례다. 이 기업은 LG화학의 배터리 사업부가 물적 분할 형식으로 떨어져나와 독립했는데, 기업가치만 50조~100조 원으로 평가받았다. 이 회사의 IPO는 물론 예견된 수순이지만, 이에 앞서 몇몇 외국계 증권사만 초청해 상장 전 투자유치를 시도할 가능성이 제기된다. 이미 몇몇 외국계 증권사에 '제안요청서'를 보냈다는 소문도 돈다. 전기차 배터리 사업의 글로벌 경쟁이 격렬해지고 있어서, 생산능력을 빠르게 늘리려면 상장 전 투자유치로 증설 자금을 확보할 필요가 있다는 논리다. 세계 시장점유율 2위였던 중국 CATL이 공격적인 증설을 단행함으로써 1위였던 LG에너지솔루션을 2위로 밀어냈으니, 그럴 만도 하다.

반면, LG에너지솔루션이 기업가치의 평가절하 위험을 감수하면서까지 굳이 상장 전 투자유치에 나설 이유가 없다는 시장의 목소리도 만만치 않다. 최근 코스피도 유리한 추세를 보이고 있으며, 전기차 업종을 바라보는 시장의 눈길도 우호적이므로, IPO만으로도 원하는 자금은 얼마든지 확보할 수 있다는 주장이다. 만에 하나라도 상장 전 투자유치에서 목표한 만큼의 투자를 얻지 못하면, 그러니까 기업가치가 '디스카운트' 당하면, 오히려 향후 IPO 과정에서 걸림돌이 될 수 있다. 자금 마련이 그렇게 급하지 않다면 그런 리스크를 무릅쓰며 굳이 상장 전 투자유치에 나설 이유가 없지 않을까.

026

상장지수펀드 혹은
이티에프
ETF; Exchange Traded Fund

안전하고 수익 높은, 주식 닮은 주식꾸러미

"내가 죽으면 재산의 10%는 국채에, 90%는 뱅가드의 S&P500 ETF에
투자해다오!"

투자의 전설 워런 버핏이 그렇게 말했다고 한다. ETF가 무엇이기에
오마하의 현자가 유산의 거의 모두를 맡기고 싶었던 걸까?

펀드는 펀드인데, 주식시장에서 (마치 개별 주식처럼) 자유롭게 거래되
는 펀드가 ETF다. 즉, 지수펀드를 거래소에 상장시켜서 투자자들이 주
식처럼 편리하게 사고팔 수 있도록 만든 상품이다. 분산투자 원칙도 충
실히 지키고, 동시에 필요하면 언제든 팔 수 있는 환금성까지 갖추었다
고 할까? 예를 들어 현대차라는 특정 종목을 사는 대신, 전기차/2차전
지/자율주행/미래 모빌리티 관련 업체들을 40개쯤 모아놓은 펀드를
사는 것이다. 어렵사리 이 종목 저 종목 고르지 않아도 된다는 펀드의

장점과 내 맘대로 언제든 시장에 나가 사고팔 수 있다는 주식의 장점을 동시에 누린다. 그래서 공모 및 사모펀드가 모두 위기에 처한 우리나라에서는 2002년에 첫선을 보인 ETF가 지금 강력한 투자수단으로 부상하고 있다. 아니, 바야흐로 ETF 전성시대라 해도 과언이 아닐 정도로 커졌다. 단순히 시장 전체의 수익률 '따라가기'에 머물지 않고, 개인투자자는 꿈도 못 꿀 투자 전략 수립과 테마 구성까지 가능하게 만드는 수단이니까.

국내 증시에 상장된 ETF는 2011년의 106종에서 2021년 6월 현재 489종으로 급격히 늘어났다. 그동안 꾸준히 진화하고 발전해온 ETF가 다양한 모습으로 지금 서로 경쟁하고 있는 것이다. '벤치마크 지수'라고 불리는 코스피나 코스닥 지수를 추종하는 ETF, 반도체나 자율주행이나 2차전지처럼 잘나가는 기술주에 투자하는 ETF, 심지어는 삼성그룹 계열사들만 모아 묶어놓은 ETF, 수소 경제라든가 그린 뉴딜 같은 테마주에 투자하는 ETF, 선진국의 채권을 모아놓은 ETF, 드라마와 웹툰 등 한류 콘텐트 관련 ETF, 원유 혹은 주요 원자재의 국제가격을 따라 움직이는 ETF 등, 무궁무진 다채롭다. 요즘은 비대면 산업이 뜨면서 AI, 블록체인, 자율주행 주식만 묶은 테마형 ETF도 인기다. 그야말로 창의적으로 모아서 묶어놓으면 새로운 ETF가 된다고 할 정도다. 미국에는 심지어 마약과 도박에 투자하는 ETF도 있다.

☑ ETF에 투자하면 어떤 점이 좋다는 걸까?

(1) 뭐니 뭐니 해도 안정성과 다양성("모든 달걀을 한 바구니에 담지 말라")이다. 개별 종목 투자를 위한 골치 아픈 선정과 뒤따르는 위험을 현저히 줄여주어 마음 편한 주식투자가 가능해진다. 대부분의 ETF가 수십 개에서 수백 개의 종목을 품고 있으므로 나의 투자는 저절로 분산된다. 내 입맛에 딱 맞는 산업이나 테마에 쉽게 투자할 수 있어, 고액자산가를 포함한 모든 투자자에게 매력적일 수밖에 없다. 투자의 관점이 리스크를 동반한 단기차익 실현에서 테마형-자산배분형 안정수익으로 이동하고 있다는 분석이 나오는 까닭이다.

(2) 수익률까지 훌륭하다. 물론 마음 놓고 편안한 투자를 누리는 대가로 약간의 비용은 들겠지만, 2021년 연초 이후 코로나 백신 접종의 확대와 경제 회복 기대에 힘입어 4개월여 만에 20~30%의 수익률을 기록한 ETF가 수두룩할 정도다. 과거 간접투자의 주류를 차지했던 액티브 펀드가 시장 지수만도 못한 성과를 올리면서 투자자들에게 실망을 안겼던 것과는 대조적이다. 자산가들이 ETF로 돌아선 이유를 알 만하다.

(3) 펀드보다 운용보수가 저렴하다. 일반 펀드는 수수료, 운용보수, 수탁보수, 평가보수 등의 이름으로 평균 1~3%의 보수(또는 수수료)가 발생한다. 이에 비해 ETF의 수수료는 아주 싼 편이다. 가령 우리나라 증시에 상장된 ETF의 운용보수는 평균 0.3%이며, 이마저 격심한 경쟁으로 인해 0.15%까지 내려가는 일이 흔하다. 미국 주식시장도 마찬가지여

서 상장된 전체 ETF의 평균 운용보수는 0.19%로, 펀드와는 비교할 수 없으리만치 싸다. 일반 액티브 펀드의 높은 수수료를 고려하면 ETF는 더욱 매력적일 수밖에 없다.

(4) 투명성도 ETF의 장점. ETF는 미리 설정된 원칙에 따라 포트폴리오를 구성하고, 이 포트폴리오의 변화를 추적하며 펀드 가격에 실시간으로 반영한다. 하지만 보통 액티브 펀드는 어떤가? 투자자가 환매 주문을 내도 당시 펀드 종목 구성은 말할 것도 없거니와, 환매 가격조차 바로 알 수 없다. 고로 투명성 측면에서도 ETF에 대한 투자자의 선호도는 아주 높다.

☑️ 현재 ETF 거래 규모는 어느 정도?

우리나라 ETF 거래액은 2021년 1월에만 5조 원을 훌쩍 넘으며 유가증권시장 전체 거래의 21%에 달했다. 고액자산가와 고위 공직자들도 ETF를 자산 증식의 주요 수단으로 삼을 정도다. 예컨대 10억 원 이상을 굴리는 미래에셋증권 고객의 포트폴리오에서 ETF가 차지하는 비중은 2020년 1월의 8.54%에서 2021년 초 17.66%로 두 배 이상 급증했다. 이런 추세에 맞추어 자산운용사들도 ETF 사업 강화에 열을 올리고 있다. 최근 몇 년 사이 ETF의 급성장은 세계 금융시장의 공통된 현상이다. 이웃나라 일본은 세계 최초로 중앙은행이 ETF를 직접 매수했으며, 지금도 전체 ETF의 80%가량을 보유해 일종의 증시 부양 수단으로 활용한다. 액티브 펀드가 대세인 중국에서도 ETF는 점차 몸집을 키워가고 있다.

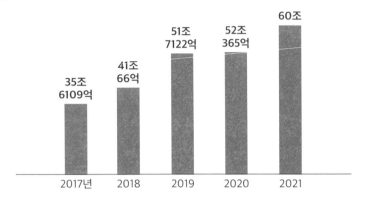

빠르게 성장하는 ETF 시장(단위: 원)

35조
6109억 2017년

41조
66억 2018

51조
7122억 2019

52조
365억 2020

60조 2021

자료: 한국거래소

　　한국거래소의 집계에 의하면 2016년만 해도 25조 원에 불과하던 ETF 시장의 규모, 즉 순자산총액은 2021년 5월 현재 60조 원까지 불었다. 이 기간 ETF의 빠른 성장은 아래 도표에서 확인할 수 있다. 공모 주식형 펀드의 두 배가 훨씬 넘는 현재 한국의 ETF 규모는 일본(약 615조 원)과 중국(약 189조 원)의 뒤를 이어 아시아 3위에 해당한다. 일본 ETF 시장은 한국의 10배에 달하지만, 주로 중앙은행의 매수에 기대다 보니, 상장종목 수는 201개로 한국의 상장 ETF(473개)의 절반에 불과하다.

상장지수펀드(ETF) 순자산 총액 – 괄호는 상품 수

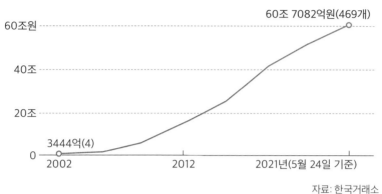

60조 7082억원(469개)

3444억(4)

자료: 한국거래소

027 샐러리맨 파산

죽지 못해 근근 살아가는 저소득자들의 몸부림

사업을 벌였다가 실패한 사업자(법인이나 자영업자)들의 파산과 대비해서, 일자리를 잃거나 급여가 크게 줄어 빚을 갚기 어렵게 된 개인(직장인)이 파산하는 경우를 일컬어 '샐러리맨 파산'이라고 한다. 코로나바이러스 창궐 이후 한층 더 두드러진 경제용어, 보고 싶지 않고 만나기 두려운 경제용어다.

'경제의 중환자실'이라 불리는 회생법원은 2018년부터 이와 관련된 통계를 모으고 있는데, 코로나-19 사태가 장기화하면서 2020년에는 사상 최초로 샐러리맨 파산이 사업자의 파산을 넘어섰다. 2021년 3월에만 1,009건이 접수되는 등, 1분기 중 접수된 개인파산은 2622건으로 전년(2,364건) 대비 10%, 코로나 이전인 2019년과 비교하면 19%나 늘었다. "경제가 빠르고 강하게 회복되고 있어 봄이 빨라질 것"이라는 정부의 자화자찬과는 달리, 파산법원에는 달마다 1,000건이 넘는 개인파산이 접수되는 상황이다. 법원이 코로나 예방을 위해 비대면으로도 함께 절차를 진행 중이어서, 실제 파산 건수는 통계 수치보다도 훨씬 많을 것이다.

 서울회생법원 개인파산 접수 - 매년 1분기 기준

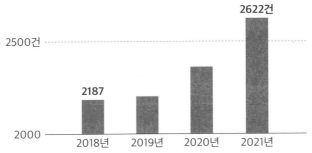

✅ 어떤 이유로 샐러리맨 파산을 신청하는 걸까?

파산 신청을 받는 회생법원이 그 이유를 물어봤다. 2020년의 경우, 파산 접수자 중 '실직 또는 근로소득 감소'를 이유로 밝힌 비율이 49%나 되어 2년 전(35%)보다 크게 늘었다. 사업 실패나 사업소득 감소로 인한 자영업자의 파산을 처음으로 앞질렀다고 한다. 코로나-19가 자영업자뿐 아니라 근로소득자의 '지갑'에도 엄청난 충격을 미치고 있다는 뜻이다.

공항에서 일하다가 코로나로 인한 공항 이용자 급감 때문에 감축 대상이 된 사람, 소기업에서 자투리 일을 하면서 생계를 유지하다가 일감이 끊겨 사표를 내야 했던 사람, 기타 다니던 회사나 일하던 점포가 사라지고 불가피한 감원으로 일자리를 잃은 직장인들. 게다가 아직은 마음 졸이며 견디고 있지만, 여전히 '터널의 끝'이 보이지 않는 '잠재적 파산자'들까지. 어쩔 수 없어 빚 탕감을 호소하기 위해 회생법원을 찾는 개인들은, 정기적인 소득이라도 있으면 개인회생을 신청하고, 그마저도 없으면 파산 절차를 밟는다. 실제로 파산 접수를 한 사람 중에 90% 이상은 파산 선고를 받고 파산 절차에 들어가는 것으로 알려졌다.

개인파산 신청 주요 원인 - 복수 응답 허용(%)

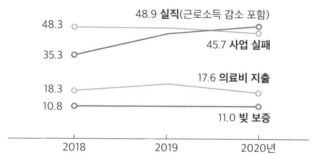

028

선구매 후지불
BNPL: Buy Now Pay Later

신용카드 할부를 빼닮았지만, 훨씬 더 매력적인

'지금 사고 돈은 나중에 내세요! (Buy Now, Pay Later.)'

어디선가 들어본 적이 있지 않은가. 그렇다, 언제부터인가 아디다스, 갭, 세포라, H&M 등 국제적인 유명 브랜드의 온라인 쇼핑몰에는 빠짐없이 이 문구가 보이기 시작했다. BNPL, 이른바 '선구매 후지불'의 유혹이다. 그렇다면 판매자가 소비자에게 외상을 주겠단 이야기일까? 아니다, 제3의 결제 업체가 대신해서 먼저 물건값을 내준다는 얘기다. 소비자는 이후 2주마다 몇 번에 걸쳐 결제 업체에 물건값을 나눠 지급하면 되는 서비스다.

그렇다면 신용카드를 이용한 할부 결제나 같은 것 아닌가? 비슷하지만, 몇몇 큰 차이점이 있다. 우선 신용카드는 신용 등급이 괜찮고 안정된 소득이 있어야 발급되지만, BNPL은 18세 이상 성인이면 애플리케이션(앱)을 내려받아 서비스 가입을 하는 것만으로 아무나 이용할 수 있다. 그뿐인가, BNPL 서비스엔 신용 등급에 따라 달라지는 할부 이자나 수수료도 없다. 이 때문에 소비 욕구는 높아도 소득은 불안정한 미국 밀레니얼 세대에게 큰 인기를 끌면서 2020년에도 폭발적 성장세를 보였다. 미국에서 BNPL 비즈니스를 영위하는 호주 업체 afterpay(애프터페이)에 의하면 미국 이용자의 평균 나이는 33세로 밀레니얼이 높은 비율을 차지하는데, 고객 수는 2020년 한 해에 106% 늘어나 1,100만 명을 넘어섰다고 한다.

 BNPL 방식 할부 결제와 기존 카드 할부 결제의 개념도

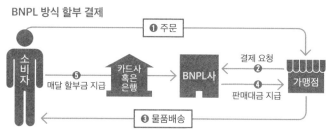

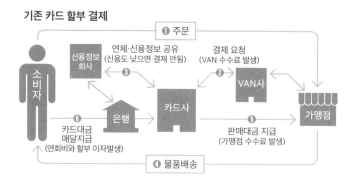

신용도가 낮거나 소득이 불안정한 사람에게 할부 서비스를 제공하면 연체도 많아 손실이 발생하기 쉬울 텐데, 어떻게 BNPL을 제공하는 비즈니스가 가능할까? 우선 BNPL 업체는 가맹점으로부터 신용카드 수수료보다 높은 2.5~4%의 수수료를 받는다. 게다가 소비자에게는 할부 이자나 수수료를 안 받는 대신, 할부 대금이 연체되면 연체 수수료를 받는다. 이 연체 수수료를 이용해 만약의 손실에 대비하는 충당금을 쌓아놓는 것이다. 손실의 높은 위험을 상쇄하는 특이한 수익 구조가 비결인 셈이다.

BNPL 비즈니스에는 법적으로 모호한 구석도 없지 않다. 지금으로서는 금융 서비스가 아니라 기술 서비스로 분류되어, 딱히 금융 당국의 규제에 들어와 있지 않기 때문이다. 그래서 호주, 미국, 영국 소비자 보호 단체들이 BNPL에 대한 규제 강화를 촉구하는 모습도 볼 수 있다. 적법한 자격도 없이 연체료를 받았다고 미국 캘리포니아 금융 당국이 소비자들에게 받은 연체료의 환급을 명령한 사례도 있다. 앞으로 이런 식의 규제가 늘어나면 BNPL 성장세를 꺾는 리스크로 작용할 수도 있다.

☑ 그런데도 BNPL 시장이 커지고 대기업들까지 뛰어든다고?

밀레니얼 세대는 금융 위기를 통해 빚이 어떻게 가족을 망가뜨리는지, 직접 경험했다. 그들은 신용카드보단 직불카드를 선호한다. 자금이 필요할 때 신용카드가 아닌 대안을 찾는다. 실제 신용카드로 할부 결제하면 수수료가 보통 두 자릿수고, 연체라도 하면 이자는 눈덩이처럼 불어난다. 그러나 BNPL 서비스에선 할부 결제가 무이자일 뿐 아니라, 연체 수수료도 신용카드보다 적다. (가령 위에 언급한 애프터페이는 연체 수수료 총액이 구매 총액의 25%를 못 넘게 상한을 둠) 연체만 없으면 신용에도 영향이 없다. 이 때문에 접근하기 어려웠던 밀레니얼과 Z세대를 공략할 수 있는 마케팅 방법으로 BNPL이 떠오른 것이다. 간편 결제 분야에서 세계 최대인 PayPal(페이팔)이 무이자 할부 옵션을 출시한 것이나, 신용카드 회사 AmEx(아메리칸 익스프레스)가 100달러 이상 구매 시 최대 24개월간 무이자 할부 서비스를 내놓은 것도, 이런 배경에서였을 것이다. 비자와 마스터카드도 비슷한 서비스를 준비 중이다. BofA(뱅크 오브 아메리카)는 2025년까지 BNPL 거래 규모가 지금의 10~15배로 늘어나 약 6,500억~1조 달러까지 성장할 것으로 전망한다.

 BNPL(선구매 후결제)**을 이용하는 이유**

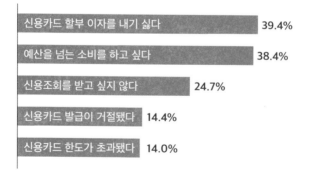

자료: 애프터페이·야후파이낸스·어센트

☑️ 선구매 후결제의 부작용도 만만치 않을 것 같은데?

속성이 '빚'이므로 당연한 우려다. 일단 돈을 내지 않고도 원하는 물품을 획득할 수 있으니 필시 젊은 세대가 거부하기 어려운 유혹이리라. 최근 싱가포르 금융 당국이 젊은 층의 소비 트렌드로 자리잡은 BNPL 사용에 정식으로 제동을 걸고 나섰을 정도다. 싱가포르 중앙은행은 신용도에 상관없이 무이자 할부로 물건을 사는 BNPL이 무분별한 소비 행태를 조장하고 사용자를 신용대출의 늪에 빠뜨린다면서, 건전 소비 캠페인을 시작했다. 심지어 BNPL 때문에 싱가포르인 27%의 재정 상황이 나빠졌다는 조사 결과까지 있다니, 고개가 끄덕여진다. 그렇다, BNPL은 보통 땐 상상조차 못 할 고가품을 사는 수단이 아니다. 자칫 부메랑으로 돌아오면 소비자는 빚더미에 앉을 수 있다.

029

수리권
Right to Repair

수리할 권리조차 없다면 진짜 '내 것' 맞는가?

'수리를 요구할 수 있는 권리' 혹은 '버리지 않고 수리해서 쓸 권리'를 가리키는 용어. 수리하기 참 어렵고 비싸기로 악명이 높은 애플을 생각해보라. 곧장 머리가 끄덕여질 것이다. "나는 애플 스마트폰을 소유하고 있다"라고 진정으로 말하고 싶다면, 그 스마트폰이 고장 났을 때 수리도 수월하게 할 수 있어야 한다. 제조사가 지식재산권을 보호한답시고 (혹은 이런저런 다른 핑계로) 수리를 너무 힘들게 만들어놓아 사실상 '수리 불가능' 상태를 조장하는 것, 심지어 신제품을 팔기 위해서 고장 난 제품을 못 고치게 하는 행위는 소비자의 소유권을 침해하는 짓이다. 많은 소비자가 한 번쯤은 경험해봤을 이런 상황을 개선하기 위해 미국과 유럽을 중심으로 '수리권'이 새삼 주목받고 있다.

'진정한 의미의 소유' 말고도 수리권의 이유는 또 있다. 바로 환경보호다. 빠르고 쉬운 수리의 길이 막혀버리면, 제품은 십중팔구 쓰레기가 되고 나아가서 자연환경을 해칠 수밖에 없다. 아래의 표는 현재 지구상에 얼마나 많은 전자제품이 출시되어 있는지, 그들의 평균 수명은 어느 정도인지, 그로 인해 얼마나 많은 탄소가 배출되어 환경을 아프게 하는지, 등을 대충 보여준다. 수리할 권리의 보장은 곧 환경보호 행위다. 스마트폰 같은 전자제품 수명을 1년만 연장해도 CO_2 배출을 약 400만톤 줄이는 효과, 즉, 자동차 200만 대를 운행 중지시키는 효과가 생긴다는 것이 European Environmental Bureau(EEB; 유럽환경국)의 조사 결과였다. 고장 난 제품을 버리지 말고 고쳐 쓰면 기후변화 예방에 큰 효과가 있다는 것은 굳이 이런 통계치를 들추지 않아도 알 수 있는 사실이다. Open Repair Alliance(자유로운 수리 동맹) 같은 수리권 요구 단체들이 점점 목소리를 높이고 있는 이유다.

 전자제품의 수명과 이산화탄소 총배출량

	평균 수명	전체 개수	전체 이산화탄소 배출량
스마트폰	3년	6억 3240만대	1412만톤
노트북	4.5년	1억 5108만대	1282만톤
진공청소기	6.5년	2억 7721만대	420만톤

미국과 유럽을 중심으로 수리권 개념이 논의되어온 과정은 아래와 같이 요약해볼 수 있다.

- 2012년 미국 메사추세츠주에서 '자동차를 수리할 권리' 법안이 통과됨.

- 2021년 1월 프랑스가 'repairability index(수리가능지수)' 표시 제도를 도입. 5년 이내 전자-전기제품의 수리율을 60%로 올린다는 목표를 내건 이 제도는 'sustainability index(지속가능지수)'로 나아가는 첫 단계로 인식되었음.
- 2021년 3월 EU는 가전제품에 대한 '수리할 권리' 관련 법이 발효됨.
- 2021년 5월 미국 내 27개 주에서 관련 법안 논의 중.
- 2021년 말 EU는 수리할 권리 대상을 스마트폰, 노트북, PC, IT 기기 등으로 확대함.

☑ 어떤 조처들이 수리권을 보호해줄 것인가?

EU를 예로 들면, 수리권 보장을 위한 조처는 크게 2가지다. (1) 우선 10년간 수리 매뉴얼의 의무적인 제공. 부품은 구했지만 분해-조립 방법을 몰라 못 고치는 일은 막자는 의도다. EU는 2021년 안으로 스마트폰, 노트북 등 IT 전자제품에도 이 법을 확대 적용할 계획이다. (2) 부품의 단종을 막는 조처. 제품을 만드는 기업이 적어도 10년간 부품을 단종시키지 않고 관리해야 한다. 제조사의 관점에서 부품을 항상 비치하려면 비용이 든다. 고장 난 물건을 못 고치게 하면 울며 겨자 먹기로 신제품을 살 것이라는 얄팍한 속셈도 있다. 수리권의 보호 조처는 이런 관행을 끊어낼 것이다.

☑️ 수리권이 확립되면 애플, 삼성전자 같은
대형 업체들이 곤란할 텐데?

자사 제품의 수리에 필요한 부품과 설명서의 공급은커녕, 아예 대체품으로 교체만 해주는 애플은 사후 관리에서 특히 악명이 높다. 배터리 성능을 일부러 떨어뜨린다는 논란에 휩싸인 적도 있고, 최근엔 외부업체가 수리해준 제품에 '경고' 문구가 뜨게 만들어 비판받았다. 삼성전자도 애플만큼 혹평받는 건 아니지만, '오십보백보'다. 프랑스에서 수명이 기껏 2~4년 정도인 부품을 일부 가전제품에 사용했다는 의혹을 받았고, 이탈리아에선 소위 '계획된 노후화'를 이유로 약 68억 원의 과징금을 두들겨 맞았다. 두 회사는 "신제품을 사게 하려고 일부러 제품 성능을 낮추었다"는 이유로 100억 원이 넘는 과태료를 물기도 했다.

테슬라 역시 비난받아 마땅하다. 테슬라 전기차는 자기네 공식 센터에서만 수리할 수 있으며, 수리용 순정 부품은 사고 싶어도 못 산다. 괜히 고객이 딴 데서 수리했다가는 초고속 충전 기능이 중단된다든지, 유료 업데이트된 기능이 제거되거나, 보증의 효력이 사라져버리는 페널티(불이익)를 먹기도 한다. 일부 소비자 단체들이 관련 법을 테슬라에도 적용해야 한다고 목소리를 높이는 이유다.

수리권 보장의 요구는 미국에서도 확산 중이다. 관련 법안이 벌써 27개 주에서 논의 중인데, 이를 무산시키기 위한 애플 같은 공룡들의 로비도 거세다. 녹록지 않은 상황에서도 소비자 단체의 압박이 거세지는 가운데, 수리권의 보장은 대세가 되었다. 아직 우리나라에선 들어본 적도 없지만, 10월 세 번째 토요일을 'International Repair Day(국제 수리의 날)'로 정해놓기까지 했다. 2021년 7월 언론 뉴스에 의하면, Federal Trade Commission(FTC; 미국 연방거래위원회)는 자체 공인 센터에서만 수리할 수 있도록 하는 애플의 독점 AS를 '불법'으로 공식 규정했다. 소비자가 수리받을 장소를 선택할 권리를 보장하겠다는 뜻이다. 애플이 수리 권한을 독점해 돈벌이 수단으로 삼고 새 상품 구매를 유도한다는 CNN의 비판이 조 바이든 대통령의 시정 명령을 불러왔고 마침내 정식 규정으로 구체화했다.

한국에서는 수리할 권리에 대한 논의가 아직은 약한 상태다. 스마트폰과 노트북의 공식 품질 보증 기간이 2년으로 늘어난 것도 최근의 일이고, 태블릿PC에 대해서는 4년의 부품 보유 기간이 처음으로 생겼다. 국내 주요 제조사들은 공식 품질 보증 기간의 연장에도 반대해왔지만, 수리권의 보장이 세계적인 대세로 굳어지고 있는 만큼, 앞으로 이들의 입장은 소비자들의 수리권 요구를 들어주는 쪽으로 점점 다가갈 것이다.

030

수소사회
Hydrogen Society

수소경제
Hydrogen Economy

수소생태계
Hydrogen Ecosystem

이제 막 열린 지속 가능한 미래 에너지의 문

수소가 또렷한 경제적 함의를 지니고 우리 앞에 나타난 것은 아마도 '넥쏘'라는 수소차가 출시되었을 때 아닐까? "어, 수소로도 차를 움직일 수 있구나!"라는 인식에서부터 앞으로 수소가 보여줄지도 모를 경제적인 힘을 어렴풋이나마 짐작한 것이다. 물론 수소차는 아직 현재진행형이다. 그러나 수소는 단순히 차뿐만이 아니라 탄소를 배출하는 석탄과 석유와 기타 전통적인 연료를 완전히 대체할 수 있는 깨끗한 에너지원이다. 급증하는 전기 수요에 대응할 해결책이 될 수 있다. 기후변화에 대응하기 위한 궁극의 대안이 될지도 모른다. 수소가 경제의 패러다임을 깡그리 바꾸는 '게임 체인저'가 될 것으로 보는 전문가도 많다. 이미 산업과 투자계의 필수 항목이 된 ESG에도 수소 사업은 한마디로 안성맞춤이다.

 2050년 수소 경제 전망

	전 세계	한국
시장 규모	2조5000억달러 (약 2840조원)	70조원
고용 창출	3000만명	60만명
전체 에너지 소비 중 수소 비율	18%	20%
수소차 보급	4억2000만대	800만대
연간 이산화탄소 감축 효과	60억톤	1억5000만톤

자료: 수소위원회·맥킨지

  그래서 이제 우리는 '수소생태계'를 중심으로 '수소경제'가 돌아가는 '수소사회'를 논하게 되었고, 세계의 내로라 하는 대기업들은 모두 숨 가쁜 합종연횡을 모색하며 '수소 사업'에 열심히 뛰어들고 있다. 세계 각국이 앞다투어 제시하는 탄소 중립의 야심만만한 목표도 수소를 기반으로 할 가능성이 크다. 머잖아 수소 사회의 기반이 될 규모의 경제가 이루어질 것이다. 세계 수소 시장 규모가 2050년 12조 달러 규모로 확대되리라는 것이 미국 투자은행 골드만삭스의 전망이다. 수전해 및 충전 분야 세계 최고 기술을 보유한 노르웨이 기업 NEL(넬)의 CEO

Jon André Løkke(욘 안드레 뢰케)는 "지속 가능한 미래가 에너지 전환의 궁극적인 목표라면, 수소 없이는 결코 달성할 수 없다"고 단언하면서, 특히 비료와 제철업에서 수소가 주로 쓰일 것으로 예측한다.

　이처럼 성장 가능성은 크지만, 전 세계적으로 수소 경제의 주도권을 쥔 기업은 아직 없어 보인다. 수소로 전기를 만들어내는 기술을 독자적으로 확보한 기업도 아직 없고 상용화 기술 발전은 더딘 상황이다. 수소 경제는 이제 막 걸음마 단계라는 얘기다. 주도 국가가 없는 만큼 선제적 의사결정과 투자가 극히 중요하다. 모든 선진국이 군침을 흘리며 덤비는 이유다. 우리나라는 어떨까? 2020년 7월 기준 수소연료전지 발전소 용량이 전 세계의 35%에 해당하는 375MW인 데다 수소차와 수소발전산업 경쟁력도 세계 최고여서, 정부와 업계가 발 빠르게 움직인다면 세계 수소 경제를 선도할 수 있다. 이에 수소산업 육성을 장기 목표로 정한 한국 정부는 2019년 수소 경제 활성화 로드맵을 발표했다. 2040년까지 수소차 620만 대 생산, 수소충전소 12개 설립, 발전용 연료전지 15GW 생산이 목표다. 2020년 7월에는 '수소경제위원회'가 출범했고 생태계 확립에 필요한 수소 시범 도시 조성까지 발표했다. 컨설팅그룹 맥킨지는 한국의 수소산업이 2050년까지 60만 명의 고용을 창출하고 70조 원의 시장으로 커질 것이라고 예상한다.

　수소는 만드는 방법에 따라 크게 3가지로 나뉜다.
　(1) 그레이 수소(Grey Hydrogen): 천연가스에서 추출하는 수소라든지,

석유화학, 정유, 제철 공정에서 부산물로 나오는 '부생副生수소'다. 생산 비용은 가장 저렴하지만, 만드는 과정에서 온실가스가 배출되는 문제가 골칫거리다.

 수소의 생산방식과 특징

그린수소		그레이수소		블루수소	
물을 전기분해하거나 열화학반응을 통해 생산		천연가스에서 추출하거나 석유화학·정유·제철 공정의 부산물 정제해 얻음(부생수소)		그레이수소 추출 과정에서 나오는 탄소를 포집	
장점	탄소배출 없음	장점	가장 저렴	장점	탄소 배출 적음
단점	풍력·태양광 이용 땐 생산 단가 높음	단점	탄소 배출. 부생수소는 생산량이 제한적	단점	그레이수소보다 생산 단가 높음

(2) 블루 수소(Blue Hydrogen): 그레이 수소를 만드는 과정에서 발생한 이산화탄소를 포집-저장해 탄소 배출을 줄인 수소다.

(3) 그린 수소(Green Hydrogen): 물을 전기 분해(수전해)해서 얻는 수소다. 이때 태양광이나 풍력 같은 재생에너지로부터 얻는 전기를 사용한다. 따라서 생산 과정에서 탄소를 배출하지 않는 이상적인 수소 생산 방법이다. 그러나 날씨에 따라 발전량이 일정치 않고 생산 단가도 높아 상용화까지는 시간이 걸릴 수밖에 없다. 그래서 탄소 배출도 없으면서 저렴하고 안정적으로 그린 수소를 만들 수 있는 원자력발전이 지금 세계 각

국의 주목을 받고 있다.

참고로 한국의 대표적 원전 기업인 두산중공업은 한국수력원자력과 함께 중소형 원자로(SMR)를 활용한 수소 생산 연구개발을 발표한 바 있다. 하지만 정부가 탈원전 기조를 고집하는 한, 그린 수소 생산과 경제성 확보는 어렵다고 전문가들은 지적한다. 재생에너지로 생산할 수 있는 수소량은 정부 목표의 10.8%밖에 안 되기 때문이다. 세계 2위의 원전 대국인 프랑스의 전력회사 EDF와 미국 에너지부도 원전 운영사와 함께 현재 운영 중인 원전을 활용한 수소 생산 실증 사업을 진행 중이다. 탈원전 정책의 현실적 한계를 성실하게 짚어봐야 할 것이다.

✅ 수소 경제를 이끄는 국내 대표 기업은?

1) 현대차 :

- 명실상부 전 세계 수소차 1위 및 "수소 사회"의 선구자. 앞으로도 수소 경제를 앞장서 이끌고 수소 도시 구현에 속도를 낼 계획.

- 수소차 보급에 이어 2020년 9월 시작한 수소연료전지 시스템 수출을 적극 확대. (20여 업체와 수출 협상을 진행하고 있어 비非자동차용 수소연료전지 공급은 더 늘어날 것으로 예상)

- '에이치투(HTWO)' 브랜드 아래 수소연료전지 사업으로 이 분야 세계 최고 경쟁력 확보. HTWO는 Hydrogen(수소)과 Humanity(휴매니티)의 합성어로 '인류를 위한 수소'란 뜻.

- 2022년 하반기 중국 광저우에 수소연료전지 공장 완공. 연 6,500

개의 연료전지를 생산할 계획.

- 2023년부터 수소전기 트럭 양산 및 수소전기 버스 보급.

- SK, 포스코, GS 칼텍스 등과의 제휴로 수소 사업 확장.

2) SK :

- 2021년 상반기 그룹 차원의 태스크 포스 '수소사업추진단' 구성

- 2021년 초 16억 달러에 미국 수소 수전해 전문기업 Plug Power(플러그 파워)의 지분 약 10%를 확보, 최대 주주가 됨.

- 2025년까지 충남 보령 LNG 터미널 인근에 연 25만 톤의 수소 생산-유통 기지 등 수소 생태계 구축에 18조5천억 원 투자.

- 2023년까지 3만 톤급 액화 수소 생산기지 구축. 이를 위해 총 5조8천억 원을 2단계로 나누어 투자.

- 현대차로부터 수소 전기차를 공급받아 수소 인프라 구축 모색.

- 세계 최초로 청록수소 대량생산에 성공한 미국 Monolith Materials(모놀리쓰 머티리얼즈)에 투자. 청록수소는 천연가스의 성분인 메탄을 이용해 만드는 친환경 청정 수소로, 블루 수소와 그린 수소의 중간에 해당하는 수소임.

3) 현대중공업 :

- '수소 드림(Dream) 2030 로드맵'에 따라 수소 경제를 선도할 조선·해양·에너지 기업으로의 전환. 완벽한 신재생에너지와 해상인프라 청사진 완성.

- 사우디아라비아 국영기업 아람코의 LPG를 도입해 미래 에너지 연료인 '블루 수소' 생산. 여기서 발생하는 이산화탄소는 다시 아람코가 실어가 처리함으로써 '탄소 제로' 구현.
- 안정적인 수소 공급을 위한 운반선과 수소 연료로 추진하는 선박 건설을 위한 장비 개발. (기존 내연기관보다 40% 이상 높은 에너지 효율, 대기오염 물질 배출 전무)
- 2030년까지 수소의 생산-운송-저장을 아우르는 '수소 밸류 체인' 구축.
- 세계 조선사 중 최초로 LPG와 CO2를 동시에 실어 나르는 겸용선과 암모니아 운반·추진선 개발.

4) 포스코 :
- 수소를 활용해 철강을 생산하는 (따라서 이산화탄소가 전혀 발생하지 않는) 수소 환원 제철 기술 개발에 10조 원 투자.
- 2050년까지 수소 500만 톤 생산 체계 구축. 생산부터 소비(연 370만 t의 수소가 필요)까지 '수소사업 수직 계열화'를 완성해 필요한 수소를 자급할 계획

5) 한화 :
- 태양광 셀·모듈 분야에서 획득한 글로벌 경쟁력을 이용, 태양광으로 생산한 에너지로 물을 분해해 그린 수소를 만드는 독자적인 신기술 개발. 이로써 탄소 배출이 전혀 없는 그린 수소의 대량생산

추진.

- 수소로 움직이는 드론, 승용차, 상용차를 위한 수소탱크 공급부터
  사업화.

- 2020년 말 인수한 미국 Cimarron(시마론)을 통해 대형 수소 운송
  트레일러와 충전소에 들어가는 탱크 생산.

- 도심 항공 모빌리티(UAM), 항공 우주, 선박용 액화가스 탱크 분야
  까지 사업 확대.

2020년 7월 준공한 충남 서산시
대산산업단지 한화에너지의
수소연료전지 발전소. 인근
한화토탈에서 나오는 부생 수소를
연료로 공급받아 연간 40만MWh의
전력을 생산한다.

6) 두산 :

- 발전용 수소연료전지 개발 및 양산.

- 수소 액화 공장 건설.

- 두산중공업이 보유한 풍력단지를 통해 '그린 수소' 생산 추진

- 두산퓨얼셀은 세계적인 수소 기업 Ceres Power(세레스파워)와 고체
  산화물 연료전지 공동 개발, 2024년까지 고효율 발전 설비를 상용
  화할 계획

7) 현대오일뱅크 :

- 2025년까지 핵심 사업 중 하나인 블루 수소 10만 톤 생산.

- 2023년 하반기 수소연료전지 분리막 생산 목표

- 2022년 예정된 수소연료전지 발전 의무화에 맞춰 50메가와트 연
  료전지 발전사업 추진

- 2040년까지 수소충전소 300개 구축, 수소 판매망 확충.

- 아람코가 생산한 친환경 연료 블루 암모니아 수입, 2024년 설립
  예정인 LNG 보일러의 연료로 일부 활용(탄소 배출 감축).

8) 효성:

- 세계 굴지의 특수가스 전문 화학기업인 독일의 Linde(린데) 그룹
  과 함께 2022년까지 총 3천억 원을 투자해 울산에 액화수소 공장
  설립.

- 수소의 생산, 운송, 기자재, 충전소 등을 포함하는 밸류 체인 선점.

9) 롯데:

- 국내 최대 암모니아 사업자인 롯데정밀화학을 통해 그린 암모니
  아 수입하여 질소만 떼어냄으로써 수소 생산. (기존 탱크와 파이프 등
  인프라를 활용해 수소 사업으로 확장.)

- 롯데케미칼의 공정 중 부산물로 얻어지는 연 1만t 이상의 '부생
  수소'를 수소충전소에 공급하며 이미 수소를 다뤄본 경험과 노하
  우를 활용.

- 대산 공장을 위시한 국내외 다수 공장에서 나오는 수소를 유통하기 위해 수소 액화플랜트 건설 추진.

10) GS칼텍스:
- 한국가스공사와 함께 액화 수소를 생산-공급하면서 수소 시장에 본격 진출.
- 2024년 완공 목표로 한국가스공사의 LNG 기지에 연 1만 톤(수소차 8만 대가 1년 사용할 수 있는 양) 규모의 액화 수소 플랜트 건설.
- 액화 수소충전소 구축 및 수소 추출설비 구축
- 탄소 포집·활용(CCU; Carbon Capture & Utilization) 기술의 상용화 등 액화 수소 밸류 체인 전반에 대한 협업.

☑ 혹시 비행기도 수소로 날 수 있을까?

'탄소 제로' 혹은 '탄소 중립'을 향한 열풍은 항공 분야라고 다르지 않다. 전 세계 온실가스 배출량 가운데 항공산업이 차지하는 비율은 3~4%로 대수롭지 않지만, 비행기 1대당 배출량이 워낙 많기 때문이다. 다음 페이지의 도표를 보면 쉽게 이해할 수 있을 것이다. 몇몇 스타트업과 함께 Boeing(보잉)과 Airbus(에어버스) 등 세계 양대 항공기 업체가 수소연료전지를 이용한 수소 비행기 개발에 뛰어든 데는 그런 배경이 있다. 월 스트리트 저널도 앞으로 5년 안에 수소가 제트 연료보다 저렴해지면 수소 비행기가 항공 운송의 대안이 될 거라고 전망했다.

운송 수단별 이산화탄소 배출량(단위:g 이동거리 1km기준)

285
(탑승객 수 88명)

68
(12.7명)

14
(156명)

제트 여객기   버스   기차

자료: 유럽환경청

물론 항공 분야도 전기차의 개발처럼 처음엔 배터리를 활용한 전기 비행기 개념을 기웃거렸다. 보잉의 하이브리드 항공기라든지 에어버스의 전기 비행기 'e-fan(이-팬)'이 그랬다. 그러나 배터리가 너무 무겁다는 치명적인 단점을 피할 수 없었다. 승객 600명을 싣는 에어버스 A380에다 전기 엔진을 달면, 제트 엔진일 때의 15분의 1에 불과한 1,000㎞밖에 날지 못한다는 연구 결과도 있다.

여기서 수소연료전지가 대안으로 등장한다. 수소로 움직이는 동력 시스템은 배터리 기반의 시스템에 비해 무게가 절반도 채 안 되기 때문이다. 세세한 기술의 측면들은 여기서

일일이 풀어놓을 수 없지만, 여기서 한 걸음 더 나아가 기체 수소보다

800배 많은 양을 담을 수 있는 액화 수소를 사용하려는 시도, 무게가 일반 모터의 6분의 1 정도인 '초전도 모터'를 활용하려는 시도, 기존 모터에 달린 무거운 냉각 장치 없이 비행하는 방법을 찾으려는 시도 등이 계속되고 있다. 더 멀리, 더 빠르게 나르는 수소 비행기의 시대는 그만큼 앞당겨질 것이다.

031

수소 어벤저스
Hydrogen Avengers

수소사회의 꿈은 오로지 당신들의 손에 달려있소

마블 영화의 위력이 과연 크긴 컸나 보다. 대한민국의 수소경제를 활성화함으로써 전 세계 수소생태계를 주도하고자 최근 손을 잡은 4개 재벌그룹을 '어벤저스'라고 부르는 걸 보면. 현대차, SK, 포스코, 효성 등이 수소 어벤저스를 구성하는 그들이다. 2021년 6월 경기도 화성 현대차·기아 기술연구소에서 회동한 이 그룹의 회장들은 우선 수소 기업 협의체의 설립에 동의했다. 이에 따라 3~4개월 이내에 CEO 총회를 열어 소위 '한국판 수소위원회'를 창설하고, 국내 기업들의 수소 투자와 수소 인프라 등, 수소사회 구축을 위한 청사진을 마련할 계획이다. 그 사이 수소 투자에 적극 관심을 보이며 협의체에 참여할 기업은 훨씬 더 많이 늘어날 것으로 보인다.

수소 분야에서 이들 4개 그룹이 확립한 투자 및 비즈니스 계획은 위의 '수소사회/수소경제/수소생태계' 항목에서 자세히 설명했다. 여기서는 4개 그룹이 실행하게 될 총 투자 금액이 무려 40조8천억 원에 달한다는 점만 기억해두자. 수소위원회가 전망하는 바에 의하면, 수소는 2050년에 이르러 전 세계 에너지 소비량의 18%를 차지할 것으로 보인다. 그즈음이면 전 세계 수소 시장은 약 2,790조 원(국내는 약 70조 원) 규모까지 성장하고, 수소차 보급은 4억2,000만 대(국내 약 800만 대)로 늘어나며, 3,000만 개의 일자리를 창출할 전망이다.

 4개 그룹의 수소 투자

H₂

현대차 그룹	SK 그룹	포스코	효성그룹
11조 1000억원	18조 5000억원	10조원	1조 2000억원
- 수소차 설비투자 및 연구개발 - 충전소 구축	- 액화수소 공장 (연 28만t) - 액화천연가스 (LNG)에서 수소 생산 - 충전소 구축과 기술 개발 및 투자	수소환원제철 개발 및 수소 생산설비 구축	액화수소 공장 (연 1만3000t)

자료: 각 사

 2050년 수소 경제 전망

전세계 시장규모 **약 2790조원**(2조5000억달러) 수소차 보급 4억2000만대

한국 시장규모 **70조원** 수소차 보급 800만대

자료: 수소위원회·맥킨지

☑️ 수소 사회의 조기 실현을 위한 과제는?

수소 어벤저스는 국내 주요 기업들의 협력을 통해 수소 산업이 단단히 뿌리를 내리겠다는 각오인데, 여기엔 단연 기업의 역할이 가장 중요하다. 수소 생산, 충전, 운송, 공급 시스템 등의 국산화를 위해 필수불가결한 지속적 R&D를 기업이 맡아줘야 한다. 그러나 어벤저스는 동시에 "수소 경제로의 전환을 위해서는 정부의 정책과 제도가 뒷받침되어야 함"을 촉구하기도 했다. 넘어야 할 과제가 적지 않음을 보여준다.

(1) 우선 수소를 만들어 공급하는 단계에서 풀어야 할 숙제가 많다. 우리나라의 경우, 당장은 고온-고압의 수증기를 LNG에 쏘아서 수소를 분리하거나(그레이 수소), 석유화학과 제철 공정의 부산물로 나오는 수소를 포집하는(브라운 수소) 방식으로 수소를 만든다. 어쩔 수 없이 다량의 이산화탄소가 배출되는 방식이다. 여기서 한 단계 올라가 '그린 수소'로 불리는 친환경 청정 수소를 생산하려면, 먼저 태양광이나 풍력으로 전기를 생산하고 이를 이용해 물을 전기분해하는 방식으로 그린 수소를 양산할 수 있어야 한다. 문제는 기존 방식보다 비용이 3배 이상 더 비싸다는 것. 해외의 저명한 시장조사업체들이 그린 수소가 그레이 수소를 대체하는 시점을 2030년으로 전망하는 이유가 바로 여기 있다.

(2) 둘째로, 만든 수소를 필요한 만큼 필요한 때와 장소에 공급하는 과제다. 탱크가 장착된 차량(tank lorry; 탱크 로리)이 유일한 운송 수단이라면, 이는 비용이 너무 많이 들어 경제성이 떨어진다. 그러므로 수소 전

용 파이프라인이 꼭 필요하다는 얘기인데, 그것은 엄청난 자금과 시간을 요구하는 인프라스트럭처 사업이다.

(3) 최종 소비자와 맞닿은 단계에선 넉넉한 수소충전소 및 충전 장치를 확보하는 과제가 남는다. 2021년 6월 현재 국내 수소충전소를 모두 합해 봐야 62곳에 불과하다. 우선은 폭발의 위험성이 있다 보니, 지역 주민들의 반발이 거세다. 경제성이 떨어진다는 점도 충전소가 좀처럼 늘지 못하는 원인이다. 수소가 미래의 청정에너지라는 이론에는 동의하더라도, 지금 당장 그 미래의 에너지를 위해 막대한 투자를 하느냐 마느냐 하는 것은 또 다른 이슈다. 어쨌거나 충전 인프라 확충은 수소 생태계 확립을 위해 반드시 풀어야 할 과제다.

(4) 새롭고 다양한 수소차를 개발하고 보급해야 한다. 지금 우리나라에서 팔리는 수소차래 봐야 현대자동차의 넥쏘, 딱 한 종뿐이다. 소비자 선택의 폭이 아예 없다. 이는 수소경제가 본격적으로 꽃피지 않았기 때문이기도 하지만, 동시에 충전소가 너무 적다는 문제와도 긴밀히 연관된다. 소비를 위한 인프라가 턱없이 부족하다 보니 신차 개발도 덩달아 늦어질 수밖에.

(5) 수소차만 해도 아직 걸음마 단계지만, 수소차가 넉넉히 보급되더라도 그것만으로 수소사회는 결코 이루어질 수 없다. 수소의 활용이 선박으로, 비행기로, 전 산업에 걸친 친환경 원자재로, 일상생활에서의

적용으로 확산하고 보편화해야 한다. 한국의 대표 재벌들이 '수소 어벤 저스'로 뭉친 의도가 그것이라고 믿는다.

수탁개발생산

CDMO; Contract Development
Manufacturing Organization

맡아서 만들다 보면 개발하는 능력까지 생겨

수탁생산(CMO; Contract Manufacturing Organization)은 제약업계에서 누군가의 위탁으로 생산만 해주는 것이고, 수탁개발(CDO; Contract Development Organization)은 누군가의 위탁으로 개발만 해주는 개념이다. 그리고 이 둘을 합친 것이 CDMO, 즉 수탁개발생산이다. 쉽게 말해서 의약품의 개발, 분석, 생산 과정을 모두 대행해주는 서비스다. 예전에 의약품을 수탁생산만 하던 CMO 기업들이 한 단계 더 나아가 제조에 필요한 개발까지 직접 수행하여 제조함으로써 CDMO 사업으로 확장하는 경우가 많다. 이렇게 되면 애초 의약품을 발명한 위탁 기업은 오로지 신약의 개발과 마케팅에만 전념할 수 있게 된다. 이런 형태의 분업은 전 세계 제약-바이오 시장에서 벌어지는 극심한 경쟁과 이런 서비스에 대한 수요의 급증이 낳은 자연스러운 현상이다.

특히 코로나-19 치료제와 백신 개발로 해외 기업들의 생산-개발 요청을 선별해 받아야 할 정도로 바이오의약품 CDMO 수요가 급증한 가운데 바이오벤처기업은 물론 대웅제약 등 전통의 제약사들도 속속 CDMO 사업에 나서고 있다. 바이오 전문가들은 특히 CDMO 비즈니스의 주축이 기존의 항체의약품에서 세포·유전자 치료제로 바뀔 것으로 점치고 있다. 미국 Catalent(캐털런트)가 벨기에의 세포치료제 제조 시설을 인수하고 ThermoFisher(써모피셔)가 벨기에 바이러스 벡터 생산 기업을 인수하는 등, 해외 CDMO 기업들이 활발한 인수합병으로 세포·유전자 치료제 시장을 공략하는 모습을 보이는 것도 그래서다. 미국의 한 시장조사기관은 글로벌 세포·유전자 치료제 시장이 2019년의 42억 달러에서 2026년 259억 달러로 커질 것이며 전체의 50% 이상이 CDMO 방식에 의해 생산될 것으로 전망한다. 국내 기업들도 내부 성장보다는 M&A나 기술 도입으로 '패스트무브 전략'을 채택할 필요가 있다는 목소리가 나온다.

우리나라에서도 CDMO 비즈니스에 깊숙이 들어와 있거나 준비 중인 제약사들은 한둘이 아니다.

기업명	프로젝트
SK 바이오사이언스 (2021년 4월 상장, 시가총액 5조 원대)	아스트라제네카 및 노바백스의 코로나-19 백신 수탁생산 담당.
삼양바이오팜 (최근 삼양홀딩스에 합병)	CDMO 사업 확대를 위해 대전에 항암주사제 공장을 증설 중.

기업명	프로젝트
삼성 바이오로직스 (CDMO 분야 국내 최대 최강)	스위스 바이오 기업 Lonza(론자) 그룹과의 세포주 기술 특허 무효 심판에서 승소함으로써 CDMO 비즈니스 확대 전략에 탄력이 붙게 됨. 단일 시설로는 세계 최대인 25만6,000L 규모의 공장을 2023년 완공할 계획.
프레스티지 바이오로직스 (2015년 설립된 신생 바이오 기업)	생산 규모에서 업계 1위인 삼성바이오로직스(36만L)의 뒤를 이어 10만4,000L 수준의 세포배양 시설을 갖춘 공장을 2021년 중 완공 계획.
에스티팜	코로나-19 백신 개발 성공으로 항바이러스·항암 분야에서도 mRNA 치료제 개발이 빠르게 진척되리란 판단에서 전령 리보핵산(mRNA) 치료제 CDMO를 신사업으로 낙점.
차바이오텍	첨단바이오 의약품 제조업 허가를 받은 뒤 올해 말 완공을 목표로 미국 텍사스에 우수의약품 제조품질관리기준(cGMP) 생산 시설을 구축 중.
바이넥스	러시아산 코로나-19 백신 스푸트니크V의 국내 생산 컨소시엄에 합류.

033

스마트 팜
Smart Farm

이제는 1차산업도 외면할 수 없는 대세

　인공지능, 사물인터넷 등을 통해 수집한 빅 데이터를 기반으로 최적의 생육 환경을 자동으로 제어함으로써 농산물, 임산물, 축산물, 수산물을 생산-가공-유통하는 지능화된 시스템이다. 스마트폰이나 PC로 원격 관리할 수도 있다. 여기서 스마트 팜이 활용할 수 있는 빅 데이터에는 온도, 습도, 이산화탄소, 빛의 양, 토양 상태 등을 아우르는 환경 정보와 다양한 생육 정보가 포함된다. 스마트 팜은 어떤 분야에 응용하느냐에 따라 스마트 농장, 스마트 온실, 스마트 축사, 스마트 양식장 등으로 불리기도 한다.

　스마트 팜의 수준도 다양하다. 상상조차 어려운 최첨단 식물공장이 있는가 하면, 아주 간단한 IT 요소만 적용한 초보적 스마트 팜도 있다. 실제 우리나라는 스마트 팜을 3가지 수준으로 나눠 추진하고 있다. 1단계는 폐쇄회로나 센서로 농장 환경을 자동제어하는 수준. 2단계는 대기와 토양 상태, 작물 스트레스 등을 실시간 계측해 적절히 대응하고, 빅데이터 분석으로 영농 결정을 지원하는 수준. 3단계는 로봇이나 스마트 농기계로 작업을 자동화하고 에너지까지 최적으로 관리해주는 수준이다.

☑️ 스마트 팜으로의 전환은 어떤 효과를 가져올까?

(1) 우선 단위 면적당 생산량 등으로 나타나는 생산의 효율성을 극대화할 수 있다. 고도의 ICT 기술이 제공하는 정확한 데이터를 바탕으로 각 생육 단계의 정밀한 예측과 관리가 가능해지기 때문이다. 수확량이 늘어나고 품질이 단연 개선되어 수익성도 높아진다. 스마트 팜을 도입했을 때 생산량이 27.9% 증가할 뿐 아니라 병해충·질병은 53.7%나 감소한다는 서울대학교 연구보고서도 있다.

(2) 생산비를 절감할 수 있다. 예를 들어 예전에는 작물에 물을 대기 위해 직접 밸브를 열고 모터를 작동해야 했지만, 스마트 팜에서는 전자밸브가 미리 설정해놓은 값에 맞춰 자동으로 관수灌水한다. 이처럼 빅데이터를 기반으로 시스템 작동과 노동력과 에너지를 효율적으로 관리할 수 있기 때문이다. 위에서 언급한 서울대 연구보고서는 스마트 팜 도입으로 인건비(노동비)가 16% 줄어들었다고 밝히기도 했다.

(3) 스마트 팜은 소비자 신뢰도를 높이는 수단도 된다. 영농이나 생산에 관련된 자세한 정보라든지 이력을 체계적으로 관리할 수 있기 때

문이다. 이렇게 되면 스마트 팜의 농축산물을 위한 국내 판로와 수출 확대에도 이바지할 수 있다. 그뿐인가, 전통석 방식의 영농과는 달리 ICT 기술이 접목된 스마트 팜은 청년들이 호감을 품고 찾는 양질의 일 자리를 만들어낼 수도 있다.

스마트 팜의 선두를 달리는 나라는 네덜란드다. 관련 데이터를 수 십 년간 누적해왔고 다양한 제어 해법을 개발해온 네덜란드는 가령 토 마토와 파프리카의 80%를 스마트 팜에서 생산하는 것으로 알려져 있 다. 세계 최고의 환경제어 시스템을 공급하는 Priva(프리바)도 네덜란드 기업이다. 일본 역시 스마트 팜의 우등생이다. 파나소닉, 후지쓰, NEC 같은 글로벌 IT 기업들이 서로 경쟁하듯 스마트 팜 관련 기술을 개발해 농가에 보급하고 있다.

✅ 한국의 스마트 팜은 어떤 수준에 와 있을까?

세계 최고 수준의 IT를 누리고 있는 한국이 스마트 팜에서 크게 뒤질 이유는 없다. 이를 위한 인프라스트럭처는 충분하다고 봐야 한다. 그런데도 우리 스마트 팜의 현실은 뜨뜻미지근하다. 정부가 2022년까지이 분야에서 4,300개의 일자리를 만들고 전문인력도 양성한다는 청사진을 내놓은 게 2018년 초였다. 스마트 팜 혁신 밸리 조성 계획에 젊은 창업가들을 초대하기도 했다. 그런데도 지지부진이다. 어째서 그럴까? 막상 농어민들이 달가워하지 않고 반발하기 때문이다. 스마트 팜은 많은 투자가 필요하고 규모가 있어야 수익성이 오르는 기업형 사업이어서, 농어민들이 끼어들 자리가 없기 때문이다. 오히려 스마트 팜으로 가격이 낮아지면 농어민들만 어려워지기 십상이다. 기업과 농어민이 상생해야 한다며 아우성이다. 그랬기에 한국 역시 스마트 팜을 시작한 것은 대기업들이었지만, 모두 농어민의 반발로 사업을 접어야 했다.

그러나 스마트 팜은 이제 돌이킬 수 없는 추세다. 코로나-19로 디지털 전환이 본격화되면서 1차산업이라고 해서 '스마트'를 지향하지 않을 이유가 없다. 그래서 지금 농식품부는 '스마트 팜' 도입에 적극적이다. 농어민들 또한 시대의 흐름을 외면할 수 없어 좀 더 개방적-확장적으로 사고한다. 이제 농업인 전체의 59.5%는 앞으로 스마트 팜을 도입할 의향이 있다고 한다. 확산의 거점이 될 '스마트 팜 혁신 밸리' 조성도 점차 또렷이 모습을 드러내고 있다. 2022년이면 상주, 김제, 밀양, 고흥 등지에 혁신 밸리가 운영될 계획이다. 여기서 다양한 스마트 팜 기술도 실증

하고, 혁신기술도 연구하며, 비료-농약과 기자재도 개발하고, 소위 '청
년농'도 육성할 것이다. 1차산업도 공익적인 역할을 할 수 있고 온실가
스 감축으로 친환경 산업의 위상을 다질 수도 있음을 보여줄 것이다. 농
어민에 동기를 부여해 성과를 극대화하는 다양한 방안도 연구할 것이
다. 산품의 온라인 홍보와 도소매를 통해 농어촌과 도시민들 사이의 거
리를 줄이는 노력과 정책도 추진될 것이며, 중국이나 동남아 등의 해외
시장 개척에도 날개를 달아줄 것이다.

현재 국내 최대 스마트 팜 업
체는 '팜에이트(Farm8)'다. 스마트
팜 기술에 관한 한, 아시아 3대
'애그테크(AgTech; 농업기술)' 기업
으로 손꼽힌다. 특히 팜에이트의
수직 실내농장은 세계 10대 스마

팜에이트의 수직 실내농장

트 팜 중의 하나라는 찬사를 받는다. 생산에 필요한 공간이 재래식 농
업인 경우의 40분의 1에 불과한 데다, 빅 데이터, AI 등 첨단기술을 활
용해 일반 농지보다 40~50배가량 높은 생산성을 자랑한다. 농약을 일
절 쓰지 않는 수경재배로 기후 이변, 토양오염, 미세먼지 등에서 자유로
운 데다, 대도시 소비자와 가까운 도심에서 재배해 수확 후 곧바로 신
선한 상태로 먹을 수 있다. 그들의 야망처럼 10년 후면 우리 국민의 식
탁을 바꿔놓을지도 모를 일이다.

이 회사 이름을 들어본 사람은 별로 없겠지만, 팜에이트의 채소를 먹어보지 않은 사람도 드물 것이다. 가령 버거킹 햄버거나 써브웨이 샌드위치에 들어가는 양상추의 최대 공급자가 바로 팜에이트다. 대형 마트뿐만 아니라 다수의 급식업체를 비롯해 스타벅스, CU, GS25 등에도 이 회사 채소가 들어간다. 팜에이트의 2020년 매출은 전년보다 25% 증가한 590억 원, 이 가운데 15%는 스마트 팜 설비 판매(가장 앞선 노하우를 자랑하는 일본에까지 설비 수출)가 차지한 것으로 알려진다. 2021년 목표는 다시 52%가 늘어난 900억 원이다. 참고로 중소벤처기업부의 발표에 의하면, 세계 스마트 팜 시장 규모는 2020년의 352조 원에서 2022년에는 450조 원으로 연평균 약 13% 성장할 전망이다.

034

스마트 카
Smart Car

중국이 이 악물고 선점한 자동차의 미래

정보통신기술(ICT)을 이용해 운전자와 보행자의 안전을 높이고 좀 더 향상된 편리함과 고객 경험 그리고 가치를 제공하는 자동차. 스마트 카는 전기, 전자, 반도체, 제어 기술, 네트워크 등이 모두 아우러져 안전, 편의, 정보, 멀티미디어 활용을 크게 개선한 ICT의 결정체요, 지금 정부가 고속도로부터 구축해나가고 있는 종합적인 '지능형 교통 체계(ITS; intelligent transportation system)'의 한 부분이라고 이해하자.

스마트 카는 궁극적으로 자율주행(autonomous driving)을 추구한다. 스티어링 휠(핸들)에서 완전히 손을 떼도 자동차가 저절로 안전하게 운행될 수 있는 상태, 인간이 운전하지 않아도 차가 자율적으로 안전하게 운행하는 상태를 말이다. 이 자율주행의 목표에 이르기 위해서 스마트 카는 운전자와 탑승자를 위한 5G 기반의 인터넷 및 모바일 서비스는 말할 것도 없거니와, ITS 컨트롤 타워, 다른 스마트 카들, 디지털 교통신호

체계 및 이정표, 관련 정보 제공자들, 인포테인먼트를 포함한 각종 서비스 제공자 등등과의 일사불란하고 완벽한 양방향 커넥션 및 인터랙션을 확보해야 한다. 그렇게 되면 인간은 차량으로 이동 중에도 소통, 휴식, 학습, 정보 획득, 엔터테인먼트, 창작 등의 행위를 원하는 대로 할 수 있다. 물론 자율주행은 아직 걸음마 단계다. 의학에 비유한다면 임상 1상에조차 제대로 도달하지 못했다. 그러나 이미 초고속 이동통신 시스템에다 IoT, 인공지능, 빅 데이터 등이 스마트 카에 적용되면서 확장 가능성이 무궁무진해지고 있다. 그리 멀지 않은 장래에 스마트 카의 최종 목표가 가시권에 들어올 것으로 봐도 좋을 것이다.

미래 무인 자동차의 차량 조종실과 디지털 패널

스마트 카의 광활한 시장에 가장 적극적으로 뛰어들고 있는 나라는, 아이로니컬하게도, 선진국 업체들의 엔진 기술을 따라잡지 못해 글로벌 완성차 시장에서 '3류'로 취급받아온 중국이다. 전통의 자동차엔진에서는 어쩔 수 없이 뒤졌지만, 엔진이 필요 없는 전기차나 자율주행차 등 스마트 카 경쟁에서는 단숨에 판세를 뒤집겠다는 의도일까. 현재 중국을 대표하는 인터넷기업들과 IT기업들이 서로 시장의 메기가 되기 위해 치열하게 경쟁하고 있다.

중국의 5G 기반 스마트카 연간 판매량

2020년 　**40만대**(세계 스마트카 시장의 5%)

2025년 　**710만대**(40%)

자료: 카운터포인트리서치

스마트카 시장 뛰어드는 中 인터넷·IT 공룡들

알리바바	상하이자동차·상하이정부와 스마트전기차 제조사 설립
바이두	지리자동차와 전기차 합작사 설립
텐센트	지리자동차와 스마트카·자율주행 개발 MOU
ZTE	전기차·스마트카 전장부품 생산라인 신설
샤오미	비야디·벤츠 등과 스마트카 기술 개발 협력

자료: 각 사

그중에서도 중국의 '스마트 카 굴기'에서 선두 자리는 2020년 말에 전기차 합작사인 즈지자동차(智己汽车; IM Motors)를 설립한 알리바바의 몫으로 보인다. 모델명도 정해지지 않았지만 2021년 4월부터 사전 예약을 받게 되어 있는 아이엠모터즈의 첫 번째 스마트 카에는 15개의 카메라와 라이다 등이 탑재되어 시동을 켤 때부터 주차할 때까지 이른바 '도어-투-도어' 완전 자율주행이 가능하다고 전해진다. 그뿐인가, 무선 충전이 가능하고 1회 완충 시 1,000㎞를 주행할 수 있다고 한다. 이 정도면 현대의 전기차 아이오닉5의 최대 주행거리 430㎞를 2배 이상 압도한다. 알리바바가 직접 개발한 스마트 카용 운영체제와 다양한 앱이 적용된다는 점도 눈길을 끈다.

알리바바와 함께 스마트 카를 꿈꾸는 최대 포털 업체 바이두(百度; Baidu)는 최근 지두자동차(集度汽车; Jidu Auto)'라는 전기차 합작사를 출범시켰다. 역시 그저 전기차의 단순 생산이 아니라, 바이두의 자율주행과 AI 기술을 모두 결집한 차세대 스마트 카 출시가 목적이다. 차를 만드는 합작사이긴 하지만 사업의 주도권은 인터넷 업체인 바이두가 꽉 쥐고 있다. 창립 3년 이내에 최초의 스마트 카를 양산한다는 목표를 밝혔다.

그동안 폴더블 스마트폰이나 초미세 공정 반도체 분야에서 그랬던 것처럼, 중국이 제대로 생산하지도 못할 스마트 카를 섣불리 과장해 퍼뜨리고 있다는 의심의 눈길도 없진 않다. 그러나 대다수 전문가의 생각은 다르다. 알리바바와 바이두 정도면 이미 무인 택시를 운영할 수준의 자율주행 기술을 갖추었다고 본다. 게다가 중국이 상당 기간 수준 높은

해외 완성차들의 생산을 대행
하면서 스마트 카 제조를 위
한 자재나 부품의 공급망도
튼튼하게 구축해놓고 있어서
의외로 돌풍을 일으킬지도 모

른다는 생각이다. 어쨌거나 스마트 카는 AI, 전기차, 5G 등을 위한 중국
정부의 엄청난 육성 정책에서 큰 혜택을 누릴 대표 업종인 데다 스마트
폰 시장까지 포화상태인 지금, 더할 나위 없는 블루오션이 될 것 같다.

035

스테이킹
Staking

세 겹, 네 겹의 리스크에 휘감긴 투자/투기

"코인을 우리한테 맡기면 2배로 돌려줍니다."

'스테이킹'을 하라고 유혹하는 가상화폐 거래소들의 광고문구다. 젊은 투자자들은 이것이 정확히 무슨 의미인지, 그 경제적 함의를 잘 이해하고 있을까? 2021년 6월 초 국내 4대 가상화폐 거래소가 투자자에게 판매한 스테이킹 관련 상품의 누적 판매가 무려 7천억 원이었다고 하니, 절대 어설프게 알고 넘어갈 수 없는 용어가 아닐까. 연간 100%의 수익률을 실현하겠노라고 떠벌이는 거래소도 있다. 참 아슬아슬한 투자행태다. 투자자들 자신도 알다시피, 관련 규제도 법령도 없다. 그야말로 사기와 원금 손실의 위험에 그냥 노출된 모양새다.

'스테이킹'은 기간을 정해서 가상화폐 거래소에다 일정한 가상화폐를 맡겨놓으면, 코인으로 이자를 주는 서비스나 투자상품을 가리키는 용어다. 여기서 '스테이크(stake)'는 '지분持分'이란 뜻의 영어다. 즉, '지분증명' 기반의 블록체인 네트워크에서 가상화폐의 발행이나 거래 인증 등, 지속적인 운영을 위해서 가상화폐 지갑에 들어 있는 자금을 정해진 최소 잔액 이상으로 유지하는 행위라고 풀어볼 수도 있다. 내가 보유한 암호화폐를 지분 투자하듯 거래소에 맡기면, 대표자가 이를 모아 가상화폐 채굴, 신규 발행, 거래 인증 등을 대행해주고 여기서 나오는 수익을 공유하는 식이다. 어떤 네트워크가 참여하는 사용자에게 보상을 주면서 컨센서스를 달성하고자 한다는 점에서 보면, 암호화폐의 채굴을 좀 더 간결하게 만든 것이라고나 할까. 하나의 가상화폐를 맡겨두면, 이를 다른 가상화폐로 운용해서 수익을 돌려주는, 그러니까 주식형 펀드와 비슷한 서비스도 있다.

'KTT' 코인을 6개월 예치하면 연 이자 100%를 준다는 소위 '예치' 상품, 최대 연간 수익률 7.7%를 내건 '이더리움 2.0 스테이킹' 상품 등. 그러면서 거래소들은 원금 손실 위험은 없다고 투자자들을 꼬드겼다. 9시간 만에 20억 원어치의 사전 신청이 마감되었다, 5일 만에 최소 모집 수량의 10배가 팔렸다, 따위의 얘기가 들린다. 그러나 (최근에 여러 번 목격했듯이) 만약 해당 코인 가격이 폭락하면 어떻게 될까? 두 배의 코인으로 돌려주는 것이 무슨 소용이겠는가. 실제로 고수익 광고에 혹해서 '스테이킹' 했다가 원금까지 날렸다느니, 가상화폐 업계에서 피해액만 수백억 원이라는 얘기가 공공연히 돈다.

그뿐인가, 현재로서 이런 투자자들의 손실은 보호받을 방법이 전혀 없다. 정부의 관점에서 가상화폐는 가령 미술품이나 마찬가지로 금융 상품이 아니기 때문이다. 투자자 자신들이 성실하게 공부해서 건전하고 합리적인 판단을 내리는 것만이 유일한 보호 방법이다.

036 스튜어드십 코드
Stewardship Code

그냥 투자가 아니라 성실한 관리까지

서양에서는 돈깨나 있는 주인의 재산을 성실하게 관리해주는 집사를 '스튜어드(steward)'라 하고, 그런 집사가 하는 일 또는 집사의 자격 따위를 '스튜어드십'이라 부른

다. 그렇다면 경제용어로서의 스튜어드십 코드는 정확히 무슨 뜻일까? 어떤 기업에 투자한 기관투자자들이 그 기업의 의사결정에 능동적으로 참여해서 최대의 성장과 투명한 경영을 실현하고, 나아가 주주와 기업 이익의 극대화를 위해 추종하는 일종의 지침이 '스튜어드십 코드'다. 다수의 고객으로부터 끌어모은 재산을 이런저런 기업에 그냥 투자만 해놓고 '나 몰라라' 해선 안 되며, 이를 선량하게 관리할 의무가 있다는 뜻에서 생겨난 개념이다.

스튜어드십 코드 개념은 2010년 영국이 가장 먼저 도입했다. 이후 캐나다, 네덜란드, 스위스, 이탈리아, 일본 등의 선진국은 물론 남아프리카공화국, 말레이시아, 홍콩 등에서도 이 코드를 정해 운용하고 있다. 우리나라는 뒤늦게 2016년 초에야 시행할 발판을 마련했지만, 아직 법률적인 강제성은 없어 기관투자자들이 각각 알아서 자율적으로 이행하고 있다. 국내 최대 기관투자자인 국민연금도 2018년 스튜어드십 코드를 도입해 투자한 기업 대주주의 전횡을 가로막고 그 기업의 주주 가치를 높이기 위해 다양한 방식으로 주주권을 행사한다.

✅ 실제로 스튜어드십 코드를 발동한 사례를 들자면?

2019년 3월 대한항공의 주주총회가 그 대표적인 사례일 것이다. 당시 조양호 회장 일가는 대한항공 주식의 0.01%만 갖고 있으면서 그 지주회사인 한진칼의 24.79% 지분을 보유, 대한항공에 막강한 영향력을 행사해 왔고, 게다가 국민의 공분을 일으킨 갑질 파문으로 논란이 커질 대로 커진 상태. 국민연금은 스튜어드십 코드를 꺼내 들어 조양호 사내이사 연임을 저지해버렸다. 주요 언론 1면을 장식했던 사건이다. 주주권 행사로써 대기업 총수의 경영권을 박탈한 첫 사례이기도 했다. 장차 스튜어드십 코드의 힘이 어떻게 행사될 것인지를 점쳐볼 수 있지 않겠는가.

세계 최대 자산운용사 BlackRock(블랙록)이 스튜어드십 코드를 근거로 한국전력에 압박을 넣은 사례도 있다. 한국전력이 베트남과 인도네시아에서 석탄화력발전소 건설을 추진하던 2020년. 블랙록은 한국전력의 이런 투자가 기후변화에 역행한다며 중단하라는 경고를 보낸 것이다. 한국전력은 블랙록의 조언을 무시하고 사업을 진행했지만, 네덜란드 공적연금 등 다른 투자자가 자금을 뺐다. 그뿐이 아니었다. 한국전력과 함께 베트남 석탄발전소 사업을 펼치고 있던 삼성물산까지 영국 최대 운용사 Legal & General(리걸 앤 제너럴) 등 해외 기관투자자로부터 석탄에 대한 투자 중단 압박을 받았다. 결국, 삼성물산은 기존 사업만 끝내고 신규 석탄사업은 중단하기로 했다.

☑ 막강한 힘에는 늘 부작용이 따라오기 마련인데?

물론 스튜어드십 코드를 잘못 사용하거나, 경제외적인 의도가 반영되거나, 과도하게 밀어붙이면 심각한 문제를 발생시킬 수 있다. 얼핏 생각해도 기업경영권과 자율권이 침해될 소지가 감지된다. 이런 코드에 따른 공시 의무 과정에서 기업의 소중한 전략이 노출될 수도 있다. 코드를 거스르지 않기 위한 자문 등으로 비용이 발생할 수도 있다. 국민연금의 막강한 힘이 '연금사회주의'를 가져올지도 모른다는 암울한 예측도 나온다. 국민의 노후자금을 지혜롭게 운용하는 것이 국민연금의 목적이므로, 과도한 경영 개입을 피하면서 대주주의 선량한 영향력을 행사하기란 결코 쉬운 노릇이 아닐 터이다. 다른 기관투자자들의 스튜어드십 코드 도입이 저조한 이유도 알 만하다.

✅ 스튜어드십 코드에는 어떤 원칙들이 담겨 있는가?

개인의 재산을 맡아(위탁받아) 운용하는 기관투자자의 책임에 관해서 스튜어드십 코드는 아래와 같은 7가지 원칙을 담고 있다.

1) 기관투자자는 고객과 수익자 등 타인의 자산을 관리하고 운영하는 수탁자로서 책임을 충실히 이행하기 위한 명확한 정책을 마련해 공개한다.

2) 수탁자로서 책임을 이행하는 과정에서 맞닥뜨리거나 맞닥뜨릴 가능성이 있는 '이해 상충(conflict of interest)'을 어떻게 해결할지, 효과적이고 명확한 정책을 마련하고 내용을 공개해야 한다.

3) 투자자산의 가치, 즉, 투자대상 기업의 가치를 보존하고 높일 수 있도록 그 기업을 주기적으로 점검해야 한다.

4) 투자대상 기업과의 공감대를 형성하고, 필요한 경우 수탁자 책임 이행을 위한 활동 전개 시기, 절차, 방법에 관한 내부지침을 마련해야 한다.

5) 의결권을 충실히 행사하기 위한 지침, 절차, 세부기준을 포함한 의결권 정책을 마련해 공개하며, 의결권 행사의 적정성을 파악할 수 있도록 그 구체적인 내용과 사유를 함께 밝혀야 한다.

6) 고객과 수익자에게 의결권 행사와 수탁자 책임 이행 활동을 주기적으로 보고해야 한다.

7) 수탁자로서 맡은 책임을 적극적-효과적으로 완수하는 데 필요한 역량과 전문성을 갖추어야 한다.

037

스팩

SPAC: Special Purpose Acquisition Company

이미 상장된 종이회사에 올라타 쉽게 상장하기

창출하는 제품도 서비스도 없이, 오로지 기업 인수·합병(M&A)만을 위해 존재하는 페이퍼 컴퍼니. 1990년대부터 존재해온 용어지만, 최근에 특히 언론에 자주 오르내리며 관심을 끈다. 일반 투자자에게서 자금을 모은 SPAC이 먼저 상장하고, 정해둔 기한(보통 2~3년) 안에 이미 상장한 SPAC이 비상장 우량 기업을 인수·합병하는 식이다. 해당 비상장 기업의 관점에서 보면, 개발 중인 미래 신기술이 개발 기간도 오래 걸리고 자본도 엄청 많이 필요하므로, 이미 상장된 SPAC의 등에 업혀 빠르고 간편하게 상장하는 방법은 더할 나위 없이 반갑다.

✅ 지금, SPAC 시장은 어느 정도의 규모일까?

코로나-19로 증시가 폭락하고 IPO 시장이 얼어붙으면서, SPAC이 주식시장 입성 수단으로 떠올랐다. 예전에는 자본 확충이 어려운 소규모 기업의 마지막 수단으로 여겨졌지만, 코로나 사태로 변동성이 커지면서 SPAC을 통한 상장의 매력이 드러난 것. 한국도 이미 경험했다시피, 코로나-19에 대응하기 위한 각국 정부의 통화 완화로 풀린 돈이 주식시장으로 몰리면서, 2021년 1분기만 보더라도 세계 IPO 자금의 조달 규모는 1,971억 달러(약 223조 원)로 역대 최대치를 기록했다. 전년도 같은 기간의 무려 6배였다. 이 가운데 68%인 1,334억 달러를 미국 시장이 끌어들였다. 시장 자체도 워낙 크지만, SPAC의 활동이 특히 잘 보장되어 있어 공모자금이 이처럼 몰린 것이다. '블랙홀'이 따로 없다. 이 같은 쏠림 현상이 뚜렷해지자, IPO 경쟁국인 홍콩도 SPAC을 활용한 우회상장을 허용하는 등, 규제 완화를 서두르는 모습이다. 외신에 의하면 싱가포르도 2021년 하반기부터 SPAC을 허용할 방침이다. 또 영국 정부는 런던에 상장된 기업에 차등의결권을 확대 적용할 계획이다.

 1분기 세계 IPO시장(단위: 억달러, %)

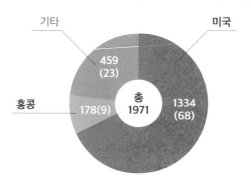

기타
459
(23)

미국
1334
(68)

홍콩
178(9)

총
1971

조달금액, ( )안은 비중
자료: 리피니티브

☑ 스팩이 인기를 끄는 이유?

(1) 간단하다. 초기 투자 위험이 비교적 낮으면서 큰 수익을 볼 수 있다는 인식 때문이다. SPAC은 주당 공모가가 한국은 2000원, 미국은 10달러 선이다. 1,000주를 사도 한국이면 200만 원, 미국이면 1만 달러면 충분하다는 얘기다. 게다가 합병 소식이 본격적으로 나오기 전까지 주가는 공모가에서 크게 움직이지 않는다. 그렇게 투자한 SPAC이 전도유망한 비상장 회사를 인수하면 몇 배의 수익률을 낼 수 있다. 만에 하나 정해진 기간 내에 비상장 기업 인수·합병에 실패한 SPAC은 자동 해산하고, 투자 원금은 돌려준다.

(2) SPAC 붐의 또 다른 이유는 증시 상장의 문턱이 무척 높아졌기 때문이다. 거액의 벤처 투자금까지 성공적으로 유치해놓고도 상장을 위한 매출과 수익 조건을 충족시키지 못하는 유니콘 업체가 한둘이 아니다. 이런 데 돈을 넣은 투자자들은 어렵사리 상장해서 '자금 회수 (exit)' 하기를 마냥 기다리기보다, 차라리 SPAC에 인수돼 우회 상장하기를 원한다. 그런 식으로 회사는 운영자금을 확보하고, 투자자는 투자금을 회수할 수 있기 때문이다.

☑ 그럼, 위험하지는 않을까?

물론 리스크는 있다. SPAC를 통해 우회 상장하는 업체 가운데 부실한 곳도 있기 때문이다. 즉, 상장할 만한 매출 규모나 수익성을 달성할 가능성도 없으면서 운영자금을 확보하려고 SPAC를 활용하는 경우다. 실제로 2003년부터 10년간 SPAC을 통해 우회 상장한 업체 가운데 58%가 파산했다고 한다. 이는 일반적인 상장 업체보다 훨씬 더 높은 비율이다. 뒤늦게 주식을 산 투자자들이 큰 손해를 볼 수 있음은 말할 것도 없다. 가령 2020년 이후 SPAC을 통해 상장했거나 그럴 계획인 전기차 스타트업 10곳의 가치는 총 59조 원이지만, 이들의 최근 1년 매출액은 기껏 455억 원에 불과하다. 기업가치의 지나친 고평가라는 벅찬 리스크를 투자자들이 무릅쓰는 것이다.

SPAC의 수가 급격히 늘어나면서, 운영진의 경험과 능력이 부족한 SPAC이 상장되는 일도 자주 생긴다. 앞으로 주주의 기대에 부합하는 결과를 낼 업체는 더욱 적어질 것이다. SPAC 붐이 과연 2021년 후에도 계속될까, SPAC의 성장 속도가 너무 빠른 건 아닐까, 등의 우려는 더욱 커질 것이다. 이런 개별 SPAC의 위험을 줄이려면, 유망한 여러 개의 SPAC을 담는 ETF에 투자하는 방법이 있다. 그리고 공모주 시장이 호황인 경우, 몸값이 높은 기업들은 굳이 SPAC과 합병해 빙 돌아 상장할 필요가 없어진다. 직접 상장해도 투자자들의 관심을 충분히 누릴 수 있으니, SPAC의 인기는 식어버리는 경향이 있다.

☑️ 실제로 SPAC을 타고 상장한 기업들은?

- 2020년 SPAC 합병을 통해 상장한 수소 트럭 업체 Nikola(니콜라)는 유명한 사례. 공모가의 8배인 80달러까지 급등했다가 사기 의혹이 터지면서 순식간에 20달러 아래로 추락했던 사실이 모두의 기

억에 생생하다.

- '테슬라 대항마'로 불리며 국내 투자자들에게도 뜨거웠던 Churchill Capital(처칠 캐피털)이라는 SPAC이 Lucid Motors(루시드 모터즈)와 합병할 거란 소문이 돌면서 주가가 10달러에서 40달러로 급등했다. 루시드는 이로써 240억 달러 이상의 가치를 인정받았다.

- '중국판 테슬라'로 불리는 스타트업 Faraday Future(패러데이 퓨처)는 45억 달러의 가치로 평가받지만, 생산도 매출도 제로다. 역시 일반 기업 공개와는 달리, 이미 나스닥에 상장된 Property Solutions Acquisition(프로퍼티 설루션즈)이라는 SPAC과 합병하는 우회로를 택했다.

- 자율주행 자동차용 라이다 센서 업체 Velodyne Lidar(벨러다인 라이다), 전기차용 전고체 배터리 업체 QuantumScape(퀀텀스케이프), 고급 전기차 업체 Fisker(피스커) 등도 이미 SPAC을 통해 우회 상장했다.

- 민간 우주관광업체 Virgin Galactic(버진 걸랙틱)이나 모바일 스포츠 베팅 업체 DraftKings(드래프트킹즈)도 SPAC을 통한 상장의 대표적인 예다. 드래프트킹즈의 경우, 이 기업을 인수-합병한 SPAC의 주가가 한 달여 만에 4~7배로 뛰면서 SPAC 붐의 도화선이 됐다.

- SK(주)가 2018년에 투자한 글로벌 모빌리티 기업 Grab(그랩)도 SPAC과의 합병을 통해 나스닥에 상장하려 한다. 약 45조 원의 기업가치를 인정받는 이 '동남아의 우버'는 이런 방식으로 상장한 기

업 중에서 세계 최고의 몸값을 기록할지도 모른다.

- 한국의 사례로는 스마트폰 게임 '애니팡'의 개발사 선데이토즈가 '하나그린스팩'과 합병한 뒤 주가가 5배 이상 올랐던 일이 있었다. 2013년 말의 일이다.

038

스페셜티
Specialties

'범용'보다는 역시 '특수'가 화끈한 이유

특정 영역에 한정적으로만 쓰이는 기능이 들어간 소재나 화학제품을 뜻한다. 이 특별한 용어가 2020년 후반부터 왜 주목받게 되었을까? '스페셜티 제품'에 특화된 화학회사의 이익 규모가 눈덩이처럼 불어났기 때문이다. 보통 '화학제품'의 기초는 원유 정제 과정에서 나온 나프타를 분해해서 만드는 에틸렌 및 프로필렌 등이다. 나아가 이 기초적인 소재를 얼마나 효율적으로 생산하느냐가 곧바로 화학회사의 경쟁력과 수익률을 결정한다. 하지만 이젠 달라졌다. 과거엔 눈길조차 받지 못하던 '스페셜티' 제품, 즉, 특수 촉매 따위를 추가한 독특한 제품들이 갈수록 중요시되고 있기 때문이다. 범용 기초 제품인 에틸렌 가격이 폭락하는 와중에 스페셜티 제품값은 오히려 상승하며 화학회사의 효자 노릇을 하고 있으니 당연하지 않겠는가.

소위 '대박'을 터뜨리는 스페셜티 제품이 줄줄이 나오자, 화학산업의 사고방식 자체가 조정을 받는 것 같다. 원래 '4년 호황, 4년 불황'이라는 표현이 있었다. 에틸렌을 위시한 기초 소재와 범용제품의 실적이 워낙 유가와 경기에 민감해서 그런 '사이클'을 형성했기 때문이다. 그런데 최근 스페셜티 제품이 떠오르면서 달라졌다. 시장이 작아서 재미없다, 제품에 확장성이 없다, 대기업이 손댈 분야는 아니다, 그래도 역시 범용제품이 최고다, '규모의 경제'에서 이겨야 한다, 등등의 전통적인 셈법도 변하고 있다. 혹은 화학산업도 극도의 세분화를 경험하고 있어서일지도 모르겠다. 게다가 날로 강화되고 있는 각국의 환경 규제까지 스페셜티 친환경 소재의 수요를 부추기고 있다.

✅ 최근 '대박'을 터뜨린 스페셜티 화학제품은?

코로나-19 사태로 'NB 라텍스'라고 불리는 라텍스 장갑 원료가 엄청나게 팔렸다. 신축성이 좋아 잘 찢어지지 않는다. 덕분에 판매와 영업이익의 급증으로 콧노래를 부른 것은 이 분야 주도기업인 금호석유화학. 2020년 4분기에는 전년도 전체 이익과 맞먹는 3천억 원의 이익을 내면서 역대 최고의 분기를 보냈다. 해외 경쟁사들도 생산을 늘리고 있어 호황이 오래가긴 어렵다는 분위기였지만, NB 라텍스 가격은 2021년 들어서도 계속 오르고 있다. 금호석유화학 NB 라텍스의 톤당 이익은 1,256달러로 마진율이 60%를 넘는다고 한다. 화학제품 평균 마진율이 10% 내외인 상황에서 그야말로 혀를 내두를 노릇이다. 덩달아 LG화학도 현재 중국에 의료용 장갑 등의 소재로 쓰이는 NB라텍스 공장을 짓고 있으며, 말레이시아에도 합작법인 형태의 생산 공장을 건설할 예정이다.

신축성이 높아 레깅스, 요가복, 운동복 등에 들어가는 스판덱스도 마찬가지. 제품이 입고되기가 무섭게 곧바로 팔리는가 하면, "부르는 게 값"이라고 할 정도로 두드러지게 '판매자가 왕인 시장'이 되었다. 스판덱스 원료 판매 세계 1위의 효성티앤씨가 가장 행복한 수혜자로 떠올랐다. PTMG라고 부르는 원료 가격이 작년 대비 3배로 급증하면서 최근 분기 영업이익이 660억-900억-1,100억 원으로 경중경중 뛰어오르고, 우상향 중인 주가는 (적어도 전반기까지는) 한마디로 천정부지였다.

세계 22개국 생산기지를 기반으로 에틸렌을 대량 생산하며 국내 화학산업을 주도해온 롯데케미칼도 스페셜티를 전략적으로 육성한다는 방침이다. 특히 표면에 항균제가 분포해 세균 증식을 억제하는 항균 소재 '에버모인(evermoin)'이라든가, 주사 후 백신 잔량을 최소화하는 국산 주사기의 소재로 사용되는 '고투명 의료용 PP', 그리고 버려진 페트병 등 재생 소재를 30~50%가량 섞어 넣어 화장품·식품 용기로 쓰이는 재생 폴리프로필렌 등을 대표 스페셜티로 키울 생각이다. 자매회사인 롯데정밀화학은 '셀룰로스' 실적이 반짝반짝 빛난다. 불용성 단백질인 글루텐, 알약의 얇은 껍질, 면류 등에 쓰이는 셀룰로스는 펄프를 원료로 하는 천연제품이어서 수요가 끊이지 않는다. 셀룰로스 생산 업체들의 최근 이익률도 약 20%로 준수하다.

시심비 時心比

'시간은 돈'이 아니라 돈보다 더 소중해

039

가성비; 가격과 비교해서 성능이 얼마나 좋은가?

가심비; 가격 대비 얼마만큼 만족을 얻을 수 있는가?

위와 같은 용어가 자주 쓰이는가 싶더니, 언젠가부터 '시심비'를 따지는 일이 잦아졌다. 투입한 시간에 비해 최대한으로 높은 만족과 효율을 추구하는 소비 경향을 가리킨다. 이 용어는 특히 MZ세대의 콘텐트 소비를 중심으로 많이 쓰인다. 가능한 한 시간을 덜 들이고서도 즉각적인 만족과 강렬한 느낌이나 경험을 얻으려는 그들의 경향이 반영된 신조어라 하겠다. 혹은 좀 더 비관적으로 본다면, 주어진 시간에 더 많은 경험과 자격(소위 '스펙')을 축적하지 않으면 치열한 경쟁에서 밀려날 수밖에 없는 젊은이들의 우울한 모습이 반영되었을 수도 있고.

가령 온라인에서 웹툰이나 웹소설을 보려면 하루에 그저 10여 분만 짬을 내면 되지만, 거기서 얻는 즐거움은 엄청나다. 나만 아는 특이하고 값비싼 캐주얼웨어, 여행지, 요리 같은 걸 SNS에 올리는 데는 그리 많은 시간이 필요하지 않지만, 폭넓은 관심을 끌 수 있다. 두 시간도 넘는 영화를 보지 말고, 대신 내용을 10분 내외로 요약한 유튜브만 봐도 충분한 정보와 만족을 누린다. 이런 것들이 모두 '시심비' 높은 소비 행태다. 입시다, 취업이다, 재테크다, 하면서 MZ세대의 인생 경쟁이 격렬해지면서, 소위 자기계발을 위해 써야 하는 시간은 늘어나고, 자신을 위해 쓸 수 있는 시간은 자꾸 줄어들기 때문에 '시심비'를 한층 더 따지는 경향이 생긴 것이다.

'시심비'를 추구하는 세태의 배후에는 '시간은 돈'이라는 동서고금의 진리, 아니, 한술 더 떠서 돈보다 시간이 오히려 더 소중하다는 사고방식이 자리 잡고 있다. 효율적인 시간 경영이라는 목표에 시비를 걸 수야 없겠지만, 심적인 여유를 갖지도 못하고 인생의 황금기를 제대로 누리지도 못한 채 경제적인 계산에 떼밀려 초조한 마음으로 1분 1초를 따져야 하는 생존 조건은 마음 아프지 않을 수 없다.

040

신新제조업

□ · ㅅ

전통과 혁신이 어우러져 제조업에서 일으킨 빅 뱅

전통적인 제조업에다 서비스, 정보 통신, 콘텐트, 에너지 등을 융합하거나 통합해 새로운 비즈니스 모델로 재탄생한 업태를 가리킨다. 제조업이 사물인터넷, 인공지능, 빅데이터 등의 기술을 통해 '맞춤형' 생산이라는 혁신을 실행하면서, 아울러 서비스, 정보통신기술, 에너지 같은 산업과도 융합해서 일어나는 새로운 빅뱅이라고 봐도 좋다. 말하자면 최신 기술을 동원한 제조업의 '재무장'이다. 지난 10여 년의 경쟁이 기술 측면에서 벌어졌다면, 앞으로는 비즈니스 모델 측면의 경쟁이 치열할 것이다. 이러한 신제조업 경쟁은 무엇보다 모빌리티, 반도체 분야, 산업로봇 분야, 3D 프린팅 등에서 가장 치열하게 펼쳐질 것이라고 보는 전문가들이 많다.

제조업의 최강국이라 불러도 좋을 중국은 '중국제조中國製造 2025(Made in China 2025)'란 이름으로 신제조업 전략을 수립했고, 영국은 산업계, 학계, 연구 분야를 아우르는 'Industrial Clusters(산업 클러스터)' 육성을 통해 드라이브를 걸고 있으며, 미국도 격렬해지는 미·중 갈등 속에서 반도체, 자동차 배터리 등 핵심 기술과 신제조업 강화에 박차를 가하고 있다. 한국도 물론 전통 제조업의 강국이긴 하지만, 이와 같은 신제조업 경쟁에 발 빠르게 대응하고 앞서나가지 못한다면 머잖아 글로벌 강자들의 한낱 '하청기업'으로 전락할 가능성이 크다.

글로벌 신제조업 경쟁은 특히 2021년 4월 온라인으로 열린 세계 최대 제조 혁신 전시회 독일 Hannover Messe(하노버 메세)에서 뜨겁게 논의되었다. 전문가들은 세계 최고를 자부하는 국내 반도체 기업들 역시 제품 설계자를 뛰어넘어 비즈니스 설계자로 발전해야 하며, 정부도 제조업을 그저 생산 공장 정도로만 여기지 말고 신제조업 환경 조성에 적극 나서라고 조언한다.

☑ 신제조업의 선두에 나선 기업들은?

1) 테슬라; 무엇보다 자율주행 기술이 최고를 자랑하며, 차량용 소프트웨어도 독보적이다. GM, 토요타, 폭스바겐, 현대차 등 기존의 완성차업체를 가뿐히 압도하는 고속 충전 인프라와 운영체제 역시 돋보인다. 그뿐인가, 우주여행을 타깃으로 삼은 SpaceX(스페이스X), 신개념 의료 분야의 Neuralink(뉴럴링크), 위성인터넷으로 전 지구를 묶으려는 Starlink(스타링크), 교통난 해소에 초점을 맞춘 Boring(보링) 등, 새로운 형태의 비즈니스 모델 구상도 놀랍다.

2) Bosch Rexroth(보쉬 렉스로트[6]); 공장 자동화 설루션 전문인 이 독일 기업은 개발 언어를 배우지 않고도 인공지능이나 IoT 등을 설계할 수 있는 '컨트롤X' 프로그램을 선보였다. 스마트폰 앱과 마찬가지로 쉽고 편리하게 사용할 수 있다고 한다. 해마다 40%씩 커가는 산업용 AI 시장을 정조준하고 있다.

3) 구글; IT 선도 기업이면서 신제조업을 주도하고 있는 구글은 예컨대 2021년 하노버 메세에서 '스스로 치유하는 냉장고'로 눈길을 끌었다. 부품의 상태와 성능을 AI로 분석해 냉장고의 유지-보수 타이밍을 미리 알려주는 신개념 냉장고다. 심지어 어느 정도의 정비는 디지털 기능으로 스스로 해결한다. 또 공조시스템 데이터를 학습한 AI가 구글 데이터센터 운영에서 배출되는 이산화탄소 양을 획기적으로 줄이는 탄소 중립 방안도 제시했다.

4) GAIA-X(가이아X); "유럽을 위해 연합한 데이터 인프라스트럭처"라는 이름이 붙은 유럽연합의 데이터 생태계 구축 프로젝트. 2019년 독일 정부 주도로 공개되었다. 현재 클라우드 시장을 독점하고 있는 아마존, 마이크로소프트, 구글 등을 유럽이 이길 수는 없다는 인식에다, 아마존 클라우드에 유럽 제조업-의료업 데이터를 올릴 때의 기술 유출에 대한 우려가 시발점이었다. 독일

---

6 이 기업의 한국 자회사의 이름은 '보쉬렉스로스'로 표기되고 있다.

은 이런 문제에서 벗어나고자 가이아X 프로젝트를 이끌고 있다.

5) 그밖에도 농기구 회사로서 유구한 역사와 명성을 확립한 John Deere(존 디어)는 다양한 농기계를 통해서 확보한 데이터를 바탕으로 파종, 수확, 농장 관리 등을 도와주는 서비스를 개발하고 있으며, GE(제너럴 일렉트릭)는 항공기 엔진 사용에 관한 정보를 분석함으로써 최적의 엔진 성능을 구현하는 서비스를 추진하고 있는가 하면, 애플은 이미 잘 알려진 바와 같이 전기차의 자체 개발을 추진하면서 이미 자리가 잡힌 모바일 생태계를 뛰어넘어 미래의 캐치프레이즈인 모빌리티 생태계를 구축하려는 시도가 눈에 띈다.

신체인터넷
IoB; Internet of Bodies

행동인터넷
IoB; Internet of Behavior

이제 인간의 몸이 인터넷 플랫폼으로 변한다

이미 널리 쓰이고 있는 사물인터넷(IoT; Internet of Things)이 일상생활이나 산업현장의 각종 사물과 사물을 연결하는 것이라면, '신체인터넷'은 그것을 뛰어넘어 인간의 신체를 최신 데이터 플랫폼으로 사용하겠다는 개념이며, '행동인터넷'은 일상생활과 산업현장에서 일어나는 인간의 다양한 행동-행태를 디지털 데이터와 연결하려는 디지털 환경을 가리킨다. 인터넷의 확장과 변신도 과연 눈부시다.

어떤 장치를 우리 몸에 섭취하거나 이식하거나 연결해서 신체를 네트워크에 접속한다고? 우리 신체 데이터를 주고받으며 원격으로 모니터하고 컨트롤할 수 있다고? 얼핏 징그럽고 소름 끼치는 아이디어로 들릴지 모르지만, 그것이 과연 어떤 세계를 선사할 수 있는지를 깨닫게 되면 여간 홍미로운 게 아니다. 우리 몸을 플랫폼화하고자 하는 신체인터 넷은 소프트웨어, 하드웨어, 통신 기능 등을 결합한 기기나 장치로써 개인의 건강데이터를 추적하고, 꼭 필요한 치료를 제공하며, 신체기능 과 편의를 극대화할 수 있을 것이다. 신체 외부에 착용하는 웨어러블 기 기도 이미 다양하고, 디지털 알약이나 심장 박동기처럼 신체 내부로 들 어가 실시간으로 연결되는 기기도 있다. 이는 바이오산업뿐만 아니라 경제 전반에 걸쳐 생산에 투입되는 근로자들의 위치 추적 등에도 적용 할 수 있어 공정관리나 사무관리 측면의 편의성과 효율성을 높이고, 전 례 없는 미래의 수익원을 창출하기도 할 것이다.

 신체인터넷의 활용 사례인 원격 환자 모니터링 개념도

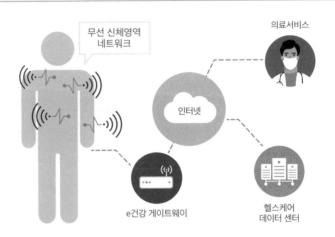

출처; Tech4Bodies

역시 IoT가 확대된 개념인 행동인터넷은 또 어떤가? 인터넷의 중심을 사물에서 인간으로 옮기고, 특히 소비자의 행동을 디지털 데이터와 연결함으로써 그들에게 차별화된 디지털 경험을 제공하려는 것이 아닐까. 구체적으로 생각해보자. 소비자가 컴퓨터를 사용할 때 터치 리듬이나 손가락 위치, 클릭의 습관, 자판에 가해지는 압력, 마우스 위치, 비밀번호 등을 입력하는 패턴, 특정인 혹은 특정 그룹의 태도와 안면 인식과 위치 등 빅 데이터에 기반을 두고 확보한 행동-행태 데이터가 행동인터넷의 초석이 된다. 그리고 이런 데이터를 스마트 공장의 생산 관련 소프트웨어에 연결하거나 마케팅 프로그램에 결합하는 식으로 폭넓게 활용할 수 있을 것이다. 특정 습관이나 반복적 패턴을 지닌 고객을 타깃으로 하는 상품 개발도 가능할 것이다. 이 용어를 처음 쓰기 시작한 미국 컨설팅회사 가트너는 세계 인구의 절반 이상이 2025년 말까지 적어도 한 가지 행동인터넷 프로그램의 대상이 될 것으로 예측한다.

스마트 공장 구축으로 4차 산업혁명을 구현해야 하는 제조업의 경우, 한층 더 빠르고 폭넓은 행동인터넷과 신체인터넷의 발달을 이룰 것이다. 코로나바이러스의 확산을 방지하기 위해서 모니터링과 트레이싱 같은 정보통신기술을 활발히 이용하게 된 배경도 여기 한몫한다. 역사를 훑어보면 새로운 기술을 기존 시스템에 접목하고 활성화하는 계기는 대개 코로나-19처럼 '뉴 노멀'을 불러오는 사건들이었다. 앞으로 행동인터넷과 신체인터넷은 IoT를 능가하는 사이버 공간의 총아로 부상할 것이라는 전망이 괜히 나오는 게 아니다.

042 10년 만기 국채 금리
Interest Rates on 10-year Treasury Bonds

□ - ㅅ

경기나 물가의 전망을 가장 민감하게 반영하니까

금과 더불어 안전 자산으로 분류되는 채권 중에서도 가장 안전한 채권이 바로 미국 국채다. 만기 되면 미국 정부가 원금에다 이자를 얹어 돌려줄 것을 보증하기 때문이다. 물론 국채를 비롯한 모든 채권은 (예금·적금과 달리) 만기 전이라도 언제든 시장에 나가 판매함으로써 투자한 돈을 회수할 수 있다. 이처럼 만기에 받는 이자가 정해진 채권이 시장에서 매매되면서 수요·공급에 따라 오르내리는 수익률을 '채권 금리'라고 부르는데, 언론 기사에 등장하는 '금리'는 채권 발행인이 만기에 주기로 약속한 표면 금리(쿠폰 금리)가 아니라, 바로 이 채권 금리(수익률)를 뜻한다. 채권 금리(수익률)는 채권 가격과 반대로 움직인다. 신종 코로나바이러스 확산 직후 채권 금리가 연 0.5%까지 하락(가격 상승)했다가 최근엔 국채 공급 증가 등의 이유로 금리는 1.7% 이상으로 급등(가격 하락)했다.

쉽게 설명해보자.

1) 액면 금액 4백만 원인 채권을 시장에서 360만 원에 샀다. 이런저런 이유로 채권 가격이 하락했기 때문이다. 만기에 받을 쿠폰 금리 5%, 만기까지는 1년 남았다.

2) 1년 뒤에는 채권 원금 4백만 원과 1년 치 이자 20만 원을 합쳐 420만 원을 받는다.

3) 360만 원 투자해서 60만 원의 이득을 남길 터이니, 수익률은 16.7%, 그러니까 '채권 금리'가 16.7%라는 얘기다.

4) 반대로 이 채권의 인기가 높아 시장에서 410만 원에 구매했다면, 1년 뒤 겨우 10만 원의 이득만 남게 되어 수익률(채권 금리)은 2.4%로 감소할 것이다.

위의 사례에서 우리는 채권 금리(수익률)가 채권 가격과 반대 방향으로 움직임을 알 수 있다.

국채를 만기로 분류했을 때, 1년 미만의 단기 국채는 Treasury Bill, 1년~10년 만기의 국채는 Treasury Note, 10년~30년 만기의 장기 국채는 Treasury Bond라고 부른다. 이 가운데 유독 10년 만기 국채 금리에 경제인들이나 투자자의 관심이 집중되는 이유는 뭘까? 이 정도 만기의 금리가 경기나 물가 전망을 가장 민감하게 반영한다고 믿기 때문이다. 만기가 짧은 국채는 연준이 설정한 기준금리와 밀접히 연동되고, 만기가 아주 길면 불확실성이 너무 커지는 것과 대조된다. 그래서 장기 주택담보대출이나 다른 나라들의 중-장기 채권(JP모건의 추정에 의하면 세계적으로 약

50조 달러 규모) 등의 금리도 이 10년 만기 국채와 비슷하게 움직인다. 이 국채 금리가 오르면 대체로 가계와 기업의 이자 부담이 늘어나게 된다는 뜻이고, 시장의 금리도 전반적으로 상승할 가능성이 크다는 신호다.

☑ 최근 10년 만기 국채 금리는 왜 오르는 걸까?

무엇보다 국채 발행이 늘었기 때문이다. 코로나-19의 충격을 완화하기 위한 부양책으로 막대한 지원금을 풀어야 했던 미국 정부는 국채를 더 찍어낼 수밖에 없었다. 다른 요소도 있다. 코로나가 확산하기 시작할 즈음, 연준은 대형 은행들이 자기자본 비율에 상관없이 맘껏 국채를 사라고 한시적으로 규제를 풀어주었다. 중-장기 국채 금리를 안정시키자는 속셈이었다. 그런데 이 규제 완화가 종료되면서 은행들이 그동안 구매했던 국채의 상당 부분을 시장에 내다 팔아야 할 처지가 된 것이다. 공급 과잉→가격 하락→채권 금리 상승으로 이어지는 셈이다.

☑ 증시에 어떤 영향을 미칠까?

일반 투자자들은 채권 금리가 오르면 주식시장이 하락하는 것으로 이해한다. 물론 대체로는 옳은 말이지만, 반드시 그런 것은 아니다. 시장을 움직이는 변수는 수없이 많으니까.

하지만 미국 10년 만기 국채의 금리 상승은 금융위기 이후 10년 넘게 이어진 '초저금리 시대'가 끝날 거라는 신호를 자꾸 보낸다. 금리가 아주 낮아서 싸게 돈을 빌리던 시대가 끝나면 무슨 일이 생길까? 가계든 기업이든 돈이 필요하면 더 높은 이자를 내야 한다. 신종 코로나바이러스의 충격에 억눌려 빚을 많이 낼 수밖에 없었던 회사와 가정에는 타격이 클 수밖에 없다. 또 이렇게 되면 창업 이후 줄곧 적자를 면하지 못하면서도 오직 비즈니스의 미래가 밝다고 해서 주가의 폭등을 누려왔던 소위 '성장주' 혹은 기술(테크)주는 점점 매력이 떨어지게 되고, 반대로 저금리 시대에 외면당했던 '가치주'는 투자자들의 환영을 받을 가능성이 커진다.

월 스트리트에서 부자가 되는 비결을 알려드릴까요?
다른 사람들이 두려워할 때 욕심을 내도록 해보세요.
그리고 다른 사람들이 탐욕스러울 땐 두려움을 갖도록 하시고요.

I will tell you the secret to getting rich on Wall Street.
You try to be greedy when others are fearful.
And you try to be fearful when others are greedy.

─── 워런 버핏(Warren Buffett) ───

제3부

ㅇ-ㅋ

001

아·묻·따 반품

놀랍게도 신뢰의 선순환을 가져온 반품전략

아무것도 묻지 않고 따지지도 않는 반품전략을 뜻하는 국산 신조어. 어떻게 보면 위험하리만치 '자신만만하고' 필요 이상으로 '너그러운' 이 반품 수용 전략은 현재로선 신선 식품 분야에서 시행되고 있다. 온라인으로 신선 식품을 주문한 고객이 상품을 받아보고 신선하지 않다고 느끼면, 홈페이지나 앱에 사진을 올리는 것만으로 무조건 환불하거나 교환해주는 식이다. 단가가 낮은 상품은 그냥 환불만 해주고 제품을 거둬 가지도 않는 경우까지 있다. 새벽 배송의 원조라고 불리는 마켓컬리가 2015년 처음 도입한 아이디어다.

☑ '블랙슈머'도 있는데, 악용당할 소지는 없을까?

당연한 우려다. '무조건' 반품을 악용하는 소비자가 늘 수 있고, 식품 폐기율이 증가할 수 있다는 부정적인 예측도 많았다. 그러나 현실은 그런 우려가 필요 없음을 보여준다. 예컨대 '아·묻·따 반품'을 도입한 SSG닷컴이 최근 2년간 신선 식품의 반품률을 집계해봤더니, 환불을 노리는 고객이 만만찮을 거라는 애초 우려와는 달리, 반품률이 0.4%에 불과했다. 회사 측도 많이 놀랐다고 한다. 그뿐이랴, 충성고객까지 한층 더 늘어나서 놀라움을 더했다. '아·묻·따 반품'을 전혀 써보지 않은 고객의 재구매율은 68%인 데 반해, 한 번이라도 이용한 고객의 재구매율은 97%였다는 점도 의외였다. 10회 이상 재구매한 비율도 76%였다니, '아·묻·따 반품' 전략이 고객에게 무한 신뢰를 주었다고 해석해도 무리가 아니다.

 신선보장(신선식품 반품) **이용자 재구매율**

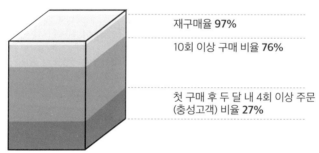

재구매율 97%

10회 이상 구매 비율 76%

첫 구매 후 두 달 내 4회 이상 주문
(충성고객) 비율 27%

자료: SSG닷컴

마켓컬리 역시 이 전략을 채택한 후 신선 식품 반품률이 1% 미만이었고, 홈플러스도 반품률은 0.01% 정도여서 타격이 전혀 없는 데다 소비자 반응은 오히려 좋아졌다고 한다. 이런 사실이 알려지면서 홈플러스, 쿠팡, 롯데온도 잇따라 도입하는 등, '아·묻·따 반품'은 온라인 장보기 시장의 스탠더드 반품 정책으로 자리 잡았고, 수산물이나 과일

채소 같은 신선 식품은 직접 보고 사야 한다는 고정관념도 깨진 모양 새다.

✅ 신선 식품 거래의 선순환

고객들 관점에선 이렇게 생각하기 쉽다. "회사가 얼마나 품질에 자신 있으면 묻지도 따지지도 않고 반품을 받아주겠어?" 동시에 회사 관점에선 이런 각오를 할 것이다. "반품은 무조건 수락한다. 따라서 큰 손해 보기 싫으면, 매입하는 상품의 품질과 신선도를 최대한으로 올리자. 배송 과정에도 각별한 신경을 쓰고!" 양쪽의 이런 관점이 품질 향상과 반품 감소라는 선순환을 불러오는 것이다. 얼핏 간과하기 쉬운 또 하나의 이점도 있다. 예전처럼 소비자가 고객센터를 찾아 제품 하자를 따지고 반품을 요구할 때 회사가 어쩔 수 없이 투입해야 했던 시간과 인력을 대폭 줄일 수 있다는 점이다. 결국은 비용 절감이란 결과로 이어진다.

전체 국민의 소비 지출 가운데 전자상거래가 차지하는 비율을 '전자상거래 침투율'이라 부른다. 식품 분야에 '아·묻·따 반품'이 도입되던 초기 이 침투율은 12%(2018년)였지만 2020년엔 20%까지 올라갔다. 아직 전자상거래가 성장할 소지는 크기 때문에 업계는 이런 반품전략으로 일단 더 많은 소비자가 신선 식품의 온라인 구매를 경험하도록 만들 요량이다. 그다음엔 소위 '록인' 효과로 인해 그들이 단골로 바뀐다는 셈법이다. '아·묻·따 반품' 전략은 통계수치로 증명되는 간소화 및 비용 절감 효과를 기반으로 더욱 확산될 전망이다.

002

아웃풋 갭
Output Gap

경기 순환 사이클을 가늠케 하는 또 하나의 수치

국내총생산(GDP)의 '실질'성장률은 '잠재'성장률보다 높을 수도 있고 더 낮을 수도 있다. '아웃풋 갭'이란, 간결하게 정의하자면, GDP의 실질성장률과 잠재성장률 사이의 간격이다. 현재 경제상태가 경기 순환 사이클 중 어느 지점에 와 있는지를 가늠하는 도구이기도 하다. 구체적으로 예를 들어보자. 2021년 2월 말 현재 세계 경제의 실질성장률은 잠재성장률보다 더 높았다. 성장할 수 있는 잠재력보다 실제로 성장한 폭이 더 컸다. 아웃풋 갭이 플러스가 되었다는 얘기다. 이런 경우엔 인플레이션이 닥칠 가능성이 커지고 금리도 올라갈 것으로 예상한다. 실제로 당시 인플레이션 기대심리가 높아진 것은 전 세계적인 현상이었고, 그 때문에 '아웃풋 갭'이란 용어도 언론의 주목을 많이 받았다. 물론 반대로 실질성장률 쪽이 더 낮아 아웃풋 갭이 마이너스로 돌아서면, 디플레이션 압력이 증가할 것으로 해석된다.

당시 상황을 조금 더 상세하게 그려보자. 미국 국채시장을 가늠할 벤치마크인 10년 만기 국채 금리가 연 1.39%(1년 만의 최고 수준)로, 30년 만기 국채 금리도 연 2.18%로, 급등한다. 시장이 충격을 받을 정도였다. 금리의 역습이 시작되면서 마침내 저금리 시대가 끝나는 것일까? 연준의 기준금리 인상도 애초 예상했던 2024년보다 빨라질 수 있다는 분위기였다. 더구나 이런 금리 상승에 제동을 걸어줄 만한 요인이 별로 없어 연 3% 선이 무너질 수도 있다는 시각이 지배적이었다. 코로나-19 이후 거침없이 우상향했던 주식시장의 미래는 어떻게 되는 걸까? 개인이든 기관이든 투자자들의 셈법이 한층 복잡해진 것은 사실이다.

☑ 아웃풋 갭이 플러스로 더욱 벌어지면?

위와 같이 금리가 오른 것은 한마디로 코로나 백신의 보급이 빠르게 확산하면서 머잖아 경기가 회복되리라는 기대 때문이었다. 또 경기 부양을 위한 주요국 정부의 '돈 풀기'도 그런 기대에 힘을 실어주었다. 가령 미국 정부는 2020년에만도 3조7천억 달러를 쏟아부은 데 이어 2021년 상반기에도 '슈퍼 부양책'이란 이름으로 무려 1조9천억 달러를 이미 회복 중인 경제에 투입했다. 우리나라 역시 코로나-19에 상처받은 가계와 기업을 지원하기 위해 몇 차례 돈을 풀었다.

이처럼 돈 풀기에 의한 부양책이 속도를 내면, 우선 인플레이션 기대심리가 높아진다. 2008년 글로벌 금융위기 때의 '양적 완화' 경우는 풀린 유동성이 은행의 초과 지급준비금으로 흡수돼 시중에 흘러 들어

가지 않았다. 하지만, 이와 달리 코로나 부양책은 현금 형태로 뿌려지는 탓에 유동성이 넘쳐나면서 인플레 압력이 높아졌다. 그래서 재무장관을 역임했던 래리 서머즈는 이렇게 걱정한다. "금융위기 때의 경기부양책은 아웃풋 갭의 절반 정도 수준이었으나 코로나 부양책은 그때의 6배 수준이라, 인플레이션이 만만치 않을 것이다."

경기 회복의 기대 때문에 국채 금리가 상승하면, 가계와 기업의 자금조달 비용(부담)도 덩달아 늘어난다. 특히 자동차나 집을 담보로 하는 대출과 학자금대출 등의 금리를 위해서 10년 만기 국채 금리가 벤치마크로 널리 쓰이므로, 파장이 클 수 있다. 아울러 주식보다는 채권이나 금 같은 다른 자산들이 상대적으로 더 매력적으로 보이게 된다. 증시나 신흥시장에서 자금이 빠져나갈 수 있다는 뜻이다. 혹은 일부 기술주의 평가모델에 우호적이었던 태도가 식을 수도 있다.

아무튼, 2021년 후반기 시장의 관심은 금리가 더 오를 것이냐의 여부(if)가 아니라, 언제(when) 기준금리를 위시한 금리의 인상이 실현되느냐에 쏠린 것 같다.

RE100 혹은
재생에너지 100
Renewable Energy 100

2050년이면 에너지란 에너지는 모조리 재생에너지!

글자 그대로 "우리는 100% 재생에너지만 사용하겠다."라는 목표를 지닌 국제적인 캠페인이다. 영국의 비영리 기구인 The Climate Group(더 클라이밋 그룹)이 연간 100GWh 이상 전력을 소비하는 기업을 대상으로 2014년에 시작했다. RE100에 가입하면 2050년까지 회사가 쓰는 전력량의 100%를 재생에너지로 전환해야 한다. 기업들의 자발적인 참여로 이루어진다는 데 의의가 있다. 초기엔 구글, 애플, 제너럴모터스 등 글로벌 선도 기업이 주로 가입했고 지금은 300개 이상의 기업이 참여하고 있다. 더 클라이밋 그룹은 업무용 차량을 100% 친환경 차량으로 전환하는 EV(Electric Vehicle)100도 함께 추진하고 있다.

그럼, 여기서 재생에너지는 구체적으로 어떤 에너지를 가리킬까? 우리가 오랫동안 익숙해져 있는 화석연료 에너지를 대체할 수 있는 태양

열, 태양광, 바이오, 풍력, 수력, 연료전지, 폐기물, 지열 등에서 발생하는 에너지를 의미한다.

우리나라에도 이미 RE100 위원회가 구성되어 있고 SK그룹 계열사 8곳이 2020년 말 RE100 가입신청서를 제출한 바 있다. 2021년에는 이 제도를 산업통상자원부가 정식 도입해 한국형 RE100이 본격 시작된다. 재생에너지를 구매하고자 하는 국내 전기소비자는 사용량과 관계없이 누구나 참여할 수 있다.

✅ 어떤 기업들이 적극 참여하고 있는가?

1) LG에너지솔루션: RE100에 300번째 기업으로 등록됐다. 통상적인 목표를 20년 앞당겨 2030년까지 세계 모든 사업장에서 RE100을 달성하기로 했으며, 폴란드와 미국 등 이미 달성한 해외 공장도 적지 않다. RE100과 함께 한국 기업으로는 최초로 EV100에도 가입해 2030년까지 회사 차량 50%를 전기차, 수소차 등으로 바꿀 계획이다. 전기차 배터리를 생산하는 기업이므로, 환경 이슈에 누구보다 적극적으로 대응함이 당연해 보인다. 단기목표로는 2025년까지 배터리 원자재 조달에서 생산-소비-폐기에 이르는 공급망 전체의 '자원 선순환 고리'를 확립할 계획이다.

2) SK아이이테크놀로지: 녹색 프리미엄으로 확보한 전기를 통해 국내 공장을 100% 재생에너지로 가동할 계획이다. (녹색 프리미엄은

한국전력이 재생에너지를 구매한 기업에 발급하는 확인서인데, 이를 발급받으면 RE100 인증이 가능함) 그뿐 아니라 온실가스 감축을 인정받을 수 있는 '재생에너지 인증서' 구매라든지, 재생에너지 발전사와의 직접 구매 계약 등도 추진하고 있다.

3) 한화큐셀: 주차장, 놀고 있는 부지, 옥상 등을 활용하는 태양광 발전을 통해 자체적으로 전력을 생산하고 녹색 프리미엄 구매까지 합해서 RE100을 달성하고자 노력 중이다. 앞으로도 건물 옥상 등에 태양광 패널을 설치해 대규모 재생에너지를 추가로 확보할 예정이다.

4) LG화학: 한전의 녹색 프리미엄 입찰에서 2만8천여 가구가 1년간 사용할 수 있는 규모의 재생에너지를 확보했다. 라텍스 장갑 원료 공장과 특수수지 공장 등 일부 생산시설을 100% 재생에너지 전력으로 가동하고, 전기차 배터리용 양극재 공장은 사용량의 30%를 재생에너지 형태로 조달한다.

기업들이 RE100 같은 운동에 참여하는 데에는 아직 걸림돌이 있다. 무엇보다 재생에너지 가격이 일반 전력보다 현저히 비싸기 때문이다. 최근 한전이 입찰 형식으로 판매한 녹색 프리미엄은 일반 산업용 전기의 평균 단가 대비 13%가량 높았다고 한다. 물론 앞으로는 재생에너지 전용 전기요금제가 나오면서 RE100 실행도 좀 더 수월해질 것이다. 애

플을 위시한 글로벌 거대 기업들이 부품이나 소재 공급사들의 RE100
참여를 북돋우고 있는 점도 재생에너지로의 전환을 앞당길 전망이다.
세계 최대 파운드리 업체인 대만의 TSMC가 애플의 요구에 따라 2020
년 RE100 참여를 선포한 것도 그런 예다. 어쨌거나 RE100도 친환경, 탄
소 중립 등과 맥을 같이 하는, 도저히 거스를 수 없는 경제-사회의 커다
란 흐름이다.

004

알트코인
Altcoin: Alternative Coin

규제의 사각지대에서 위험천만인 잡코인들

'대체하는'이란 뜻의 형용사 alternative(올터너티브)와 coin을 합친 신조어로, 비트코인 이외의 모든 가상화폐를 가리킨다. 가상화폐 정보를 다루는 몇몇 사이트에 의하면 이래저래 전 세계에서 거래 중인 알트코인은 2021년 3월 현재 무려 9,160개가 넘는다. 그중 가장 대표적 알트코인이 바로 블록체인 플랫폼 기능과 폭넓은 활용도를 자랑하는 이더리움인데, 전체 가상화폐 시가총액의 12%쯤을 차지한다. 그 외에 주요 알트코인으로는 Binance(바이낸스), Tether(테더), Ripple(리플), Cardano(카르다노), Polkadot(폴카닷) 등을 꼽을 수 있다. 이러한 메이저 알트코인에도 속하지 못할 정도로 가격 변동성이 크고 정체조차 모호해서 위험천만인 중소 가상화폐들은 '잡코인'이라고 불린다.

알트코인은 비트코인보다 훨씬 값이 싸고 변동성도 커서, 단기간에 고수익을 얻고자 하는 개인투자자(특히 20~30대) 사이에 선풍적인 인기를 누린다. 가상화폐 시가총액 전체에서 비트코인이 차지하는 비율을 'bitcoin dominance(비트코인 도미넌스)'라고 부르는데, 70.4%에서 최근 53.8%까지 떨어졌을 정도다.

 최근 비트코인 도미넌스의 하락 추세

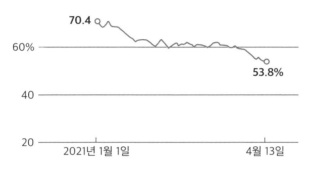

자료: 코인마켓캡

✅ 왜 알트코인이 투자자의 돈을 빨아들이고 있는 것일까?

이유는 간단하다. 비트코인보다 가격 상승률이 현저하게 높기 때문이다. 비트코인만 해도 가격 변동이 어지러울 정도인데, 젊은 투자자들은 그마저도 불만이다. 가령 2021년 3월의 경우, 비트코인 가격이 14.5% 오른 반면, 이름조차 생소한 Maro(마로), BitTorrent(비트토런트), Medibloc(메디블록), Milk(밀크), Metal(메탈) 등의 알트코인들은 270~460%나 폭등했다. 최근 아로와나토큰이라는 이름의 가상화폐가 국내 거래소에 상장한 지 30분 만에 1,075배나 급등하는 '사건'이 발생하기도 했다. 가상화폐 불법 행위를 대대적으로 단속하겠다는 정부의 경고를 여지없이 뭉개버린 '투기 광풍'이었다. 또 테슬라 CEO 일론 머스크가 올린 장난 같은 트윗 한 줄에 가격이 미친 듯 오르내렸던 'Doge(멍뭉이) 코인' 사건은 어이없는 '코미디'라고 불러도 전혀 이상할 것이 없는 해프닝이었다.

 한 달간 가격 상승률 최고 알트코인(2021.03.13.~2021.04.13.)

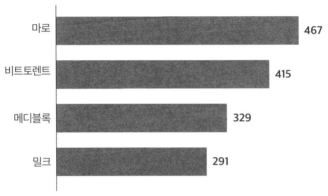

알트코인 중에서도 '메이저' 급은 그나마 기술적으로 검증된 것이다. 꼭 알트코인에 투자해야겠다면 메이저를 공략하라는 전문가들의 조언이 나오는 이유다. 그럼에도 최근 수백 배의 가격 폭등은 '마이너' 코인이 이끌고 있다. 특히 한국 내에서만 상장되어 거래되는 소위 '국산코인'은 이보다 몇 배, 몇십 배 높은 변동성을 보여 우려를 자아낸다.

블록체인 기술만 제대로 이해하면 누구나 만들어낼 수 있는 가상화폐. 물론 시장에서 사고팔 수 있으려면 가상화폐 거래소의 상장 심사를 거쳐야 하고, 그러려면 해당 화폐의 기술, 사업 계획, 활용 방안 등을 담은 백서를 발표한다. 거래소의 심사와 등록 결정은 이 백서를 기반으로 이루어진다. 그렇다고 이런 정보를 완전히 신뢰할 수 있는가? 이것이 많은 사람들을 골탕먹이는 문제다.

주식의 경우, 허위 공시를 하는 기업은 관련 법에 따라 형사 처벌을 받고, 이로 인해 피해를 본 투자자는 손해배상이라도 받는다. 그러나 가상화폐는 어떤 이유로 어느 정도의 피해를 보든, 법적으로 구제받을 방법이 없다. 허위 공시를 낸 가격이 천당과 지옥을 오가는 일이 비일비재한 이유다. 알트코인 시장은 기존 투자자가 신규 투자자 돈으로 이득을 챙기는 폰지(Ponzi) 사기와 별반 다르지 않다는 의견도 만만치 않다.

☑️ 유달리 잡코인이 '설치는' 한국 가상화폐 시장

거래 규모는 엄청난데 규제가 너무 허술하다는 지적을 받아온 우리 가상화폐 시장. 관련 법안을 준비 중이라는 정부는 여전히 또렷하고 구체적인 지침을 못 내놓는 상황이다. 게다가 다른 선진국과 달리 변동성이 큰 알트코인, 특히 '잡코인'의 거래가 유난히 많다. 투자자들은 지뢰밭에 선 꼴이다. 거래소에 상장된 가상화폐 종류를 보자. 한국이 압도적으로 많다. 국내 1위 거래소 업비트는 178종, 2위 빗썸은 170개의 가상화폐가 올라와 거래된다. 미국 최대 거래소에 상장된 가상화폐는 겨우 58개, 그리고 일본의 경우는 전국에서 겨우 29종뿐이다. 우리의 상장 절차 자체가 문제임을 짐작할 수 있다. '한방'을 노리는 개인투자자들이 들끓는 매우 위험한 환경이 아닐 수 없다. 국내 가상화폐 투자의 90%가 알트코인에 몰려 있고, 그중 30%는 '국산 코인'이라는 통계가 아찔하지 않은가.

미국은 거래소 자체의 보안과 투명성을 기준으로 만든 상장 지침을 철저하게 적용하는가 하면, 7년 전에 대형 거래소 해킹 사건을 겪은 일본은 투명한 가이드라인을 만들어 가상화폐의 '거품'을 줄였다. 왜 한국은 개선의 움직임을 미루고만 있을까? 이미 주식시장과 맞먹는 규모의 거래가 이루어지고, 수백억 원의 피해가 발생하는 일이 빈번한데, 입법은 고사하고 왜 아직 이렇다 할 지침조차 없을까?

005

애그테크

AgTech

전통 농업을 압도하는 수확률에 지속가능성까지

농사(agriculture)와 기술(technology)을 합친 말이 '애그테크'다. 최근 투자 업계의 큰 관심을 끌고 있다. 코로나-19 확산으로 세계의 농산물 유통 체계가 심한 충격을 받은 데다, 이상 기후의 악영향이 커져 농산물 가격도 급등하면서, 첨단기술로 무장한 농작물 대량 재배 방식이 대안으로 부상했기 때문이다. 고령화로 노동력은 떨어지고 수확은 갈수록 줄어드는 전통 농업은 소비지와의 거리로 인한 수송 문제와 수자원 낭비라는 약점까지 안고 있다. 애그테크는 이런 전통 농업을 sustainable(지속 가능한) 농업으로 탈바꿈하는 수단이다. '논밭으로부터 자유로운' 농사를 실현하는 새로운 기술인 셈이다.

☑ 애그테크에는 어떤 장점이 있는가?

1) 우선 친환경적이다. 화학 비료를 쓰지 않으니 토양을 오염시킬 일이 없다. 전통 농사 방식보다 물을 적게 쓴다는 점도 좋다. 가령

밭에서 1kg의 상추를 기르려면 250리터의 물이 필요하지만, 애그테크의 하나인 수직 농법에서는 1리터로 충분하다. 밭에서는 작물이 흡수하지 못한 수분이 그대로 토양에 스며들어 사라지지만, 애그테크 기기에는 배수 장치가 있어 여분의 물을 다시 모아 재사용하기 때문이다.

2) 입지 측면의 강점도 두드러진다. 즉, 소비자가 밀집한 대도시에 아주 가까이서 (혹은 대도시 안에서) 재배할 수 있다. 전통 농업을 크게 압도하는 장점이다. 애그테크 공장을 도시에 지으면 작물의 신선도를 유지하면서 빠르고 저렴하게 공급할 수 있으니까. 소비자와 멀리 떨어진 농장에서 출발해 길 위에서 길게는 며칠을 보내는 유통 방식과 확연히 다르다. 더 환경친화적임은 말할 것도 없고.

☑ 어떤 회사들이 어떤 애그테크를 구사하는가?

팜에이트는 서울 내 지하철역의 자투리 공간을 활용해 '메트로팜'이라는 식물공장을 운영하는 애크테크 업체다. 여기서 양상추를 길러 버거킹, 서브웨이 등에 납품한다.

지하철역 유휴 공간을 활용한 팜에이트의
식물공장 메트로팜

선진 일본의 애그테크 기기를 어렵사리 수입해 한국에 정착시키려 했다가 환경이 달라 실패한 쓰라린 경험도 있다. 그러나 이를 계기로 도리어 자체 기술을 개발하게 되었고 결국 컨테이너형 식물공장을 만들어냈다. 온도, 습도, 물 등의 조절과 관리, 생장 환경 조성, 재배, 포장까지 한국 현실에 최적화된 이 식물공장은 출시 첫해부터 15억 원의 매출을 올리더니, 일본에 컨테이너형 설비를 역수출하는 성과도 이루어냈다. 지금은 농작물 생산-유통과 스마트팜 설비 사업을 분리해 따로 전문 영역을 강화해나가는 한국 애그테크의 선봉장이다.

우리보다 오랜 이력과 경험을 지닌 미국의 애그테크 산업은 더더욱 활발하다. 2021년 초 나스닥에 상장해 화제를 불러모은 AppHarvest(앱하비스트)가 좋은 예다. 지금 애그테크에서 가장 주목받는 수직 농업(vertical farming) 분야를 대표하는 이 기업은 세계 최대의 실내농장을 갖추고 흙 없이 작물을 키우는 수경재배水耕栽培에 특화되어 있는데, 그것도 단순한 수경이 아니다. 인공지능과 IoT를 활용한 파이프 내부 카메라-센서와 LED 조명으로 온도, 습도, 일사량 등의 기후 조건을 자동 조절한다. 그 위에 로봇과 드론 같은 최첨단 기술로 생산성을 최대로 끌어올려, 수직 농법의 면적당 수확량이 일반 밭의 25배에 달한다는 통계를 증명한다. 상장 직후 주가의 폭등이 첨단 농업의 밝은 미래를 상징적으로 보여주었다.

Plenty(플렌티)라는 스타트업은 수직으로 여러 층을 쌓는 기존 방식에서 벗어나, 벽면에다 파이프를 세우고 구멍을 뚫어 작물이 뿌리를 내리게 하는 방식의 애그테크를 선보인다. 소프트뱅크 비전 펀드의 손정의, 제프 베이조스, 에릭 슈미트 같은 거물들이 플렌티에 투자했다. AeroFarms(에어로팜즈), Bowery Farming(바워리 파밍) 등의 전도유망한 수직 농업 스타트업도 눈에 띈다. 이처럼 다양한 투자자들의 자금이 수직 농업으로 몰리는 가운데, 투자정보업체 PitchBook Data(피치북 데이터)에 따르면 최근 십 년간 애그테크 투자 건수는 연평균 24.5%씩 증가했다.

미국 플렌티가 운영하는 실내 스마트 팜의 모습. 위로 쌓아 올리는 대신 수십~수백 개의 벽면에 작물이 뿌리를 내리게 하고 수경 재배하는 기술을 개발했다.

너른 의미의 애그테크는 농작물뿐만 아니라 대체육과 기타 친환경 식재료도 아우른다. 특히 Impossible Foods(임파서블 푸즈)와 Beyond Meat(비욘드 미트)로 대표되는 대체고기 분야는 2030년까지 평균 연 28% 성장해 850억 달러에 이를 것으로 전망된다. 이 밖에 과일 표면에 식물 성분을 코팅해 보존 기간을 늘려주는 기술을 개발했거나, 공기의 원소를 이용해서 단백질을 만드는 스타트업도 등장했다.

기후변화로 인한 장마나 태풍, 예기치 못한 폭염, 한파와 폭설 등등,

순조로운 농업 작황을 방해하는 요소는 너무나도 많고 그 충격은 상상을 초월한다. 애그테크의 지속적 발전이 그 충격을 얼마나 완화해줄 수 있을지, 흥미롭게 지켜볼 일이다.

애크하이어
Acqhire

어떤 사업이든 상관없소, 인재만 주시오!

'인수'라는 의미의 애퀴지션(acquisition)과 '고용하다'는 뜻의 하이어(hire)를 합성한 용어. 인수할 기업의 비즈니스에는 별 관심이 없고, 단지 그 기업의 인재를 확보하기 위한 기업 인수를 가리킨다. 소규모 스타트업에 있는 유능한 개발자를 확보하는 데 초점을 맞춘다고 생각하면 이해가 쉽다. 지금은 주로 미국의 애플이 사용하고 있는 수법이지만, 앞으로 IT업계 전반으로 확산할 가능성이 크다.

애플은 최근 6년 동안 한 달이 멀다 하고 규모가 작은 스타트업을 계속 인수해왔다. 100개가 넘는다. 경쟁사들처럼 거물 기업을 타깃으로 삼는 것도 아니고, 애플답지 않게 이런 꼬맹이들을 자꾸 먹어치우는 이유는 뭘까? 인수 대상 기업의 기존 사업에는 관심조차 없으면서? 애플의 관심은 이러한 스타트업에서 근무 중인 유능한 기술 인력이다. 소위 '개별 기여자(individual contributors)'로 불리는 이들은 팀도 없고 협업도 없이 혼자서 맡은 역할을 해낸다. 바로 이런 인력의 흡수가 애플의 주된 목표다. 인재를 확보하려는 인수 전략, 즉 애크하이어 전략이다.

그렇잖아도 철두철미 비밀리에 이루어지는 M&A, 은행도 끼지 않고 전담팀이 주도하는 M&A로 유명한 애플. 그들이 애크하이어 의도로 기업을 인수할 때는, 타깃으로 삼은 개발자가 상당 기간 애플을 떠나지 못한다는 조건을 내걸기도 한다. 물론 그 대신 300만 달러에 이르는 막대한 급여나 주식을 '당근'으로 제공한다. 소위 '황금 수갑'을 덜컥 채워버리는 것이다.

업사이클링 럭셔리
Upcycling Luxury

헌 옷이 오리에서 백조로 변하는 명품의 마법

'업사이클링'은 수명이 다한 제품을 복구하고 다시 디자인함으로써 (혹은 're-purpose' 함으로써) 더 높은 가치를 창출하거나 새로운 용도의 제품으로 재탄생시키는 것이다. 그리고 이 개념이 패션산업에 적용될 때, 이를 '업사이클링 럭셔리' 또는 '업사이클링 패션'이라 부른다. 우리가 이미 잘 알고 있는 '리사이클링'은 제품을 기존 용도대로 단순히 다시 사용하는 것이어서, 업사이클링과는 확연히 구별된다.

구체적인 예를 들어보자. 최근 프랑스의 한 럭셔리 브랜드는 자신들이 출시했던 가방의 중고품 50개를 온라인 쇼핑몰에서 찾아 사들인 뒤, 자투리 천과 가죽 등을 합쳐 새로운 디자인의 가방 50개를 창조했다. 이 '중고품이나 다름없는 신제품'이 파리 패션쇼에 등장하자, 400만 원 가까운 고가에도 불구하고 삽시간에 매진됐다. 실제로 '업사이클'된 중고품이 신상품보다 비싼 경우도 적지 않다. 클로에, 발렌시아가, 미우미

우, 루이 비통, 코치 같은 최고급 브랜드들은 2020년부터 경쟁적으로 업사이클링 럭셔리 제품을 선보이고 있다.

뉴욕 타임즈의 한 기사처럼 "유행이 돌고 돌 듯이 이제 옷도 재활용돼 돌고 돈다." 파이낸셜 타임즈는 '헌 옷'이야말로 2021년도 가장 강력한 패션 트렌드라고 지목하면서, 중고차가 신차보다 많이 팔리는 현상이 패션에서도 벌어질 것으로 예상했다. 친환경에다 비용 절감의 의미까지 담긴 업사이클링 패션을 선호하는 소비자들은 분명히 늘어나고 있으며, 명품 업체조차 중고 가게를 뒤지고 쓰다 남은 천을 줍는 모습이 어색하지 않다. 패션의 미래가 헌 옷에 있다는, 다소 과장으로 들리는 구호에도 은근히 귀가 솔깃해진다. 석유산업 다음으로 가장 큰 환경오염의 주범인 패션산업이기에, 업사이클링 의류를 통해 '청정'을 지향하는 움직임은 어쩌면 당연하지 않을까. '싸구려' 중고 의류가 이젠 친환경 '지속 가능'의 대명사로 인식되는 이유다.

업사이클링 바람은 명품뿐만 아니라 일반 패션에도 불기 시작했다. 오래된 청바지나 재킷을 소비자가 가져오면 할인 쿠폰을 제공해 다른 제품을 살 수 있도록 하는 Levi's(리바이스)의 프로그램이 좋은 예라 하겠다. 그렇게 모은 헌 옷들을 업사이클링해서 다시 판매하는 것이다. 우리나라에도 3년이 넘은 재고 상품이나 자투리로 가방과 옷가지를 만드는 업사이클링 브랜드가 있다.

고가의 명품, 대중 브랜드, 할 것 없이 업사이클링을 향한 시선이 이처럼 호의적이다 보니, 헌 옷을 수거하는 프로그램이라든지 '리디자인'을 통해 헌 옷을 '업사이클'하는 기술을 제공하는 스타트업까지 생겨날 정도다.

☑ 어쩌다 업사이클링이 이처럼 환영받게 되었나?

옷 한 벌에 몇백만 원. 그것이 명품업계였다. 당연히 고급 소재-고급 디자인-짧은 수명의 연속이었다. 재활용품이니, 업사이클링이니, 애초에 끼어들 수가 없었다. 그러나 브랜드 자체보다 제품의 희소성이 중요해지고 '한정판(limited edition)'이 유행하면서부터 이런 고급 브랜드도 업사이클링에 눈을 돌리기 시작했다. 복구하고, 다시 디자인하고, 새로운 가치를 만들어내는 창의의 과정이어서, 찍어낸 듯 똑같은 제품을 많이 만들 수 없다는 게 업사이클링 패션의 특징이자 장점이다.

그 위에 '가치 소비'를 떠받드는 젊은 세대의 새로운 구매 풍조가 한몫했다. 지금까지 패션업계는 잠시 입다가 버려지고 내팽개쳐지는 비싼 옷을 만드느라 어마어마한 양의 자원을 소모해왔다. UN도 전 세계 폐수의 20%, 탄소의 10%를 바로 이 업계가 배출한다고 발표했다. 해상 및 항공 운송으로 인한 배출량보다 더 많다. 우리나라만 해도 의류 폐기물이 2015년 154.4톤에서 2018년 193.3톤으로 늘어났다고 하니, 알 만하다. 그래서 쓰레기통에 버리거나 태워버릴 뻔했던 낡은 옷을 재창조한 업사이클링 럭셔리 제품은 까다로운 MZ세대에게 환경 지킴이라는 심리적 만족감을 선사한다.

008

오감 마케팅

한 번만 마주쳐도 뇌리에 남는 경험기억

독특한 이미지, 색채, 향기 또는 음악 등, 그야말로 오감五感을 동원해서 소비자들에게 기업의 아이덴티티(정체성)를 각인시키려는 마케팅 노력을 가리킨다. 갈수록 정교해지고 더 특별한 창의성을 요구하는 오늘날의 마케팅 추세를 짐작할 수 있다.

예를 들어보자. 가구가 기능 상품에 불과했던 시대는 오래전에 끝났다. 지금은 가구에 '기능+예술성'까지 갖추기를 요구한다. 현대리바트는 새로 출시할 가구와 인티리어 제품에 126가지 색

채를 적용할 계획이다. 회사 고유의 이 다양한 색채 팔레트를 개발하기 위해 영국의 유명 실내 건축가와 손을 잡았다. 심해에서 영감을 얻었다

는 색이 있는가 하면, 헤엄치는 혹등고래 빛깔을 따왔다는 색도 있다. 도전을 두려워하지 않는 회사 정신을 표현하려고 바다 관련 색채들을 개발했단다.

이처럼 한 번만 마주쳐도 뇌리에 오래 남는 소위 '경험기억'을 만들기 위해 기업들은 노력을 아끼지 않는다. 소비자가 온라인 쇼핑을 할 때, 생생히 떠오르는 기억을 심어주자는 의도다. 미래 소비의 주역인 MZ세대가 새롭고 감각적인 자극에 예민하게 반응한다는 점이 그런 노력을 불가피하게 만든다. 중요한 모임이나 행사에 CEO가 기업을 상징하는 색상의 옷과 넥타이 차림으로 참석하는 모습도 심심찮게 보인다. 고루한 회사라는 인식을 깨고자 하는 시도다.

 ## 오감(五感)으로 홍보하는 기업들

현대리바트	126가지 고유 색채 팔레트 개발
신세계백화점	지니뮤직과 협업해 BGM 음악 목록 선정
현대건설	고유 향기 뿌린 아파트 커뮤니티 센터·주차장
신한라이프	보라색 옷 입고 출근하는 가상 모델 '로지'
제주드림타워	감귤 향 따로 제작해 로비·방 등에 분사
무신사	들어서면 숲 향기 나는 오프라인 대형 매장
LG전자	전자제품 쇼룸에서 디자이너 패션쇼

향香을 강조하는 마케팅도 다양해지고 있다. 가령 호텔을 생각해보자. 어쨌거나 손님이 몸소 찾아와야 수익이 생길 것 아닌가. 이런 경우에 특히 향기 마케팅이 효과를 본다. 불과 몇 달 전에 문을 연 제주 드림타워 복합리조트가 그랬다. 제주를 연상시키는 감귤 계열의 향기, 부드러운 꽃과 싱그런 잎사귀 냄새를 섞은 향수를 아예 개발해서 로비와 방에 뿌린다. 고객이 향기로써 이곳에 투숙했던 기억을 떠올릴 법하다. 은은한 나무 향기를 활용하는 롯데호텔과 유칼립투스 향이 퍼지는 플라자호텔도 마찬가지다. 심지어 아파트 커뮤니티 센터에다 각종 허브 냄새가 섞인 향기를 뿌리는 사례도 있다. 온라인 쇼핑몰로 명성을 얻은 후 오프라인으로 진출한 무신사도 매장에서 온통 숲의 냄새가 나도록 배려했다. 그 향을 맡으면 상품을 안 봐도 무신사 로고가 떠오르게 만들자는 마케팅이다.

청각을 활용한 마케팅은 어떨까? '앞장서서 트렌드를 이끄는 기업'이란 이미지를 갖고 싶은 신세계백화점은 청각 마케팅의 좋은 예이다. 최근 지니뮤직과 손잡고 앱을 통해 매달 플레이리스트를 공개했다. 백화점 안에 마련된 전용관에서도 그런 음악을 들을 수 있다. 여름에는 바캉스 기간에 즐겨 들을 수 있는 가벼운 클래식 음악을 목록에 넣기도 했다.

인간의 감각이란 오묘한 것이다. 비대면의 시대에는 듣고, 보고, 냄새 맡고, 만져보려는 욕구가 한층 더 강해진다. 만약 오프라인에서 그런 욕구를 해소한 기억이 있다면, 온라인 쇼핑에서도 그 기억은 이어진다. 소위 감각적인 '경험기억'이다. 그러니 기업들이 이를 놓칠 리 있겠는가. 그러한 욕구에 더욱 민감한 MZ세대의 경향을 생각한다면 더 말할 나위도 없다. 똑같은 이유에서 소위 '체험형' 매장도 갈수록 확대되고 있다.

009

OTT 혹은
온라인 동영상 서비스
Over the Top

한 치 앞이 안 보이는 무한경쟁 스트리밍

인터넷을 통해 언제 어디서나 영화/드라마/방송 등의 콘텐츠를 시청할 수 있는 서비스. OTT를 직역하면 "톱을 넘어서"라는 뜻인데, 여기서 '톱'은 셋톱 박스를 가리킨다. 그러니까, 어떤 하나의 플랫폼에 종속되지 않고 스마트폰, 노트북, PC 등 다양한 플랫폼을 지원한다는 의미다. 코로나-19 확산으로 극장 대신 집에서 OTT 서비스를 통해 영화나 드라마를 보는 사람들이 많아지고 관련 매출도 현저히 늘어나자, OTT 사업에 뛰어드는 업체와 그 규모가 폭발적으로 늘고 있다. 2020년 말 국내 OTT 시장은 7,801억 원 규모로 성장한 상태다. 선두주자 넷플릭스는 2021년 2월 기준 월 한국 내 이용자 1,000만 명을 돌파했다. 1년 만에 배로 늘어 폭발적이란 수식어가 어색하지 않다.

세계 OTT 시장은 이 분야를 선점한 Netflix(넷플릭스)가 압도한다. 가

넷플릭스 로고 변천사

장 큰 강점은 풍부한 오리지널 콘텐트. 젊은 세대에서는 넷플릭스에 가입하지 않고는 주변 사람과 대화가 안 된다는 말까지 나올 정도이니 알 만하다. 자체 자료에 의하면 2021년 4월 현재 전 세계 넷플릭스 유료 구독자가 2억 가구 이상이다. 한국 상륙 5주년을 맞은 넷플릭스는 최근 250억 원짜리 SF 영화 「승리호」를 위시해 K드라마 열풍의 시작이었던 「킹덤」의 후속편 「킹덤: 아신전」 「인간수업」 같은 한국 오리지널 콘텐트도 대폭 늘리고 있다. 2021년에도 장르를 불문하고 5억 달러를 한국 이야기꾼들에 투자한다는 계획이다. 하지만 넷플릭스 콘텐트는 품질이 그저 그렇다는 평도 만만찮다. 시즌이 거듭되면 딱히 맘내키는 게 없어, '넷플릭스 권태기'라는 말도 생겼다.

넷플릭스의 아성에 도전하는 또 하나의 강자는 2021년 말 국내 진출을 예고한 디즈니의 OTT 서비스인 Disney+(디즈니 플러스)다. 할리우드 메이저로서의 브랜드 파워와 함께 수십 년간 축적해놓은 오리지널 콘텐트는 막강 그 자체다. 「겨울왕국」 등 주옥같은 애니메이션 명작들, 「아이언맨」 「어벤저스」 등을 지닌 마블, SF 영화의 전설인 「스타워즈」와 다큐멘터리의 제왕 내셔널 지오그래픽까지. 출범 1년여 만에 가입자 1

억 명을 돌파하며 무섭게 성장하고 있다. 서비스 시작 시점에 맞춰 한국산 오리지널 콘텐트도 내놓는다.

OTT 경쟁은 '극도로 치열' 외엔 표현할 길이 없다. 아마존의 OTT 서비스 'Prime Video(프라임 비디오)'와 '디즈니 플러스'가 넷플릭스를 바짝 추격하는 가운데, 애플이 제공하는 '애플TV 플러스,' 미국 최대 케이블TV 그룹 Comcast(컴캐스트)의 'Peacock(피콕),' 'Hulu(훌루),' 'HBO 맥스' 등이 확장의 기회를 노리고 있다. 방송사 CBS와 파라마운트 스튜디오 등을 거느린 Viacom CBS(비아콤 CBS)는 '파라마운트 플러스'를 내놓으며 OTT 시장에 발을 들여놨다. 언제 어떤 형태의 합종연횡이 이루어질지, 잔뜩 긴장된 OTT 시장에 그런 움직임이 어떤 충격을 몰고 올지, 도통 알 수 없다. 소비자의 관점에서 예전엔 하나의 OTT로 충분했는데 앞으로는 여러 개의 OTT를 동시 구독해야 하는 '플랫폼 파편화 현상'도 우려된다. 부득불 요금도 인상될 거라는 걱정까지 더해진다.

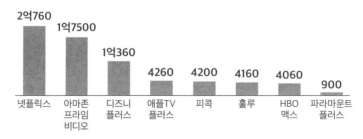

글로벌 OTT구독자(단위: 만명)

- 넷플릭스: 2억760
- 아마존 프라임 비디오: 1억7500
- 디즈니 플러스: 1억360
- 애플TV 플러스: 4260
- 피콕: 4200
- 훌루: 4160
- HBO 맥스: 4060
- 파라마운트 플러스: 900

2021년 3월 말 기준
자료: 버라이어티

✅ 한국 토종 기업이 제공하는 OTT 서비스는?

넷플릭스가 워낙 압도적인 글로벌 1위인 데다 2021년 하반기엔 디즈니 플러스, 그 후엔 다른 OTT 공룡들까지 상륙한다. 국내 OTT 업체들 사이에는 향후 1~2년 안에 콘텐트 확보 경쟁에서 밀리면 시장에서 영영 사라질 수도 있으며, 우리 미디어 시장은 외국 기업의 하청 기지로 전락하고 산업 자체가 무너질 수도 있다는 위기감이 팽배하다. 참고로 국내 OTT 시장은 연평균 26.3%씩 성장 중이다. 2012년 1,085억 원이던 OTT 시장은 2020년 7,801억 원으로 커졌다.

(1) 웨이브 : SK텔레콤과 지상파 방송 3사가 합작해 2019년에 출범한 토종 OTT 1위 플랫폼. 글로벌 OTT 거

인들에겐 열세일 수밖에 없지만, 최대 주주 SK텔레콤은 공격적인 투자로 경쟁력을 끌어올리기 위해 2025년까지 오리지널 콘텐트에 1조 원을 투자한다고 최근 발표했다. 오리지널 콘텐트 기획·개발을 전문으로 하는 스튜디오 설립도 추진한다. 시청자 혹은 가입자를 모으기 위해선 독특하고 품질 높은 콘텐트가 필수불가결임을 새삼 절감한다.

(2) 티빙 : CJ ENM이 2023년까지 국내 1위 OTT로 만들겠다고 선언한 자회사. CJ ENM은 2021년에만 8천억 원을 쏟아붓고 앞으로 5년간 5조 원 이

상의 투자를 실행함으로써 2023년까지 약 100편의 오리지널 콘텐트를 제작하고 8백만 명의 유료 가입사를 확보한다는 목표다. 또 장르나 플랫폼 구분 없이 드라마, 영화, 웹툰, 공연을 넘나드는 '트랜스 미디어 콘텐트' 제작 생태계도 만들 생각이다. 실제로 기존 VFX 스튜디오를 포함해 대략 축구장 32개 규모의 미래형 스튜디오 완공을 앞두고 있고, 첨단 공연장을 포함한 테마파크 '라이브 시티'도 건설 중이다. 2021년 6월 네이버가 3대 주주로 합류하면서, CJ 그룹과의 미디어 혈맹이 단단해졌고, 네이버의 IP를 기반으로 하는 콘텐트 제작도 한결 수월해졌다.

(3) 카카오 TV : 2020년 9월 출범한 OTT 시장의 신흥 강자. 누적 조회 수 1천만 뷰를 돌파한 「며느라기」, 인

kakaoTV ▶

터뷰 형식의 로맨스 「도시남녀의 사랑법」, 20대 암 환자를 통해 인생의 의미를 돌아보는 「아만자」 등, 카카오M의 오리지널 콘텐트로 이례적인 흥행 열풍을 이어왔다. 카카오톡 기반, 모바일 지향, 탁월한 접근성, 15~30분짜리 '미드폼' 드라마, '공개 먼저, 유료 나중' 결제방식, 20~30대를 위해 특화된 콘텐트 등의 특성으로 호평받으며 구독자 수 370만을 넘겼다.

(4) 시즌(Seezn) : 웨이브에 맞서 통신업계 경쟁사인 KT가 제공하는 OTT 서비스. KT 역시 질 좋은 콘텐트만이 미디어 플랫폼의 발전을 보장한다는 신념 아래, 2023년까지 4,000억 원을 투자하여 100여 개의 드

라마와 기타 콘텐트를 제작하고 지식재산권(IP)을 확보한다는 청사진을 제시했다.

(5) 왓챠 : 오래된 명작이 많아서 좋다. 「살인의 추억」 같은 국산 명작뿐 아니라, 「시네마천국」 「비포 선라이즈」 등의 외화도 풍부하다. 일본의 「해파리공주」 같은 드라마와 중국산 「보보경심」 같은 독점 공급 드라마도 괜찮다. HBO 맥스가 한국에 진출할 때까지라는 전제가 붙긴 하지만, 아직은 볼 수 있는 「섹스 앤 더 시티」 「왕좌의 게임」 등 HBO 인기 드라마도 강점이라면 강점이다. 주로 대중적-상업적인 넷플릭스의 콘텐트에 비해, 왓챠는 고전 영화나 독립영화 혹은 단편영화처럼 다분히 비주류 콘텐트가 많은 편이다.

 "묻고 더블로" OTT 투자전쟁(단위: 원)

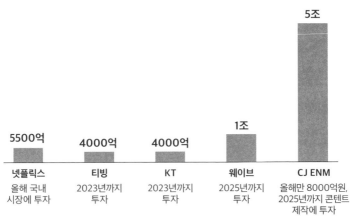

자료: 각 사

☑ 치열한 OTT 경쟁의 숨은 수혜자들이 있다는데?

그렇다, 영화나 드라마나 TV 프로그램을 만들어 이들 OTT 사업자들에게 공급하는 제작사들이 큰 혜택을 입는다. 이런 제작자들을 '콘텐트 공급자(CP; content provider)'라고 부르는데, 여기에는 영화나 드라마 제작사뿐만 아니라, 웹툰이나 웹소설 공급업체도 포함된다.

- 에이스토리 : 인기 드라마인 「시그널」 「킹덤」 등을 제작했다. 어마어마한 기대 속에 2021년 하반기 방영된 「지리산」이 흥행에 실패하면서 다소 휘청거렸다.
- NEW : 「반도」 「무빙」 등을 만든 영화제작사.
- 키다리스튜디오 : 여성 독자층을 겨냥한 장르에 강점을 지닌 웹툰 CP. 남성과 전 연령층을 주 타깃으로 하는 레진엔터테인먼트를 인수함으로써, 웹툰을 기반으로 드라마, 영화, 게임 등 다양한 영역으로 확장하는 '원 소스 멀티 유스(OSMU; One-Source Multi-Use)' 전략을 본격적으로 펼칠 계획.
- 대원미디어 : 자회사 대원씨아이가 다양한 웹소설과 웹툰을 제작·판매하고 있어서, 흥행에 성공한 웹소설을 웹툰으로 전환하는 등의 OSMU 전략을 활발히 펼친다. 원래 닌텐도 본체와 소프트웨어 유통이 주 사업이었지만, 2020년부터 매출의 절반 이상이 온라인 사업에서 이루어져, 이젠 온라인 콘텐트 기업으로 분류해야 할 것 같다.

☑️ 이 분야의 최근 핫 뉴스 두어 개를 들자면?

(1) 미국 통신·미디어 그룹 AT&T가 디스커버리와 손잡고(합작사 기업가치 1,500억 달러 전망) OTT 시장에 진출한다. 타임워너 인수로 이미 위성·케이블TV 시장에 뛰어든 AT&T가 스트리밍 사업을 확대하면서 넷플릭스와 디즈니가 이끄는 OTT 시장의 경쟁은 점입가경이다. 유료방송을 탈퇴하고 값싼 OTT 등 새 플랫폼으로 갈아타는, 소위 code cutting(코드 커팅) 하는 시청자가 늘면서 어려움을 겪어온 AT&T와 디스커버리가 '케이블→스트리밍'이란 시장 변화에 발맞추어 손잡고 넷플릭스, 디즈니와 어깨를 나란히 할 OTT 플랫폼을 만든다는 목표다.

(2) 아마존이 영화제작사 MGM을 90억 달러에 인수함으로써 OTT 플랫폼 '프라임 비디오'의 콘텐트를 대폭 강화, 넷플릭스의 강력한 경쟁자로 떠오를 것으로 보인다. 이미 아마존 스튜디오를 통해 자체 콘텐트 제작에도 열정적이었던 아마존은 MGM의 풍부한 영화 및 TV 콘텐트(평가 가치 100억 달러)로 천군만마를 얻은 셈이다. 코로나-19 사태로 반사이익을 얻으며 급성장한 OTT 시장, 넷플릭스가 간신히 선두를 지키고 있는 가운데 1년 후에는 누가 주도권을 차지할지 예측하기는 더 어려워졌다.

(3) 카카오 자회사 카카오페이지와 카카오M이 합병해 출범했던 카카오엔터테인먼트가 영상 스트리밍 기술 업체 아이앤아이소프트를 250억 원에 인수한다. 카카오의 OTT 사업에 제대로 불이 붙었다는 신

호로 해석된다. 다수의 영화 드라마 제작사들을 인수해 영상 제작 역량을 키워온 카카오엔터테인먼트는 그런 경험을 앞세워 OTT 시장에서 빠르게 영향력을 확대해 나갈 것으로 보인다. 웹툰, 웹소설 분야에서 적지 않은 지식재산권까지 확보하고 있어 더욱 힘을 보탤 것 같다.

010

오픈 뱅킹
Open Banking

앱 하나로 모든 금융기관과 모든 금융거래를

은행의 송금 및 결제 네트워크를 표준화시키고 개방해서 하나의 스마트폰 앱으로 모든 은행의 계좌(잔액, 거래 내용 등) 조회, 결제, 송금 등을 실시간으로 할 수 있는 금융 서비스. 간단하게 은행권과 핀테크 기업이 공동으로 이용할 수 있는 공동결제시스템이라 보면 된다. 시민의 삶을 좀 더 편하게 만들고자 하는 의도다. 이용자는 거래 은행의 기존 모바일 앱에 추가되는 오픈 뱅킹 메뉴에서 타행 계좌를 등록하고 이용 동의만 하면 오픈 뱅킹을 이용할 수 있다. 이용자가 입출금 계좌를 개설하지 않아도 자신들의 앱만 깔면 오픈 뱅킹을 이용할 수 있게 해주는 은행도 있다. 우리나라에선 2019년 10월 10개 대형 은행의 시범 운영을 거쳐, 같은 해 12월에 정식 가동되었고, 16개 은행과 31개 핀테크 기업에서 활용할 수 있다.

전면 시행된 지 1년여가 지난 2021년 1월 말 기준 6,500만 명 이상이 오픈 뱅킹에 가입했고, 계좌 수로는 1억1,200만 좌에 이른다. 규모로 보면 분명히 급성장이지만, 이용자의 불평은 만만치 않다. 그들의 스마트폰에는 여전히 여러 은행의 앱이 별도로 깔려 있다. 개별 은행 앱에 접속해야만 확인할 수 있고 이용할 수 있는 금융상품이 아직 많다는 얘기다. 치열한 경쟁을 뚫고 하나의 앱만 살아남을 거라는 '원 수퍼 앱' 전망도 실현되지 않았다.

'앱 하나로 모든 금융 거래'라는 애초의 꿈은 컸으나 오픈 뱅킹 활용은 여전히 계좌 조회나 단순 이체 같은 초보 수준에 머물러 있다. 금융결제원도 오픈 뱅킹 이용 중 잔액 조회가 84.5%로 거의 전부였고, 그다음이 거래 내용 조회와 이체 출금 정도라고 실토한다. 계좌가 서로 연동되어 있긴 하지만, 자기 은행에서 돈이 빠져나가는 걸 꺼리는 은행들이 기능 개선에 소극적이라는 지적도 있다. 그래서 기본적인 이체 정도만 허용되고 오픈 뱅킹의 핵심 기능이라는 '타투타'(타 은행에서 타 은행으로의 이체)'가 막히는 등, 원래의 도입 취지가 무색한 사례도 많다.

✅ 오픈 뱅킹은 어떤 효과를 가져오는 서비스인가?

은행권의 오픈 API를 활용해 오픈 뱅킹 같은 공동결제시스템을 도입하면, 여러 은행과 핀테크 기업들의 결제 네트워크에서 즉각적으로 은행권 정보와 연계된 금융서비스를 제공할 수 있다. (참고로 API는 특정 프로그램의 기능과 데이터에 다른 프로그램이 접근할 수 있도록 미리 정해 놓은 통신규칙을 뜻함) 이렇게 되면 은행들은 고객 확대 효과를 얻을 수 있고, 핀테크

기업들은 다양한 사업의 확장을 도모할 수 있다. 이용자가 내는 비용도 낮아질 전망이다. 가령 기존의 간편 송금 앱을 쓰면 건당 수수료가 400~500원인데, 오픈 뱅킹에서는 수수료가 건당 20~50원으로 대폭 낮아진다.

☑ 원래 의도에 부합하는 만족스러운 오픈 뱅킹, 가능할까?

우선 폭은 넓어졌다. 2020년 말에 오픈 뱅킹 범위는 증권사로 확대됐고, 2021년에는 카드사와 저축은행에도 도입된다. 적용 범위가 2금융권까지 넓어진 셈이다. 게다가 금융사에 흩어진 개인신용정보를 한데 모아 보여주는 '마이 데이터(본인신용정보관리) 서비스'가 곧 시작될 예정이어서, 오픈 뱅킹 품질의 개선을 촉발할 수도 있다. 오픈 뱅킹과 마이 데이터를 묶으면 자산 관리에 특화된 서비스를 제공할 수 있기 때문이다. 예컨대 앱에서 어떤 금융상품을 추천하고 계좌 개설에다 이체까지 해주는 식이다. 물론 오픈 뱅킹을 '경품 뿌려대며 고객 뺏는' 이벤트쯤으로 생각하는 일부 금융기관의 태도가 문제라는 시각도 있다. 내가 득을 보려면 누군가가 손해를 봐야 하는 제로섬 게임이 되어서야 오픈 뱅킹이 어떻게 원래의 목적을 달성하겠는가.

원격근무
Telecommuting

재택근무
Working out of home

싫건 좋건 대세는 거를 수 없으니 적응하라

진보된 정보기술을 활용해 시간과 장소에 구애받지 않고 언제 어디서나 업무를 수행하는 새로운 근무 방식. 이미 20세기 말부터 선진국 중심으로 조금씩 퍼져나간 미래지향적인 근무 방식이었으나, 최근 코로나바이러스의 확산으로 급격히 그리고 폭넓게 확산하고 있다. 이런 방식으로도 효율적인 업무를 가능하게 만드는 것은 바로 IT의 놀라운 발전이다.

✅ 원격/재택근무의 장점을 들자면?

(1) 무엇보다 사무실 임대를 비롯한 고정적인 운영비를 줄일 수 있다. 규모가 큰 기업일수록 이 방면의 혜택은 더욱 커진다. (2) 직원들로서는 물리적인 출-퇴근에서 생기게 마련인 이동시간 소모와 스트레스

를 줄일 수 있다. (3) 예고도 없이 닥치는 천재지변이나 전염병 같은 재난-재해 시에도 크게 흔들림 없는 업무 처리가 가능하다. (4) 지역이라는 제약을 받지 않고 기업의 성장에 공헌할 만한 우수 인력을 여기저기서 채용-확보할 수 있다. (5) 회사가 꼭 지키고 싶은 인재가 출산이나 육아 또는 배우자의 전근으로 인해 퇴직-이탈하는 일을 막을 수 있다. (6) 반대 의견이 있을 수도 있지만, 개인별로 조용한 환경에서 간섭이나 방해 없이 자신의 업무에 집중할 수 있어 업무의 생산성을 높일 수 있다.

✅ 반대로 원격/재택근무의 단점은?

(1) 대면 환경에서만 가능한 협업이 안 되기 때문에 협업이 가져다주는 모든 장점을 놓칠 수 있다. 이 때문에 전체적인 효율과 생산성이 낮아지는 현상이 생길 수도 있다. 직접 머리를 맞대고 논의하지 못하는데 새로운 아이디어가 쉬이 나오겠는가. (2) 직장 동료들과의 물리적 접촉이 사라지므로 소속감이 떨어지고 동료애와 연대감도 없어져 소통은 급감하고 외로움을 느끼면서 전반적으로 사기가 뚝 떨어진다. (3) 업무 시간과 개인 시간의 경계가 흐릿해지면서 사무실에서 근무할 때보다 더 많이 근무하는 현상이 종종 발생한다. 같은 이유로 원격 근무자는 사실상 24시간 업무와 연결되는 환경에 놓이게 된다. 그뿐인가, 회사와 원격 근무자 사이에 신뢰가 흔들리기 쉽다.

✅ 기업으로서는 어떤 대책을 세워야 할까?

세계의 기업들은 코로나-19 방역 차원에서 원격근무와 사무실 출근을 병행했다. 시간이 흐르면서 그 결과에 고무되어 원격근무를 정식 근무 체제로 확대하고 장기화하는 기업들이 있는가 하면, 반대로 직원 사기와 생산성 하락을 경험한 끝에 코로나가 잡히기만 하면 다시 전원 출근을 다짐하는 기업들도 적지 않다. 산업에 따라, 기업문화에 따라, 경제환경에 따라, 반응은 다르다.

그러나 한 가지는 분명하다. 코로나 종식 이후에도 재택근무가 이전 보다는 훨씬 더 보편적인 근무 형태가 될 것이다. 따라서 이런 변화에도 불구하고 어떻게 생산성을 극대화할 것인지, 그 방안을 일찌감치 고민 해두어야 한다. 위에서 나열한 재택근무의 단점들을 보완할 다양한 해 법을 찾아야 한다는 얘기다. 그래서 기업은 아래의 질문에 대한 해답을 꾸준히 준비해야 한다.

원격근무의 대전제는 직원들과 경영진 사이의 상호 신뢰인데, 이를 확보할 방안은 준비되어 있는가? 기업의 본-지사 규모와 더불어 확연 히 줄어드는 고정 비용을 활용해, 어떻게 전반적인 생산성과 효율을 높 일 것인가? 원격으로 일하더라도 초과 근무로 인한 불평을 차단하기 위 해 근무시간 후엔 강제로 PC 사용을 차단할 것인가, 아니면 경고를 띄 울 것인가? '원격'의 의미를 '한 도시 내'에서 국내 전역으로, 나아가 국 내에서 해외까지로 확대할 것인가? 실제로 스웨덴에 본사를 둔 세계 최 대 음원 서비스 업체 Spotify(스포티파이)는 영국, 프랑스 등에 거주하면 서 원격으로 일할 수 있게 허용하고 있다. 직원들이 재택근무에 잘 적응하도록 돕기 위한 지원 방안은 무엇인가? 재택근무로는 수행할 수 없는 업무와 충분히 할 수 있는 업무를 제대로 구분해두고 각각의 경우에 적절한 대응책을 마련했는가?

012 월·화·수·목·일·일·일

장점과 폐단이 공존하지만 외면할 순 없는

물론 이런 경제용어는 없다. '주4일 근무제'를 재미있게 표현해본 거다.

예전에도 직원들의 복지와 자기계발을 위한 기업들의 근무시간 축소 노력은 이미 계속되어온 터였다. 가령 미국의 햄버거 체인 Shake Schack(세이크 섁)[7]은 주4일제가 직원들의 만족을 높일 거란 확신으로 2019년에 이미 도입을 추진하고 있었다. 이번엔 코로나-19로 재택근무가 확산했기 때문일까, 아니면 '워라밸'로 불리는 일과 삶의 균형에 대한 요구가 수년 동안 꾸준히 늘었기 때문일까, 아무튼 '일주일에 4일, 하루에 8시간'이라는 이 근무 방식이 전 세계적으로 다시 주목받고 있다. 우리 머릿속에 깊이 각인된 "월~금, 9~5시"라는 아이디어도 마침내 수명이 다한 것일까?

---

7 한국에는 '쉑쉑'이란 이름으로 진출해 있음

이 용어와 관련해서는 최근 스페인이 뉴스에 가장 먼저 올랐다. 200여 기업이 참가할 거란 전망 아래 3년 동안 '월·화·수·목·일·일·일'을 시범 적용한단다. 급여 삭감 없이 주당 근무시간을 32시간으로 줄이는 프로젝트다. 이로 인해 손해를 보는 기업에는 정부가 해마다 100%-50%-33%를 지원한다는 방침이다. 스페인 정부가 이런 실험을 하는 이유는 근무 일수를 줄여도 생산성은 높일 수 있으며, 탄소 배출을 줄이는 방안으로도 유효하다는 주장이 제기되었기 때문이란다. 그럼에도 생산성이라면 유럽에서 맨 꼴찌나 다름없는 데다 2020년 경제가 1930년대의 내란 이후로 가장 크게 위축된 스페인인데, 근무 일수마저 줄이면 어떡하느냐고 외치는 반대의 목소리도 요란하긴 하다.

일본도 개인이 희망하면 이를 허용하는 '선택적 주4일 근무제'를 본격 도입할 전망이다. 남는 시간에 자기계발이나 소위 '투 잡'이 가능하도록 하고 여성 직원이 육아를 병행할 수 있는 '유연 근로'의 중요성이 드러났기 때문이다. 정부가 올해 핵심 방침에 주 4일 근무를 포함할 거란 전망도 있다. 과밀한 도시 인구를 지방으로 분산시키는 효과도 노린다. 마이크로소프트 재팬, 유니레버 재팬 등 다국적 기업들이 집이나 다른 장소에서도 업무를 처리할 수 있게 체제를 바꾸면서 앞장서 이를 실험하고 있다.

유니레버 뉴질랜드, 쇼피파이 캐나다 등도 코로나바이러스 창궐을 계기로 주4일제를 적극 실험하는 중이다. 여기에는 '번아웃'에 시달리

는 임직원들의 호소를 들어주는 측면도 있고, 재택근무 확산 등으로 일
터의 유연함을 깨달은 측면도 있을 것이다.

✅ 주4일 근무제를 둘러싼 찬반의 논리는?

'월·화·수·목·일·일·일'은 잠
재적으로 비생산적일 수 있다. 근무시
간을 줄인다는 것은 급여를 줄이는
것과 같은 효과를 가져온다는 불만도
있다. 반대로 긍정적인 효과를 기대
하는 사람들도 많다. 직원의 근무시

간을 줄이고도 생산성을 비슷하게 유지하려면, 대개 추가로 직원을 고
용해야 하고 그러자면 비용이 증가하지만, 상당 부분은 상품이나 서비
스의 가격을 올림으로써 상쇄할 수 있다. 그러니까 전체 경제에는 좋은
효과라는 것이다.

실제로 일부 스페인 기업들이 주4일 근무를 시도했더니, 무단결근
사례가 28%나 감소했으며, 판매 실적은 전과 다름없는 페이스로 늘어
났다고 한다. 게다가 직원 이직률은 거의 제로에 가까웠다. 그러고 보면
'월·화·수·목·일·일·일'을 실현하기 위해선 추가로 인력을 채용해 기
존의 생산 일정을 지켜야 하고, 적지 않은 투자를 감행해 새로운 기술을
도입해야 하지만, 그로써 기업이 누린 보상도 뚜렷했다는 얘기다. 세계
각국에서 주4일 근무제를 지향하는 운동이 일어나는 이유일 것이다.

☑️ 한국의 기업들은 어떻게 받아들일까?

주4일제를 긍정적으로 수용하는 모습은 역시 게임 업계와 IT 분야 중심으로 나타난다. 매월 2번씩 '노는 금요일'을 채택하고 아예 회사 문을 닫는 카카오게임즈나 매월 셋째 금요일을 휴무일로 지정한 SK텔레콤처럼 말이다. 아직은 전자책 플랫폼 회사 밀리의 서재처럼 주4일제를 도입한 기업보다는 매주 월요일 오후 1시에 출근하는 주4.5일제나 격주 4일제 등의 변형이 더 눈에 띄지만, 그래도 먼 나라 얘기만 같았던 주4일 근무 시대가 성큼 다가온 것은 확실해 보인다. 2020년엔 코로나 때문에 어쩔 수 없이 주4일제가 확산했지만, 앞으로는 자발적인 참여도 늘고 주5일제로 돌아갈 확률은 낮다. 무엇보다 직원들의 만족도와 이에 따른 충성도가 높아지고 이직률도 현저히 낮아지는 등, 업무 효율에도 긍정적인 영향을 미치기 때문이다.

아직은 시행 초기여서 그럴 테지만 평가는 엇갈린다. 경영진 일부가 '너희들 놀러 다니는 꼴이 보기 싫어 주5일로 돌아가야겠다'고 대놓고 불평인가 하면, 일부 직원들은 '시도 때도 없이 메시지가 와대니, 이건 주4일제가 아니라 24시간 근무'라고 볼멘소리다. 야근과 초과 근무에 익숙한 문화가 여전히 기업 DNA에 스며 있다 보니, 갈등이 불거진 것이다. 한편, 수당이 깎이고 임금이 줄어든다는 이유로 주4일 근무를 반대하는 직원도 적잖다. 삼성물산 패션부문처럼 실제 이런 이유로 주4일제를 철회한 사례도 있다.

주 4일제 기업들

주 4일제	에듀윌, 충주 에네스티, 엔돌핀커넥트, 밀리의서재, 신라호텔, 롯데면세점
격주 4일제	카카오게임즈, SK수펙스추구협의회, 카페24
주 4.5일제	우아한형제들, 여기어때
간헐적 주4일	SK텔레콤(매월 셋째 주 금요일 휴무)

하지만 생산성과 경쟁력을 고려하는 기업이라면 '일과 휴식의 균형'이라는 시대적 요구를 무시할 수는 없는 노릇이다. 우수 인력이 미래의 성장을 좌우하는 환경에서 그렇잖아도 개발자 등 인재난에 시달리는 벤처기업이나 스타트업들은 더더욱 주4일제나 유연근무제를 외면하는 어리석음을 범하지 않을 것이다.

013

이·에스·지
ESG: Environmental, Social, Corporate Governance

기업과 비즈니스가 사회와 환경에 미치는 영향

우선 위키피디아는 ESG를 어떻게 정의하고 있는지 찾아봤다. "어떤 기업이나 비즈니스에 대한 투자의 지속가능성과 사회에 미치는 영향을 측정하는 데 쓰이는 3가지 핵심 요소, 즉, 환경, 사회적 책임, 기업의 지배구조를 가리킨다. 이 세 개의 평가 기준은 기업의 미래 재무성과, 즉, 이익과 리스크를 좀 더 잘 결정하도록 도와준다."

잠깐, 여기서 "지속가능성"이란 무슨 뜻일까? 최근 몇 년 사이 경제-정치-사회-문화 등 분야를 가리지 않고 점점 더 자주 언급되는 이 용어부터 정확하게 알고 넘어가자. 영어로는 sustainability인 '지속가능성'은 우리를 둘러싼 자연환경을 해치지 않고 그 다양한 생태계를 유지하며 조화롭게 살아가는 능력, 전례 없는 속도로 인류가 착취-파괴하고 있는 자연을 보호할 수 있는 능력을 가리킨다. 어느 분야에서건 이렇게 '지속가능성'을 갖춘 발전을 sustainable development라 부르며, 비즈니스와 기업에 그런 지속가능성을 요구하는 것이 바로 ESG의 취지다.

ESG란 개념은 2006년 제정된 'UN Principles for Responsible Investment(UN 책임투자원칙)'에 처음 등장했다. 우리나라에서 눈에 띄기 시작한 것은 기껏 6~7년 전인데, 2020년 초부터는 그야말로 태풍이 몰아치듯 모든 매체의 경제 관련 기사를 뒤덮고 있다는 인상을 받게 된다. 마치 ESG라는 목표가 모든 기업과 비즈니스의 성배聖杯(Holy Grail)라도 된 것처럼 말이다. 대기업들이 앞다투어 ESG 경영을 선언하는가 하면, 엔간한 규모의 회사들은 빠짐없이 ESG 전담 기구를 만들어 ESG 관련 프로젝트를 추진하고, 은행은 ESG 점수를 기업평가 기준의 상단에 배치하며, 기관투자자들은 ESG를 소홀히 하는 기업에는 투자하지 않겠다고 다짐하고, ESG 테마의 채권이나 펀드가 불티나게 팔리고, ESG 관련 서적이 쏟아져 나온다. 각 기업과 금융기관 및 정부 관련 부서들이 나름의 평가 체제를 만들어 ESG 점수를 매기는 가운데, 전문 평가기관들도 방대한 연구조사를 병행하면서 기업 ESG 채점에 분주하다. 덕분에 통일된 표준 ESG 평가시스템은 아직 확립되지 않았지만, 미래의 성장에 ESG가 결정적인 역할을 할 것이라는 점에는 이론의 여지가 없다.

☑ 구체적으로 어떤 요소들을 고려하는 것인가?

어떤 요소들을 따져서 기업이나 산업의 ESG 측면을 평가할 것인가? 그 기준은 나라마다 다르다. 국가의 규모와 자연조건 및 경제환경이 다르고 정치체제도 각양각색이니 당연히 다를 것이다. 또 산업마다 똑같은 잣대를 갖다 댈 수도 없다. 철강, 화학, 금융, 전자, 식품, 바이오, 운송 등에 무슨 수로 일률적인 ESG 지표를 적용하겠는가?

MSCI(모건 스탠리 캐피털 인터내셔널), Thompson Reuters(톰슨 로이터즈), S&P Global(에스앤피 글로벌) 등 6대 국제 평가기관은 온실가스 저감량, 자선활동, 특수관계자 거래 등의 지표를 소위 'substantive elements(본질적 요소)'로서 정해놓긴 했다. 하지만 그 당위성에는 의문부호가 붙을 수밖에 없고, 아직은 범세계적으로 적용되기도 어렵다. 여기서는 최근 1년여 사이 우리나라에서 조금씩 틀이 갖추어지고 있는 전반적인 ESG 평가 기준을 하나씩 짚어보기로 하자.

(1) E(환경 친화);
부끄럽게도 한국은 국제사회에서 '기후 악당'이라는 오명을 면치 못하고 있다. 우리 기업들은 환경을 해치지 않는 지속가능성 확보가 그만큼 더 힘들다는 얘기다.
 - 이산화탄소, 메탄 등의 온실가스를 얼마나 많이 배출하는가? (한국 기업들의 대표적인 골칫거리)
 - 그 외에 환경을 오염시키는 질소산화물, 황산화물 등을 얼마나 많이 배출하는가?
 - 어떤 종류의 에너지를 얼마나 많이 소비하는가? 특히 신재생에너지를 얼마나 많이 활용하는가?
 - 비즈니스 과정에서 어떤 종류의 쓰레기와 폐기물이 얼마나 많이

발생하는가?

- 친환경 제품이나 진환경 서비스를 얼마나 많이 창출하고 있는가?

- 환경과 관련된 연구개발(R&D)에 얼마나 많은 투자를 하는가?

- 대기나 강이나 바다에 기름, 유독가스, 화학물질 등을 유출하는 사건-사고를 일으킨 적이 있는가?

- 친환경 인증마크를 보유하고 있는가?

(2) S(사회적 책임);

E와 더불어 S의 수준도 아직은 갈 길이 먼 상황이다.

- 임직원의 안전과 건강을 얼마나 잘 보장해주는가?

- 전체 임직원 중에서 여성이 몇 퍼센트를 차지하는가?

- 남성과 여성의 평균 임금 사이에 얼마나 격차가 있는가?

- 장애인 고용과 청년 채용의 실적은 어느 정도인가?

- 공익-자선단체를 위한 기부나 봉사활동은 어느 정도인가?

- 경영진과 임직원의 청렴도를 높이는 방안을 갖고 있는가?

- 사회적 약자를 위한 봉사활동은 얼마나 자주 하는가?

- 정규직과 비정규직이 어떤 비율로 구성되어 있는가?

- 공기업의 경우, 정규직 전환율은 어느 정도인가?

- 중소기업 제품이나 서비스를 얼마나 자주 우선적으로 구매하는가?

- 이익 및 성과를 어느 정도 중소기업과 공유하고 있는가? (동반성장에 관련된 지표)

- 지역공동체의 지속가능성에 얼마나 공헌하는가?
- 임직원이 종교나 성 때문에 차별당한 사례가 있는가?
- 개인정보가 유출되는 사건-사고가 발생한 적이 있는가?

(3) G(기업의 지배구조);

최근까지 한국 기업의 '아킬레스건'으로 지적돼온 기업의 지배구조는 오히려 예상보다 빨리 상황이 개선되고 있다는 평가다.
- 이사회는 어떻게 구성되었으며 이사회의 전문성은 얼마나 확보되어 있는가?
- 이사회에는 감사위원회가 설치되어 운영되고 있는가?
- 기업의 사회적 책임을 위한 CSR 위원회가 설치되어 운영되고 있는가?
- CEO와 이사회 의장은 실질적으로 분리되어 있는가?
- 준법감시인(compliance officer) 제도는 시행되고 있는가?
- 회사의 내규는 사내에 충분히 공유-공개되어 있는가?
- 부정부패, 회계와 세무, 이사회 등과 관련된 사건이나 사고가 발생한 적이 있는가?

판단 기준은 이보다 얼마든지 많이 생각해낼 수 있다. 그러나 정말 중요한 점은 기업이 이러한 ESG 이슈에 소홀했다가는 적지 않은 불이익을 감내할 각오를 해야 한다는 사실이다. 투자를 받거나 사채를 발행하기도 힘들고, ESG 투자를 표방하는 대형 기관투자자들이 외면하는 탓에 주가를 관리하기도 어려워진다. ESG에 민감한 대기업들은 부품이나 소재를 납품받을 때도 공급사의 ESG를 따진다. 글로벌 시장을 노리는 기업이라면 더더욱 ESG 이슈를 얕잡아볼 수 없다. 서구 기업들은 이미 협력업체에 ESG 실적을 요구한다.

싫든 좋든, ESG는 기업의 미래를 위해 다듬어가야 할 필수 전략이다. 그리고 전 세계가 그것을 요구하고 있다.

이엠피펀드
EMP: ETF Managed Portfolio

하나의 ETF도 분산의 상징인데, ETF가 여럿 모이면

자산의 50% 이상을 ETF(상장지수펀드)에 넣어두는 투자 전략 혹은 포트폴리오를 EMP라고 하며, 그런 전략을 따라 투자하는 펀드가 EMP 펀드다. 쉽게 말해서 투자 바구니에 다양한 ETF를 골고루 담는 것이다. 주식으로 구성한 ETF는 말할 것도 없고 원자재, 채권, 파생상품에 투자하는 여러 ETF를 아우름으로써, 다양한 부문에 간접투자하는 펀드라고 보면 된다. 전 세계 시장 규모가 7조7천억 달러에 육박한다는 ETF만 해도 이미 여러 종목에 분산된 펀드인데, 그런 ETF 여러 개를 묶은 것이 EMP 펀드이니, 그야말로 분산의 효과를 극대화하는 투자상품이다. 보수적인 투자자들에겐 안성맞춤이다. 당연한 이야기지만, EMP 펀드는 ETF와 더불어 성장한다.

'안정된' 수익을 추구하는가? 그렇다면, 직접 주식 종목을 고르지 않는 게 좋다. 대신 어떤 업종, 어떤 국가, 하는 식으로 너른 기준에서 대상을 택한다. 최근 EMP 펀드가 갈수록 환영받는 것이나, 선진국에서도 폭발적으로 성장해온 이유도 여기 있다. 우리나라도 다르지 않다. 최근 5년 사이 국내 EMP 펀드의 성장세를 아래 차트에서 확인해보자. 시장에서 유통되는 EMP 펀드의 전체 순자산은 2016년 말의 668억 원에서 2021년 초 9,892억 원까지 커졌고, 같은 기간 중 출시된 EMP 펀드 종류도 12개에서 55개로 급증했다.

ETF에 분산투자하는 국내 EMP 펀드 성장세

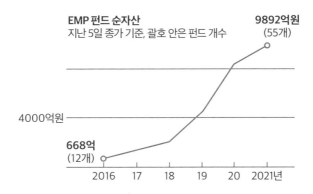

실제로 높은 연간 수익률을 기록한 EMP 펀드로는 어떤 것이 있을까? (괄호 안은 2021년 초 각 펀드의 순자산 규모)

(1) 브이아이 카멜레온 EMP 펀드(13억 원); 59.3%의 수익률로 가장 높다.

(2) KB 다이나믹 4차산업 EMP 펀드(1,001억 원); 순자산 100억 원 이상인 EMP 펀드 중에서 최고 수익률(56%) 달성. 키워드를 '4차 산업혁명'

으로 잡고 AI, 로봇, 청정에너지, 바이오 등 유망한 산업들을 추종하는 ETF에 투자한다.

(3) 미래에셋 글로벌 코어테크 EMP 펀드(814억 원); 연 수익률이 49.4%로 전 세계에 상장된 ETF를 담아 IT, 산업재, 소비재, 헬스케어 분야의 글로벌 혁신기업에 투자한다.

(4) 미래에셋 EMP 밸런스 스타일 펀드(16억 원); 1년 수익률이 50%로 높은 편이다.

참고로 미래에셋은 순자산 규모로 세계 ETF 시장 16위에 해당하는 운용사로, EMP 펀드 시장에서도 선전하고 있음을 볼 수 있다.

015 이종 업체 간 브랜드 컬래버레이션

누이 좋고 매부 좋은 신구 브랜드의 협업

"밀가루 회사의 꽤 잘 알려진 브랜드를 맥주 공장이 사용하도록 빌려준다. 밀가루 브랜드로 출시된 맥주는 잘 팔릴까? 유명한 과자 브랜드를 의류 회사 제품에 붙이도록 해준다. 이 친숙한 과자 브랜드를 부착한 옷들은 잘 팔릴까?"

위와 같은 형태의 브랜드 협업을 가리켜 '이종 업체 간 브랜드 콜라보'라고 부른다. 그리고 위의 질문들에 대한 답은 모두 '예스'다. 오래된 유명 브랜드를 전혀 다른 상품에 결합했더니 판매가 쑥쑥 올라가더라는 유통업계의 실험이다.

어느 편의점이 내놓은 500mL짜리 탄산음료의 이름은 어린이들도 익히 아는 문구 브랜드 '모나미.' 음료 용기의 모양이며 색상조차 모나

미 제품을 쏙 빼닮았다. 소비자를 어리둥절하게 만들 이 음료 제품은 인기리에 팔려나갔다. '곰표' 밀가루로 유명한 대한제분이 3년 전 한 패션 회사와 손잡고 '곰표 티셔츠'를 만들어 완판했더니, 다양한 유통 업체들의 협업 요청이 쏟아졌다. 2020년에는 편의점 CU와의 컬래버레이션 제품 '곰표맥주'가 나와 1년도 안 돼 누적 판매량 150만 개를 기록하는 홈런을 때렸다.

온라인 패션몰 무신사는 빙그레의 최장수 스낵 '꽃게랑'을 빌어오는 데 그치지 않고, 그것을 장난스럽게 비틀어 '꼬뜨게랑'이라는 프랑스풍의 브랜드로 재창조까지 했다. 이 이름을 단 스카프와 넥타이 등을 추첨으로 판매하자 무려 1만여 명이 몰렸다. 신명이 나기는 빙그레 쪽도 마찬가지. 소비자들이 홍보용으로 만든 '꼬뜨게랑' 브랜드에 열광하자 과자 매출도 덩달아 올랐기 때문이다. 이처럼 이종 업체 간 브랜드 협업은 한창 봇물이 터진 모습이다. 즉석 우동에 느닷없이 보험상품 이름이 들어가는가 하면, 라면 봉지처럼 생긴 이불도 나오고, 인기 높은 라면 로고 캐릭터가 그려진 옷이 수백 종이나 출시된다. 서울의 한 돼지고기 맛집은 다양한 침구류 제품에다 가게 로고인 '돼지코'를 빌려준다. 누이 좋고 매부 좋은 컬래버레이션은 재미를 추구하는 MZ 세대 입맛에 딱 맞을 법하다.

✅ 이런 협업의 파트너들은 무슨 효과를 노릴까?

브랜드를 빌려주는 쪽에는 지금 유명한 브랜드도 있지만, '노회한 옛날 브랜드'가 대부분이다. 후자의 경우, 요즘의 20~30대에게는 인지도가 참담하리만치 낮다. 업종도 인기 높은 성장 분야와는 거리가 먼 밀가루, 시멘트, 라면, 구두약 등이 많다. 젊은 세대가 즐기는 상품군에 자사 브랜드가 붙기만 하면 새로운 활력을 얻을 법하다. 그래서 삼양라면, 농심 새우깡에다 모나미 볼펜, 말표 구두약, 천마표 시멘트 등의 장수 브랜드들을 뜻밖의 제품에서 만나게 되는 것이다.

브랜드를 빌려 오는 쪽은 홍보 효과의 극대화로 반짝 매출 증대를 노린다. 새 브랜드를 만들어 띄우려고 엄청난 돈과 시간을 쏟아붓는 대신, 이미 익숙한 브랜드를 갖다 붙이면 단번에 소비자 마음에 각인되지 않겠는가. 특히 옛날 브랜드는 향수를 자극하는 '복고'의 매력도 있어 불황에 지친 소비자들에게 호소력이 크다. 게다가 MZ세대를 위한 '재미 감각'까지 일깨운다면 성공은 더 가깝다. 딱히 홍보에 신경 쓰지 않더라도 젊은 소비자들은 알아서 찾아내고, 구매하고, 인스타그램에 올려 나름 홍보까지 해준다.

016

인앱 결제
In-App Payments

글로벌 테크기업들의 후안무치 통행세 갑질

소비자가 유료 콘텐트 앱을 구매할 때, 앱 마켓 운영업체(예를 들자면 구글이나 애플)가 자체적으로 개발한 시스템을 이용해 결제하는 방식. 가령 구글은 지금까지 게임 앱을 제외한 다른 앱에 대해선 외부결제를 허용해왔으나, 2021년부터는 '모든' 디지털 콘텐트 앱에 대해 구글의 내부 결제 방식, 즉, 인앱 결제 방식을 강요하고 있다. 구글이나 애플은 이 같은 인앱 결제 시 최대 30%의 수수료를 챙긴다. 바로 이 때문에 한창 뜨거운 감자로 떠오른 것이다.

☑ 인앱 결제는 어떤 결과를 낳게 될까?

인앱 결제를 의무화하면 국내 앱 개발사들은 순식간에 무려 6배로 인상된 구글 디지털 통행세를 내야 할 판이다. 그렇다고 구글이나 애플의 앱 마켓을 버릴 수는 없다. 울며 겨자 먹기다. 콘텐트 가격도 덩달아 오를 것이라는 전망이 당연히 나온다. 콘텐트 생태계가 송두리째 바뀔 수 있다. 또 한국 양대 포털 네이버와 카카오는 콘텐트 사업에서의 손실을 피하기 어려울 것이다. 더구나 코로나-19로 인한 비대면 비즈니스 활황으로 음원·웹소설·온라인 공연·웹툰 등의 소비가 폭발적으로 커나가는 중이라, 이들 포털이 부담해야 할 구글 통행세 부담은 더욱 커질 것이다. 그렇다고 인앱 결제 의무화로 인한 구글 통행세 인상분을 콘텐트 가격에 고스란히 반영했다가는 소비자들이 외면할 것이어서, 고민은 깊다.

한편, 구글의 이번 인앱 결제 의무화로 국산 앱 마켓이 부상할 가능성도 적지 않다. 앱 개발사와 소비자 모두가 해를 입게 되었으므로, 외부결제를 허용할 뿐 아니라 수수료율도 상대적으로 낮은 '원스토어' 같은 토종 앱 마켓이 대안으로 떠오를 수 있다는 얘기다. 게다가 원스토어는 통신사 멤버십 할인이나 쿠폰 제공 등으로도 소비자에게 더 매력적일 수 있다. 원스토어는 국내 통신 3사와 네이버 앱스토어가 통합해 출범한 앱마켓이다.

☑ 정치권에서는 인앱 결제 의무화를 그냥 두고 볼까?

그렇지 않다. 먼저 2021년 8월 31일 한국이 세계 최초로 앱 장터 사업자들의 이런 '갑질'을 공식적으로 가로막았다. 애플과 구글의 인앱 결제 의무화와 '앱 통행세'를 금지하는 법안이 이날 국회를 통과한 것이다. 그렇잖아도 미국 상원에선 구글과 애플의 인앱 결제 강요를 금지하는 '공개 앱스토어 법안'이 '빅 테크 규제' 차원에서 발의된 상태이고,

에픽 게임즈가 두 회사를 상대로 소송까지 제기해놓은 상황이라, 한국의 이번 조치는 적잖은 영향을 미칠 전망이다. 유럽연합의 경우도 다르지 않다. 다행히 인앱 결제 이슈에 관해서는 각국 정부의 의도가 일치하므로, 통상 마찰의 가능성도 크지 않다.

IT 업계는 물론 법안 통과를 쌍수로 환영한다. 국내 앱 장터를 80% 넘게 장악한 구글의 인앱 결제가 강제로 이루어졌더라면, 연간 2조 원대의 추가 비용을 감당할 뻔했으니, 당연한 반응이다. 앞으로 다양한 결제 수단이 사용되면 시장 경쟁도 합리적으로 이루어질 것이며, 소비자들도 좀 더 싼 값에 콘텐트를 구매해서 쓸 수 있다.

이와는 정반대로, 정치권의 인앱 결제 의무화 규제를 반대하는 학자들도 있다. 시장경제를 하지 말라는 소리냐고 묻는다. "백화점이 판매자를 선정해 물건을 팔게 해주고 수수료 받는 게 어째서 이상한가, 힘들게 만들어놓은 플랫폼을 공짜로 써야 한다면 말이 되는가?"라는 논리다. 게다가 소규모 업체들은 다양한 앱 장터에 맞추어 일일이 변형된 앱을 개발하기도 쉽지 않아서, 위의 규제가 그리 반갑지 않은 면도 있다. 차라리 애플과 구글에만 맞춘 앱으로 판매하고, 그들이 연 매출 100만 달러 이하의 중소기업과 개발자에게 부여하는 수수료 감면 혜택을 누리는 게 편하다는 얘기다. 이론과 달리, 현실은 만만치 않은 법이다.

017

인포테인먼트
Infortainment

인포데믹
Infodemic

인포디언스
Infodience

넘쳐나는 온라인 정보, 오락도 되고 병도 되고

인포테인먼트는 정보(information)와 오락(entertainment)의 합성어로, 정보 전달에다가 오락성까지 더한 소프트웨어나 미디어를 가리키는 용어다. 이는 물론 학습을 위한 기억 장치나 인터넷상의 학습 사이트 등에도 많이 활용되지만, 단순한 운송 수단에서 제2의 주거 공간으로 거듭나고 있는 자동차의 진화와 특히 밀접하게 연관되어 있다. 자동차가 가정과 사무실 역할까지 하면서, 다양한 IT 기능뿐만 아니라 편리하고 인간적인 첨단 기능들이 속속 등장하고 있기 때문이다. 내비게이션 등 운전자를 위한 '정보'와 다양한 콘텐트를 갖춘 오디오-비디오 등의 '오락거리'를 제공하는 요즘의 차량 내 시스템을 생각해보면 쉽게 이해할 수 있다. IT혁명의 결과물이 일상의 삶에 합쳐진 인포테인먼트는 우리 삶을 편안하고 재미있고 즐겁고 풍요롭게 만드는 혁신이다.

인포데믹은 정보를 뜻하는 information과 유행병을 뜻하는 epidemic의 합성어다. 한마디로 너무나 많은 정보가 넘쳐나서 유행병처럼 확산하며 정보의 원래 의도와는 달리 우리의 정신을 흐리게 할 수 있는 상황을 가리킨다. 오죽하면 이런 용어가 생겼을까, 싶을 정도로 정보의 과잉 생산은 심각하다. 하물며 '가짜' 정보까지 범람하면서 정보 소비자들의 판단을 흐리는 문제까지 갈수록 심각해지고 있음에랴!

인포디언스는 정보(information)와 관객(audience)이 결합해서 '정보를 원하는 관객'이라는 의미로 생긴 용어. 온라인에서 공통의 관심사를 가진 사람들을 지칭하는 신조어로 이해할 수도 있겠다. 많은

인포데믹에 맞서 싸울 것을 촉구하는
전 세계적 움직임

사람의 관심을 끌 수 있는 콘텐트가 적절한 통로(채널)로 노출되어 관심을 끌기 시작하면 '인포디언스'가 형성되면서 수익이 창출되는 하나의 비즈니스가 만들어진다.

018

임팩트 투자
impact investment

수익도 올리면서 사회에 선한 사업 찾기

수익을 추구할 뿐만 아니라, 사회와 환경에 긍정적인 영향을 미치는 비즈니스나 기업을 지지하기 위한 투자. 그렇다면 이것은 사회적으로 착한 기업에 투자한다는 뜻의 '사회책임투자(SRI; socially responsible investment)'와 같은 개념일까? 반드시 그렇지만은 않다. 임팩트 투자는 구체적인 수익률을 목표로 설정하고, 사회문제나 환경문제 해결에 플러스 영향을 줄 수 있는 사업-기업을 적극적으로 발굴하며, 대개 장기 투자라는 점이 다르다.

✅ 임팩트 투자 대상을 고를 때, 가장 중요한 가치는?

(1) 먼저 '창업자의 마인드와 팀 역량'. 여기서 마인드는 창업자의 역량, 철학, 사고방식, 문제의식 등을 가리킨다. 사람의 마인드를 바꾸기란 극히 어려운 노릇이므로, 처음부터 이를 평가하는 것이 중요하다.

(2) '진정 사회적인 가치를 추구하고 창출하는가?'의 여부. 임팩트 투자의 본질이 그것이기 때문이다. 설사 유니콘으로 성장할 잠재력이 보인다 해도, 사회에 미치는 선한 영향이 미약하다면 임팩트 투자에서는 제외한다.

(3) 후보 기업의 '비즈니스 모델' 또한 우선적인 검토 대상. 어쨌거나 비즈니스는 영속적으로 영위되어야 하니까. 투자대상 기업의 비즈니스 모델과 사회-환경문제 해결책이 얼마나 조화를 이루는가에 초점을 맞춘다. 실제로 사회적 가치를 지닌 플랫폼에 투자하고 10여 년 뒤 지분을 매각해 투자금의 13배~19배를 회수한 사례도 있고, 투자대상 기업이 증시 상장을 준비할 정도로 성장한 예도 있다.

(4) '해당 산업의 동향 및 시장성' 또한 무시할 수 없다. 목표로 정해 놓은 수익률과 장기적인 투자 성향으로 인해 꼭 확인해야 할 요소다.

(5) 대상 기업의 재무가치는 상대적으로 덜 중요하다. 그 기업이 대개 초기 단계이기 때문이기도 하지만, 현재의 재무적 가치보다는 위에 열거한 요소들이 더욱 중요하기 때문이다.

✅ 우리나라 임팩트 투자의 규모와 주요 투자 주체는?

D3 쥬빌리 파트너스, 소풍 벤처스, HGI, 엠와이 소셜 컴퍼니, 옐로우 독, 임팩트 스퀘어 등. 우리나라에서 임팩트 투자를 이야기할 때 빼

놓을 수 없는 투자사들이다. 2018년 정부 모태펀드 출자가 '임팩트 펀드'의 확산을 촉발했고, 이 펀드로 유입된 자금이 엄격한 기준을 거쳐 임팩트 투자로 집행된다. 임팩트 펀드 규모는 2010년부터 수년간 약 500억 원에 불과했지만 2018년부터는 불과 3년 만에 총 5,400억 원으로 급증했다. 임팩트 투자가 본격 성장의 시대를 맞은 것이다. 앞으로도 임팩트 투자는 더 빠른 속도로 확산할 것으로 보인다. 기업의 사회적 가치 창출과 기후변화 대응 같은 도도한 흐름에 발맞춰 일반 투자자들도 자산운용의 한 방법으로 주목하고 있기 때문이다.

임팩트 투자사는 적게는 20건, 많게는 100건의 투자대상을 꼼꼼히 검토하고 기업 실사와 계약 조건 협상 등을 거친 다음에야 비로소 1건의 투자 계약을 체결하는 것으로 알려져 있다. 투자처를 발굴하고 계약에 이르기까지의 기간은 평균 11주~20주로 집계되었다.

☑️ 임팩트 투자의 대상은 어떻게 발굴할까?

임팩트 투자를 할 만한 대상을 찾아내는 방법은 그야말로 다양하다. 우선 투자심사를 맡은 책임자가 정부 지원사업이나 스타트업 관련 모임에 참여해 직접 인터뷰함으로써 발굴한다. 스타트업을 키우는 대회 등에서 참가 팀의 'pitching(피칭)'을 듣고 고르기도 한다. 사실 괜찮은 프로젝트가 많지 않기 때문에 빨리 차지하려고 애쓴다. 투자사의 자체 'accelerating(액셀러레이팅)' 프로그램을 통해 투자대상을 모집하는 사례도 있다. 액셀러레이팅은 스타트업에게 창업 자금을 투자하고 사무 공간을 제공하며 멘토링 해주는 것을 가리킨다. 이미 임팩트 투자를 받아본 기업이 유망한 팀이나 프로젝트를 추천하기도 한다. 요컨대, 늘 여러 채널을 통해서 투자할 만한 대상을 눈여겨보고 조금씩 관계를 쌓아간다고 보면 되겠다.

일단 투자대상으로 선정된 기업도 비즈니스 모델이 제대로 완성되지 않은 경우가 많다. 그래서 투자사는 초기 약간의 '시드 투자'를 해준 다음, 대상 기업과 함께 사업의 디테일을 만들어간다. 이 과정에서 전망이 확실해지면 비교적 규모가 큰 후속 투자로 이어지는데, 이때 업계 내의 인사들이 추천하는 경우가 많다.

☑️ 임팩트 투자를 실행하는 쪽이 기대하는 '임팩트'는?

크게 두 가지의 사회적 '임팩트'를 바란다. 첫째, 투자하는 사업 모델이 창출할 개별 임팩트다. 예를 들어보자. 다수의 장애인을 고용해서 수건이나 비누 같은 소소한 일상용품을 만드는 스타트업에 투자한다. 그런 물품의 제조만 고려한다면, 그리 대단한 사회적 가치를 창출할 것 같진 않다. 그렇지만 장애인의 안정적인 고용이라는 측면에서는 어떨까? 그 임팩트는 아주 크게 평가받아도 부끄럽지 않을 것이다. 고용 창출을 지향하는 사회적기업에서 주로 기대해볼 수 있다.

둘째, 반대로 위와 같은 개별 임팩트는 약해도 비즈니스 확산을 통한 너른 의미의 사회적 임팩트를 기대한다. 사업 자체의 개별적인 임팩트는 작지만, 사회 전반으로 퍼져나가면 아주 큰 임팩트가 창출되기를 바라는 것이다. 가령 온라인 교육이나 케어 서비스를 위한 플랫폼 사업 같은 것을 예로 들 수 있지 않을까? 임팩트 투자의 기준을 '흑 아니면 백' 하는 식으로 또렷이 나누어 설명하긴 어렵지만, 어쨌든 규모를 키웠을 때 바람직한 사회적 임팩트를 널리 확장할 수 있어야 그런 투자의 대상이 될 수 있다.

019

장팅漲停
뎨팅跌停

투자자의 성숙도에 따라 다른 주가 변동 제한

미국이나 홍콩처럼 성숙한 자본시장에서는 하루 주가 변동에 제한이 없지만, 안정성이 부족한 시장에서는 주가의 급격한 등락으로 인한 투자자들의 피해를 줄이고 무리한 투기행위를 예방하려는 안전장치가 있다. 가령 우리나라에서는 하루 주가 변동의 폭을 30% 이하로 묶어놓고 30% 오른 값을 상한가, 30% 내린 값을 하한가라 부른다. 중국도 1996년 말부터 변동 폭을 아래위 10% 이내로 제한해놓고 있으며, 당일 상한가를 '장팅', 하한가를 '뎨팅'이라고 한다. 예외 조항도 있다. 특별 관리 대상 종목의 경우 일일 가격 변동 폭은 상하 5%로 제한된다. 반면, 신규 상장 종목의 거래 첫날 상승 및 하락 폭은 개장가 대비 44%와 36%로 확대된다.

이와 같은 상-하한가 제도는 또 다른 안전장치 서킷 브레이커(circuit

breaker)와는 차이가 있다. 서킷 브레이커는 주가가 상한-하한까지는 아니더라도 일정 수준 이상 급락하는 경우, 투자자들에게 냉정하게 판단할 시간을 부여하기 위해 모든 거래를 일시적으로 중단하는 제도다. 중국 주식시장에서는 서킷 브레이커를 '룽돤지즈(熔斷機制)'라고 부른다. 서킷 브레이커는 1987년 10월 뉴욕증시의 '블랙 먼데이' 대폭락 이후 처음 도입되었고, 우리나라에서도 1998년 말부터 실시 중이다.

전고체 배터리

Solid State Battery 혹은 All-Solid-State Battery

잠시 주춤하는 듯한 토요타의 비장의 무기

양극·음극·전해질·분리막 등 주요 부품이 모두 고체인 배터리. 특히 전해질이 액체인 경우, 열이나 충격을 받으면 폭발 위험성이 높은데, 이를 고체로 바꾸어 개선한 배터리다. 게다가 충전 시간도 짧아서 지금 전기차와 IT 기기에 쓰이는 리튬이온배터리를 대체할 것으로 보인다. 한마디로 '차세대 배터리'의 대표주자요, 전기차 산업의 '게임 체인저'다.

현재 사용되고 있는 리튬-이온 배터리의 양극과 음극은 금속이고, 그리고 양극에서 음극으로 전자가 이동할 수 있도록 그 둘 사이를 유기질 액체 혹은 반액체 상태의 전해질로 채운다. 마지막으로 분리막을 넣어 자연 상태에서 폭발적으로 일어나는 반응을 억제한다. 이에 비해 전고체 배터리는 전해액 자리에 고체 소재를 사용하며, 분리막이 없어진다. 이처럼 부피는 작아지고, 넣을 수 있는 배터리가 많아져 저장할 수 있는 에너지 용량은 늘어나며, 충전 속도도 빨라지는 것이다. 가령 삼성전자가 최근 발표한 배터리의 1회 충전 주행거리는 800km이고, 도요타가 개발 중인 전고체 배터리는 10분 충전에 500km 주행을 약속한다. 물론 전해액이 누출됨으로써 발생하는 폭발 위험도 줄어든다.

2020년 300만 대 수준에서 2025년 850만 대, 2030년 2600만 대로 시장이 커질 것이라는 전기차는 이미 모빌리티의 미래로 낙점된 상태다. 그러나 기존의 내연기관 자동차에 맞먹는 주행거리와 안정성을 갖추려면 전고체 배

포드와 BMW의 지원으로 솔리드 파워가
생산하는 전고체 배터리의 모습

터리 기술 확보가 선결 과제다. 전기차 경쟁에서 좀 밀려난 것으로 보이지만 실제로 전고체 배터리 상용화에 사활을 건 일본의 토요타도 그렇고, 기존 전기차 배터리 시장에서 다소 앞서 있는 삼성SDI, LG화학, SK이노베이션 등도 전고체 배터리 기술 개발에 매진하고 있다. 전 세계 전고체 배터리 특허의 40% 정도인 1천여 개의 특허를 보유한 토요타는 2025년까지 양산 체제를 구축함으로써 미래의 전기차 시장을 단숨에 장악하려는 포석을 두고 있다. 요즘은 토요타 특허를 피해서 전고체 배터리를 개발하는 것 자체가 어려운 상황이라는 말까지 나온다. 폭스바겐 역시 미국의 QuantumScape(퀀텀스케이프)에 대규모 투자를 하고 2025년까지는 상업 생산을 시작한다는 계획이다.

021

전기차 전용 플랫폼
E-GMP: Electric-Global Modular Platform

차체만 덮어씌우면 곧 전기차가 되는 만능 섀시

2020년 12월 초 현대자동차그룹이 공개한 차세대 전기차 전용 플랫폼. 너무 전문적이라는 느낌이 들 수도 있지만, 앞으로 좀 더 자주 만나게 될 모빌리티 분야의 새로운 용어다. 생산에 필요한 부품을 모듈(module)화했다는 점과 자동차 실내 공간을 극대화했다는 점을 주요한 특징으로 꼽을 수 있다.

☑ 어떻게 설계되었고, 배터리 충전에 있어서 어떤 특징을 가졌는가?

자동차는 기본적으로 '껍데기'에 해당하는 차체(body shell)와 주행에 필요한 여러 기계장치를 조립한 섀시(chassis)로 구성된다. E-GMP는 미래를 주도할 전기차의 특성을 고려해서 기초 골격에다가 엔진, 변속기, 클러치, 핸들, 차축, 차바퀴를 조립한 섀시를 가리킨다. 여기에 차체만 씌우면 전기차가 되는 셈이다. 'Global'이란 단어가 암시하듯, 여러 차종에 두루 적용할 수 있는 표준 섀시이므로, 규모의 경제를 실현하기 위한 핵심 요소다. 부품의 가짓수가 줄어들어 제작 과정이 단순해지므로 제작비가 줄어들 뿐 아니라, 다양한 차종을 짧은 시간에 개발해 낼 수 있다. 차량 앞쪽은 구조물의 형태를 개선하여 충돌 시 충격을

전기차 분야의 다크호스 현대차그룹이 공개한 전기차 전용 플랫폼 E-GMP

완화하고, 대시보드 앞부분 무게를 지지하는 구간은 보강하여 동력전달시스템과 배터리가 받는 충격을 최소화한다.

충전에 관해서도 몇 가지 특징이 있다.

1) 우선 한 번 충전하면 국내 기준으로 500km 이상을 달릴 수 있다.

2) 400V와 800V를 골라 쓸 수 있는 멀티 급속충전 시스템으로, 가장 빠른 충전 기능을 사용하면 18분 만에 전체 용량의 80%를 충전할 수 있다

3) 약 5분만 충전해도 100km 정도는 주행할 수 있다.

4) 양방향 충전 기술이 적용돼, 생활전력을 사용할 수 있다.

022 전략적 자산배분
Strategic Asset Allocation

전술적 자산배분
Tactical Asset Allocation

국민의 연금, 위험 대상에 너무 많이 투자하지 말라

'전략적 자산배분' : 특정 자산의 가격이 오르내림에 따라 애초 정해둔 그 자산의 목표 비율에 못 미치거나 초과하더라도 이를 허용하는 것. 우리나라 최대의 기관투자자인 국민연금을 예로 들어보자. 국민연금은 전체 자산의 16.8%까지만 국내 주식을 보유하도록 정해져 있다. 이를 목표 비율이라 한다. 그런데 이 목표 비율보다 2% 포인트만큼 모자라거나 넘어서는 것을 허용해주는 장치가 바로 전략적 자산 배분이다. 즉, 전체 자산의 14.8~18.8% 범위 안에서 국내 주식을 보유할 수 있다는 얘기다.

'전술적 자산배분' : 위험을 무릅쓰지 않는 범위 내에서 좀 더 수익을 내기 위해 추가로 목표 비율 이탈을 허용해주는 장치다. 국민연금의 전술적 자산배분을 따르면 전체 자산 가운데 국내 주식이 차지하는 비율이 위에서 언급한 14.8~18.8% 범위로부터 다시 ±3 퍼센트 포인트까지 넓혀도 되어, 결국 총 자산의 11.8%~21.8%를 국내 주식으로 보유해도 된다. 하지만 국민연금은 이런저런 이유로 전략적 자산배분이 허용하는 범위 내에서만 국내 주식을 보유하고, 전술적 자산배분에 의한 추가 융통성은 활용하지 않는 편이다.

✅ 국민연금은 투자대상을 고르는 데 왜 까다로울까?

국민의 노후를 책임진다는 연금의 근원적 소임이 있기 때문이다. 수익률만 바라보고 위험자산에 함부로 투자했다가 낭패를 보면 국민 전부가 피해를 보기 때문이다. 그 때문에 목표 비율이란 것을 정해두고 그 안에서만 조심스럽게 국내 주식을 매수한다. 증시가 활황을 맞아 전반적으로 주가가 오르면, 보유한 국내 주식의 가치가 목표 비율을 넘어선다. 그러면 싫어도 초과분을 매도해야 한다. 실제로 2020년 후반기 들어 주식시장이 가파르게 상승하자, 전체 자산 중 국내 주식 보유액(176조 7천억 원)이 목표 비율을 넘어섰다. 전략적 자산배분에 의한 2%를 포함한 18.8%마저 훌쩍 넘었다. 그러자 2021년 들어 15조5천억 원어치의 주식을 팔아치울 수밖에 없었다.

부득이한 국민연금의 국내 주식 순매도는 '동학개미'로 불리는 개인 투자자들의 거센 반발을 불러왔다. 국민연금이 보유할 수 있는 국내 주식 비중의 범위를 지금보다 더 넓혀야 한다는 주장이 요란했다. 우여곡절 끝에 결국, 2021년 4월 초 국민연금은 전략적 자산배분을 기존의 ±2.0%포인트에서 ±3.0%포인트로 확대하고, 대신 전술적 자산배분을 기존의 ±3.0%포인트에서 ±2.0%포인트로 줄임으로써, 실제로 국내 주식 보유 한도를 늘렸고, 국내 주식 매도 행진도 멈출 수 있었다. 이 변경으로 국민연금의 국내 주식 보유 한도는 전체 자산의 13.8~19.8%로 확대되었다.

 국민연금의 국내 주식 투자허용 범위(단위: %포인트)

	기존	변경안
전략적 자산배분(SAA)	±2.0	±3.0
전술적 자산배분(TAA)	±3.0	±2.0
총 허용범위	±5.0	±5.0

그러나 연금 운용 담당자들의 국내 주식 매도세가 잠시 주춤해질 뿐, 국내 주식을 사들이는 쪽으로 전환되기는 힘들 것으로 보인다. 아니, 증시가 조금만 활황으로 돌아서도 다시 매도가 불가피해질 것이다. 전략적-전술적 자산배분의 투자 허용범위를 미리 정해두는 한, 수익률을 높이는 데도 한계가 있을 것이고 정책적-기계적 매도도 불가피할 것이다. 물론 이런 제약은 당연하다는 이론도 만만치 않다. 국민연금 기금 운용의 목표는 '고수익'이 아니라, 국민에게 연금을 제때에 잘 지급하는 것이므로, 국내 주식 같은 특정 자산의 비율을 일시적으로 높이려고 전략적-전술적 자산배분을 수정하는 것은 부적절하다는 논리다.

ㅇ ㅡ ㅋ

조건부 지분 인수 계약
SAFE: Simple Agreement for Future Equity

일단 돈부터 투입하고 지분율은 나중에 계산

이제 막 창업한 기업의 경우, 그 가치를 산정하기는 쉽지 않다. 이런 창업 초기 기업에 우선 투자하고, 이후 이어지는 투자에서 결정된 기업가치에 따라 먼저 투자했던 투자자의 지분이 결정되는 혁신적인 투자 제도다. 은행이나 벤처캐피털이 일단 돈부터 투입하고 지분율을 얼마로 할지는 나중에 정하자는 의도다. 이는 미국 실리콘밸리에서 개발된 투자 방식으로, 우리나라에는 2020년 8월 벤처투자촉진법 개정으로 도입되었고, 같은 해 말 산업은행이 반려동물 관련 창업기업 아크에 대한 투자가 최초의 SAFE 사례로 기록되었다.

성장 가능성은 커도 가치를 산정하기 어려운 창업 초기 기업에 신속하게 투자함으로써 혁신기업을 지원한다는 것이 SAFE 투자의 참뜻이다. 아직 세상이 알아보지 못한 기업을 키우자는 얘기다. 통상 스타트업에 투자할 때 많이 사용되는 전환사채(CB)나 신주인수권부사채(BW) 등은 주식으로 전환될 때까지의 이자를 투자받은 기업이 부담해야 한다. 이에 비해 SAFE 방식은 속성상 지분투자이므로 그런 비용이 발생하지 않는다. 게다가 창업자의 관점에서도 사업 초기 투자 유치로 지분이 지나치게 희석되는 것을 막을 수 있다. 반면 투자자 역시 기업가치를 정확하게 산정해야 한다는 부담을 크게 덜 수 있는 데다, 투자 검토 및 실행까지 걸리는 시간이 상대적으로 짧다. 결국, 투자자와 창업자에게 모두 유리하다는 의미다.

기업은행도 공기 필터를 위시한 환기·청정 제품을 개발하는 스타트업 씨에이랩을 대상으로 SAFE 방식 1호 투자를 실행했다. 앞으로도 성장 가능성이 뚜렷한 기업에 SAFE 방식의 투자를 늘릴 방침이다.

좌초자산
stranded asset

세상이 바뀌면 소중했던 자산도 부담이 된다

기후변화 같은 시장환경의 변화로 인해 가치가 떨어져서 상각되거나 부채로 전환되는 자산을 뜻하는 용어. 예를 들자면, ESG를 둘러싼 관심이 최근에 갑자기 커지면서 석탄화력발전소라든지 석탄산업 내부의 자산들이 좌초자산으로 분류되고 있다.

우리나라에는 기업의 지배구조를 위시하여 비재무적 성과를 측정하는 기업지배구조원(KCGS)이라는 기구가 있다. 여기서 발표한 환경 모범규준을 따르자면, 지구온난화 등의 기후변화와 관련한 위험을 재무 영역에 반영하고, 이로 인한 좌초자산의 위험을 기업들이 미리 인지해야 한다. 그러니까 좌초자산으로 격하될 만한 자산들은 미리 평가절하하고, 재생에너지라든지 친환경에 연관된 자산들은 그 가치를 높게 평가하라는 얘기다.

오랜 기간 베트남 등에 석탄화력발전소를 짓는 사업을 추진해온 한국전력을 예로 들어보자. 바야흐로 화석연료에서 재생-친환경 에너지로의 대전환이 불가피한 시대를 맞아, 한국전력은 앞으로 해외 석탄화력발전 사업을 진행하지 않겠다고 선언했다. 대신 신재생에너지나 가스복합 등 저탄소·친환경 사업 추진에 집중한다는 계획이다. 화력발전이 환경에 악영향을 미치는 것은 물론이거니와, 재무 측면에서도 좌초자산으로 평가받을 수밖에 없다는 계산이 작용했을 것이다. 삼성물산도 해외 석탄화력발전 사업의 중단을 이미 선언했다.

탈석탄 기조는 거부할 수 없는 범세계적 움직임이다. 유럽연합은 2023년부터 수입품에 탄소세를 부과한다고 예고했으며, IMF도 탄소세 부과를 권고한 상태. 이렇게 되면 석탄에너지를 창출하는 비용은 당연히 오르고, 태양광·풍력 에너지 가격은 신속한 에너지 전환 노력과 규모의 경제 덕택에 낮아질 것이다. 이런 국면에 이르면 기존의 석탄발전소나 석탄산업은 좌초자산으로 내려앉을 수밖에 없지 않겠는가.

석탄산업을 하나의 예로 들긴 했지만, 앞으로 4차 산업혁명 및 친환경 움직임의 전개와 디지털 전환 등의 확산에 따라 좌초자산은 다양한 분야에서 생겨날 것이다.

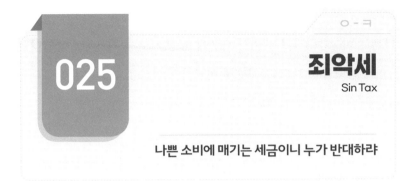

ㅇ-ㅋ

025

죄악세
Sin Tax

나쁜 소비에 매기는 세금이니 누가 반대하랴

사회에 부정적인 영향을 주는 것들의 매매를 억제하기 위해서 부과되는 세금. 술, 담배, 도박, 매춘, 경마 같은 것에 붙는 세금을 예로 들 수 있다. 설탕이나 탄산음료에 죄악세가 부과되기도 하며, 어떤 지역에선 마리화나나 코카인 같은 마약류에도 부과된다. 죄악세도 일종의 간접세로, 소득의 여부와 관계없이 일괄적으로 부과된다. 이렇게 거두어들인 죄악세 수입은 정부 예산에 들어가기도 하고 특수 사업에도 쓴다. 북유럽에서는 도박에 매긴 세금수입으로, 도박 때문에 삶을 망친 사람들을 돕는 사업을 벌이기도 한다.

☑ 왜 지금 죄악세가 사람들의 입에 오르내릴까?

코로나-19로 인한 경제 침체의 장기화는 실업 증가와 소비 위축을 의미하고, 이는 다시 정부의 재정지출 증대와 세수 악화로 이어졌다. 정부의 살림이 쪼들리고 증세의 필요성이 논의되자 그나마 믿음직한 수입원으로 죄악세가 다시 주목받기 시작한 거다. 특히 죄악세의 대상은 '나쁜 소비' '향락적 소비'이기 때문에, 높은 세율을 적용해도 괜찮다는 사회적 합의가 깔려 있다. 그래서 비교적 조세저항이 덜하다. 가령 어느 나라든 술이나 담배에 부과하는 세금은 가장 '만만한' 죄악세다.

우리나라에서도 2022년부터 담배 세율을 물가상승률에 연동해 올리자는 내용의 관련법 개정안이 발의되어 있다. 세율을 올리지 않으면 담배의 실질가격이 하락해, 담배 소비 부담은 줄고 흡연율은 증가하게 된다는 논리다. 국민건강과 직결되니 명분 만들기도 수월하다. 역대 어느 정권보다 돈을 많이 쓰고 있는 지금 정부로선 당당하지 못한 측면도 있지만, 팬데믹이라는 미증유의 악재와 취약계층 및 소상공인의 피해 구제를 생각하면 필요한 조치일 수도 있다.

코로나-19 직격탄을 맞았던 뉴욕도 마찬가지다. 불황으로 세수가 급감하자, 손쉬운 수입원인 죄악세 신설을 검토했다. 인접한 뉴저지가 기호용 마리화나를 법으로 허용하자, 뉴욕도 마리화나 합법화를 서둘렀다. 관광객이며 유흥 시장을 다 뺏길 수는 없다면서. 이젠 해수욕장에서도 마리화나 냄새가 진동하고, 카드놀이를 하는 노인이나 유모차를 끄는 엄마도 마리화나를 피우는 모습이다. 담배나 커피처럼 마리화나도 동네 주택가에서 쉽게 산다. 증시에선 마리화나 관련 주식이 오름세다. 인근 코네티컷에서도 합법화 움직임이 일고, 의료용 마리화나조차 금지해온 보수적인 텍사스에서도 모든 규제를 풀자는 목소리가 나온다. 캘리포니아주는 마리화나 생산 업체를 겨눈 규제를 대폭 풀었다. 바이러스가 물러나고 마리화나가 그 자리를 채우지 않을까, 모르겠다.

이런 식으로 신설되거나 증가한 죄악세 대상은 마리화나뿐만이 아니다. 카지노 등의 도박 산업도 정부의 전향 논리로 인해 활황을 예고하고 있다. 실직한 젊은 여성이나 싱글 맘들이 생계를 위해 자신의 벗은 몸을 찍어 온라인에서 파는 소위 '디지털 매춘'도 당국의 묵인 아래 자영업자와 비슷한 세금을 내고 성업 중이다. 코로나 방역과 저소득층 지원을 위한 재정지출은 급증하는데, 광범위한 경제 봉쇄로 세원이 말라가고 있는 정부에게는 죄악세만큼 믿을 만한 해결책도 드물 것이다. 코로나 시대엔 죄악주에 투자하면 손해 볼 일은 없다는 말이 뉴욕 증권가에서 나오는 것도 이해가 된다.

줌 피로
Zoom Fatigue 혹은 Zoom Exhaustion

줌 번아웃
Zoom Burnout

뜻밖에 미묘한 화상회의 심리전의 후유증

　　사무실에서 얼굴을 맞대고 일하는 게 피곤할까, 가끔 화상 회의를 하면서 재택근무를 하는 게 더 피곤할까? 재택근무 중인 직장인들은 대개 후자가 더 피곤하다고 불평한다. 그들이 털어놓는 고충의 하나가 바로 '줌 피로'. 매일 사무실에 나와야 하는 직장인들에겐 복에 겨운 투정으로 들릴까? 하지만 줌 피로는 엄연히 실재하는 심각한 문제다.

　　2020년 8월, 미국에서는 어처구니없는 초대형 송금 사고가 터졌다. 이자 80만 달러를 이체하려던 시티그룹이 실수로 원금까지 더한 총 9억 달러를 보내버린 것이다. 반환 소송까지 했지만, 이 중 절반은 돌려받지 못했다. '기술적인 결함' 때문이라고 널리 보도되었으나, 근원적으로는 재택근무의 장기화, 빈번한 화상 회의로 인한 직원들의 피로 누적이 원인이었다고 한다.

☑️ 줌 피로, 왜 생기는 것일까?

줌 피로를 심리학 관점에서 분석한 스탠퍼드대학의 한 연구팀은 아래와 같은 네 가지 원인을 밝혀냈다.

(1) 한꺼번에 아주 많은 사람과 눈을 맞춘다는 것 자체가 '줌 피로' 유발의 첫째 원인. 누구든 자신에게 잠시만 이목이 쏠려도 스트레스를 받는데, 줌 회의에서 상대방과 눈을 맞추는 빈도는 대면 회의나 대화에서의 수준을 훨씬 넘는다. 화면에 모두의 얼굴이 비치는 상황에서는 누가 발언하든 회의 시간 내내 모두 서로 눈길을 주고받게 된다. 일종의 강요된 응시라고 할까, 피곤할 수밖에 없다. 특히 모니터에 상대 얼굴이 크게 뜨면, 뇌는 이를 '짝짓기 아니면 전투 선언'의 비상 신호로 인식한다고 한다.

(2) 꼼짝없이 실시간으로 내 얼굴을 보는 것도 감정적으로 큰 부담. 누군가가 8시간 내내 손거울을 들고 따라다니며, 일하고 있는 내 얼굴을 보여준다고 상상해보라. 미친 짓이라고? 근데, 그런 일이 줌 회의에선 일어난다. 역시 피곤한 노릇이다. 미국에선 "줌 회의 때 보니까 내가 너무 늙어 보이더라"는 여성들이 늘면서 성형 시술 붐이 일기도 했다.

(3) 얼굴을 맞대고 일할 때야, 표정이나 몸짓 같은 비언어적 소통이 얼마든지 가능하다. 하지만 화면 크기 등의 제약이 있는 줌 회의에서는

다양한 신체 언어(body language)를 활용하지 못해서 스트레스가 높아진다. 고로 대면 업무 때 필요하지 않았던 과장된 비언어 소통 방식을 의도적으로 자주 써야 하고, 더 주목해야 하고, 더 귀 기울여야 한다. 정신적 에너지가 더 소모된다는 얘기다.

(4) 카메라에 계속 잡히기 위해 한 군데에 계속 머무르며 이동이 줄어든 것도 한 가지 요인. 인지적인 성과는 움직일 때 더 좋게 나오는 법인데 가만 앉아 있으니 피곤할 수밖에 없다.

☑️ 줌 피로, 어떻게 하면 줄일 수 있을까?

(1) 화면 크기를 줄이고, 최대한 모니터에서 떨어지라.

(2) 가끔 오디오 전용 회의 방식을 사용하라.

(3) 회의 도중 몸을 더 움직이고, 수시로 먼 곳을 보며 눈의 피로를 풀라.

(4) 자기 모습이 비치는 셀프 뷰 기능 사용을 중단하라.

(5) 블루라이트 차단용 안경이나 모니터 보호대를 사용하라.

(6) 시티그룹이 시도한 '줌 회의 없는 금요일'(Zoom-free Friday) 같은 '줌 휴일'을 도입하라.

하지만 이런 줌 피로 완화법에 큰 의미가 없다는 주장도 만만찮다. 정상적인 대면 활동을 되찾는 것만이 답이라는 논리다. 미국에선 공공기관이나 기업들이 주로는 '줌 피로' 때문에 코로나 백신 보급과 더불어 출근을 서두른다는 얘기도 있다.

027 중앙은행 디지털 화폐
CBDC: Central Bank Digital Currency

가상화폐의 세계로 날아가는 국가의 법정통화

중앙은행이 발행하는 디지털 통화. 기존 지폐나 동전과 달리 형태가 없다. 즉, 실물이 없는 화폐다. 기존의 화폐 단위를 그대로 사용하고, 법정통화와 1대1 교환(가치 보장)도 가능하다. 물론 상품 구매, 세금 납부, 대출과 상환의 수단도 된다. 지폐나 동전은 100% 익명성이 보장되지만, CBDC는 중앙은행이 그 흐름을 추적할 수 있다. 제롬 파월 미국 연방준비제도 의장은 CBDC가 나오면 비트코인 등의 가상화폐가 불필요해질 거라고 일종의 '선전포고'를 한 바 있다.

☑ 신용카드나 온라인 거래와 어떻게 다른가?

비대면거래가 늘면서 속도가 붙은 신용카드 거래와 온라인 이체는 이미 일상이 되었다. 현금 사용 비중도 이미 급감했다. 하지만 이런 거래는 소비자와 판매자 사이에 반드시 '중개자'가 있다. 추가 비용이 생기고 시간이 걸린다는 뜻이다. 국제 거래라면 훨씬 더할 것이다. 그러나

CBDC는 은행을 비롯한 제3자를 전혀 거치지 않는다. 회사가 월급을 줄 때도 은행을 거치지 않고 직원의 '전자 지갑'으로 바로 쏘아줄 수 있으며, 송금도 하고, 모든 결제도 수행한다. 물론 필요한 경우 중앙은행에서 직접 개인에게 송금할 수도 있다. 이처럼 CBDC는 은행 계좌나 신용카드가 없어도 결제나 이체 거래를 할 수 있다는 것이 큰 특징이다.

☑ CBDC에는 어떤 순기능 혹은 장점이 있을까?

1) 절대적인 안정성: 중앙은행이 발행하는 CBDC는 가상화폐인 동시에 법정 화폐다. 비트코인과 달리, 국가가 가치를 보장하므로 신뢰도를 가지며 가격이 등락하는 법도 없다. 디지털이지만 지폐나 동전 같은 실물 화폐나 마찬가지다.

2) 금융 효율의 제고: 블록체인 장부를 통해 기업과 개인의 전자 지갑에 바로 꽂히는 결제 과정이 단순해, 거래 비용이 줄고 저소득층, 소외 계층의 금융 접근성이 높아진다. 미국만 해도 은행 계좌가 없어서 코로나 재난지원금을 우편으로 받아야 했던 국민이 무려 3천만 명 이상이었다니, 금융 효율이 얼마나 중요한지 알 수 있지 않은가. CBDC라면 이런 문제를 풀어줄 수 있다. 은행 계좌를 거칠 필요 없이 일시에 바로 전 국민에게 돈을 넣어줄 수 있으니까. 디지털이 편리함을 넘어서서 평등까지 보장하는 시대다.

3) 통화정책 효과 확대 : 중앙은행이 돈을 풀어주거나 꽉 조이기가

수월해진다. 개인과 기업의 가상화폐 지갑에다 바로 돈을 넣어 주면 되니까. 코로나-19 사태처럼 정책적인 '돈 풀기'가 시급할 때 안성맞춤이다. 지금처럼 중앙은행이 돈을 풀었음에도 중간에서 시중은행이 일부 뭉텅이로 쌓아두는 일을 막을 수 있다. 신속한 정책 실행으로 확장이나 긴축의 효과를 극대화할 수 있다는 얘기다. 또 중앙은행이 마이너스 금리를 부과하고자 할 때 바로 CBDC 잔고를 감소시키면, 안 쓰고 놔두는 돈이 줄어들어 경기를 부추기는 효과가 단번에 나타난다. 진정한 마이너스 금리 실행이 가능해지는 것이다.

4) 거래 투명성 확보, 지하경제 양성화 : CBDC가 디지털로 발행되고 유통된다는 것은 현금과 달리 거래내역이 블록체인에 고스란히 남는다는 뜻이다. 위조를 막을 수 있다는 점은 말할 것도 없고, 탈세나 테러 등에 활용되는 불법 거래와 불법 자금을 추적하기도 쉽다. 지하경제 규모가 큰 개발도상국에선 세원이 투명화되면서 세수 창출 여력이 확대되는 효과를 얻을 수 있다.

☑ 어떤 나라들이 CBDC 발행을 추진하고 있는가?

최초로 CBDC의 밑그림을 그린 사람은 'Tobin tax(토빈세)'를 통해 우리에게도 익숙한 James Tobin(제임스 토빈) 예일대 교수다. 그는 2009년 비트코인이 등장하기 훨씬 전인 1985년에 CBDC를 제안했다. 이후 한동안 주목받지 못했으나, 여러 암호화폐가 부상하고 페이스북이

Libra(리브라) 개발을 선언하는 등, 분위기가 바뀌었다. 2020년부터 모든 주요국의 통화 당국은 CBDC 도입과 암호화폐 규제를 함께 심사숙고하고 있다. 여기에 코로나-19도 변화를 촉진했다. 비대면거래와 현금 없는 사회로의 신속한 이동은 디지털 화폐의 필요성을 한층 높인 것이다.

 CBDC 조사·연구 중인 나라

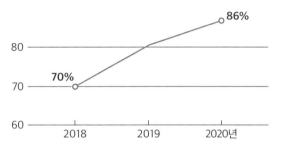

자료: BIS(국제결제은행)

2020년 Bank for International Settlements(BIS; 국제결제은행)의 조사에 의하면, 65개국 중앙은행 가운데 86%가 CBDC에 관한 연구를 하고 있었다. 이미 시범사업 단계에 이른 곳만도 14%였다. 다만 거래 장부(원장)를 참여자들이 모두 나눠 갖는 '분산 원장'을 택하느냐, 중앙은행 등 몇몇 기관만 관리 권한을 갖느냐, 아니면 중앙은행이 아예 원장을 독점하느냐, 하는 관리 방식만큼은 나라마다 다르다.

현재 CBDC에서 가장 앞선 나라는 중국이다. 중국에서는 CBDC를 포함한 디지털 화폐를 "슈쯔런민비(数字人民币)"라 부르고, 영문명으로 DCEP(Digital Currency Electronic Payment)를 채택했다. 2020년 10월부터 전자 지갑을 통해 수십만 명에게 DCEP를 배포해 물품을 구매하도록 하는 등, 선전과 베이징 등 주요 도시에서 대규모 DCEP 실험을 7차례나 했다. 중국인들은 대체로 쉽고 편리하다는 반응이다. DCEP의 본격 상용화는 2022년 베이징 동계올림픽을 기점으로 이루어질 조짐이다. 하지만 인민은행은 위안화의 국제화 장기 전략으로 삼고 있는 만큼, DCEP를 (달러를 대체할) 국제 결제 수단으로도 쓰려 할 것이다.

중국과 '통화패권 경쟁' 상태인 미국도 2020년 후반부터 본격적인 CBDC 연구에 몰두하고 있고, 유로존은 2021년 중 소위 '디지털 유로' 프로젝트 여부를 결정한다는 계획이다. 민간 사업자의 디지털결제시장 독점을 견제하기 위해 'e크로나' 프로젝트를 1년 이상 실험 중인 스웨덴, 2020년 10월 세계 최초의 CBDC인 Sand Dollar(샌드 달러)를 발행한 바하마, 2021년 4월에 디지털 엔화 1차 실험에 들어간 일본, 분산 원장 방식의 '프로젝트 우빈(Ubin)'을 추진 중인 싱가포르, 그리고 아직 미숙한 금융산업에 대한 국민의 접근성을 강화하기 위해 Bakong(바콩)을 개발 중인 캄보디아에 이르기까지, CBDC 개발은 뜨거운 현재진행형이다.

우리나라에서도 CBDC가 발행될까? 한국은행은 서둘러도 2~3년은 걸릴 것이라면서 조심스러운 반응이지만, 가능성을 완전히 배제하진 않고 있다. 우선 기초작업을 마무리한 다음, 득실과 세계 각국의 추세를 따져 발행을 저울질하지 않을까. 다만 한국은 디지털 결제가 이미 널리 이루어지고 있어서, 사용자는 큰 차이를 느끼지 못할 것이라는 의견도 있다.

한국은행은 2021년 상반기에 카카오 계열의 그라운드X가 주축이된 컨소시엄을 CBDC 모의실험을 위한 우선협상자로 선정했다. 1년여에 걸쳐 CBDC 발행과 유통은 물론 국가 간 송금이나 결제 기능까지 가상환경에서 구현해본다는 계획인데, 여기에는 그라운드X의 블록체인 플랫폼인 '클레이튼(Klaytn)'이 사용된다. CBDC를 활용한 여러 가지 확장 기능과 개인정보 보호 문제도 확인할 전망이다.

☑ 그럼, CBDC의 단점은 어떤 것일까?

1) 개인정보 침해 소지 : 모든 정보가 집중되는 중앙은행은 기업과 개인의 모든 거래를 샅샅이 들여다볼 수 있다. 소위 '빅 브러더'로 악화될 가능성이 크다. 거래의 전모가 기록되는 원장은 '양날의 검'이다. 디지털 위안화를 '통제 가능한 익명 시스템'으로 구축하겠다고 나선 중국 인민은행이 좋은 예다. 자금 세탁이나 탈세나 온라인 도박 따위를 감시한다는 의도지만, 경제활동에 대한 방대한 데이터를 국가가 장악하면 무소불위의 권력을 행사하는 것은 시간문제 아닌가.

2) 시중은행의 위기 초래 : 개인은 안전한 자산을 추구하는 법. CBDC는 국가가 보증하는 안전 자산이므로, 개인이 시중은행에 예치해둔 예금을 빼내서 CBDC로 이동하는 흐름을 막기는 쉽지 않을 것이다. 소위 '디지털 뱅크 런' 사태가 터지고 시중은행 예-적금이 급감할 수 있다는 얘기다. 결국, 은행의 자금조달 비용은 커지고 대출 여력은 줄어들 테니, 기업 투자와 가계 소비가 위축되는 시나리오를 쉬이 상상할 수 있겠다. 그뿐인가, 중앙은행이 은행을 거치지 않고 곧바로 개인과 기업에 CBDC를 보내준다면 은행의 입지가 위축될 것이고, 중앙은행이 펼치고자 하는 금융 정책의 효과도 떨어질 가능성이 크다.

3) 카드사와 간편 결제 회사에 대한 타격 : 신용카드나 간편 결제를 쓰지 않고 앱을 이용해 바로 상대방의 전자 지갑으로 돈을 보낼 수 있기 때문이다. 금융회사는 수수료 수익을 올리기가 더 힘들어진다.

☑CBDC가 도입되면 비트코인은 사라질까?

모두가 궁금해하는 점인데, 견해는 엇갈린다.

"디지털 화폐가 생긴다면 암호화폐는 필요 없어질 것이다." 제롬 파월 미국 연준 의장은 하원 청문회에서 그렇게 말했다. 중앙은행이 지급을 보장하는 CBDC는 가격 변동성이라는 암호화폐의 치명적 약점을 극복해, 안정성이 무기다. 딱히 이유도 없이 수시로 가격이 널뛰고 수수료까지 발생하는 비트코인이 이런 CBDC와 싸워 이기기는 어렵지 않을까? 실제로 경제학자들은 대체로 이런 견해에 동조한다. 그뿐이랴, 민간에서 만들어낸 비트코인은 국가의 화폐 주권에 위협이 되기까지 하니 말이다. 가상화폐의 거래와 보유를 모조리 불법화하려는 인도 정부, 가상화폐 채굴장을 전면 폐쇄하겠다고 나선 중국 정부의 고심이 이해된다.

정반대 의견도 나온다. 국가가 디지털 지갑 보급을 주도하고 대중이 이에 익숙해지면, 암호화폐 소유의 장벽이 해소되면서 오히려 활성화할 수 있다는 논리다. 게다가 빅 브러더로 변해 민간의 모든 거래를 들여다볼 중앙은행에 대한 반감-저항감이 생길 수 있다. 탈중앙화를 내세운 비트코인을 사용하겠다는 사람이 늘면서 오히려 가치가 치솟을 수도 있다. 결제 시장의 상당 부분은 CBDC가 차지하겠지만, 민간 암호화폐와 공존하면서 블록체인 생태계를 확장할 수도 있다는 설명이다. 심지어 CBDC의 등장이 비트코인의 승리라는 주장도 한다. 민간 회사들이 CBDC보다 더 편리한 결제 수단을 만들어내, 민간의 혁신과 국가의 법정 화폐가 공존할 수 있을까?

028 지식재산권知識財産權
Intellectual Property Rights

인간의 지적활동이 창출한 권리, 무조건 보호해야 할까?

정확히 알아두자. 이제 '지식재산권'이라 불러야 한다. 얼마 전까지는 "지적知的재산권"으로 불리다가 1998년 특허청이 이를 "지식재산권"으로 바꾸었다. '지적'이라는 표현이 일본식이라는 이유에서였다. 예술 등 인간의 지적 활동뿐만 아니라 산업, 과학, 발명 분야에서 창출되는 모든 권리를 통틀어 지식재산권이라고 한다.

지식재산권을 분류하는 방법은 여러 가지가 있지만, 크게 셋으로 나눠볼 수 있다.

1) 저작권(Copyright) : 시나 소설을 아우르는 문학, 음악, 미술, 영화 등 예술과 문화 활동으로 만들어진 창작품에 대한 권리를 보호한다.

2) 산업재산권(Industrial Property Right) : 특허, 실용신안, 의장, 상표 등을 보호한다.

3) 신지식재산권(New Intellectual Property Right) : 첨단기술이 급속히 발달하면서 전통의 지식재산권으로는 감싸기 어려워진 새로운 지식재산들을 보호한다. 예컨대 AI, 컴퓨터 프로그램, 데이터베이스 등을 보호하는 '산업저작권,' 반도체 회로 설계나 생명공학 등을 보호하는 '첨단산업재산권,' 영업비밀이나 멀티미디어 등을 보호하는 '정보재산권'이 대표적이며, 그 외에 캐릭터산업이나 트레이드 드레스(Trade Dress) 혹은 프랜차이즈 관련 지식도 신지식재산권 대상에 들어간다.

제법 유구한 역사를 지닌 지식재산권 개념이 2021년 코로나 백신 접종을 둘러싸고 새삼스럽게 불거졌다. 일부 국제기구와 개발도상국들이 코로나 백신에 대한 지식재산권 보호의 일시 유예를 주장하고 나섰기 때문이다. 전 세계 백신 접종의 4분의 3가량이 선진국에 쏠려 있으니(WHO에 따르면 2021년 4월 기준 전 세계 총 3억 회 백신 접종분 가운데 약 75%가 10여 국에 몰렸다), 당분간 제약사들의 특허권을 무시하고 복제 백신을 대량 공급해 부족 사태를 해결하자는 취지다. 고민이다. 백신이나 치료제를 만들어낸 사람들의 지식재산권을 보호해야 마땅한가, 아니면 백신이라는 인류 공유 자산에 대해서만큼은 그런 권리를 유예하더라도 우선 인류의 건강을 챙길 것인가?

백신 공급 편중 우려는 일찌감치 현실로 나타났다. 그러나 백신 지식재산권을 잠시 유예하자는 WTO 100여 개국과 300여 국제단체의 요청에 대해선 선진국들의 반대도 만만찮다. 지재권 보호가 백신 보급에 장벽이 된다는 확실한 근거도 없는 데다, 지재권 보호를 유예해봤자 인도·남아공화국 정도를 빼면 개도국에서는 복제 의약품을 개발하거나 생산할 수도 없다는 논리다. 어쨌거나 막대한 수익을 눈앞에 둔 제약사들이 양보할 리도 없어, 지재권 보호 유예만으로 백신 불평등과 부족 사태를 해결하기는 어려워 보인다.

029 차등의결권

지분의 크기만으로는 잴 수 없는 공헌도 때문에

　　창업자나 경영자 등 기업의 발전에 공헌한 사람이 보유한 주식에 대해, 일반 주식보다 더 많은 의결권을 부여하는 제도. 가령 포드자동차를 창업한 포드 집안이 7%의 지분만 소유하고 있지만, 차등의결권 덕분에 40%의 의결권을 행사하는 식이다. 증시 상장이나 대규모 투자 유치로 인하여 창업주의 지분이 낮아지더라도 계속해서 안정된 기업 운영을 가능하도록 돕는 장치다. 외부에서 적대적 M&A를 시도하는 경우, 적은 지분으로도 경영권을 방어하는 효과도 있다. 물론 그런 비상사태와 무관한 상황에서도 창업주가 의사결정을 왜곡할 수 있다. 미국과 유럽 등지에서 특히 활발하게 이용된다. 한국은 '1주 1의결권'이라는 상법 규정에 따라 차등의결권이 허용되지 않는다.

　　차등의결권은 크게 둘로 나뉜다.
　　(1) 부분 의결권 : 1주에 따라오는 의결권이 1개조차 안 되는 경우다.

심지어 의결권이 전혀 부여되지 않는 '무의결권'도 여기에 해당한다.

(2) 복수 의결권 : 1주에 대해 2개 이상의 의결권을 주는 경우다.

논란의 대상은 대개 복수 의결권이다. 하나의 주식에 대해 여러 개의 의결권을 주는 것이 올바른 일이냐를 둘러싼 근원적인 의견 대립이 논쟁을 불러일으킨다. 최근 한국 쿠팡의 모기업인 미국 쿠팡이 미 증시에 상장되면서, 한때 '차등의결권'을 둘러싼 논란이 뜨거웠다. 창업자인 김범석 이사회 의장의 보유 주식 1주당 의결권이 일반 주식의 29배라는 사실이 드러나자, 한국이 차등의결권을 허용했더라면 전도유망한 전자상거래 업체를 미국 증시에 뺏기지 않았을 거라는 볼멘소리가 나왔다.

차등의결권이 과연 쿠팡의 뉴욕증시 상장 결정의 주된 이유였는지는 알 수 없다. 조 단위의 누적 적자를 평가하는 잣대의 차이도 이유였을 것이다. 다만 국내에 상장하면 김 의장의 경영권 유지를 장담할 수 없었기에 차등의결권 행사로 경영권 방어에 유리한 뉴욕증시를 택했다는 분석에는 설득력이 있다. 지분율 2%만으로도 의사결정을 58% 좌지우지할 수 있을 테니 말이다. 아무튼, OECD 36국 가운데 17국이 활용하고 있는 차등의결권 제도를 한국은 4년째 추진 중이다. 다양한 이름으로 관련 법 개정이 시도되었지만, 주주평등권을 침해한다는 이유로 여전히 폐기와 검토를 되풀이하고 있을 뿐이다. 쿠팡의 뉴욕증시 상장이 의미 있는 변화를 불러올까?

총부채원리금상환비율
DSR: Debt Service Ratio

ㅇ-ㅋ

개인의 방만한 빚 내기를 미리 막는 수치

금융기관으로부터 대출을 받은 개인이 연간 '상환해야 할 모든 대출의 원금과 이자 총액'을 그 사람의 연간 '총소득'으로 나눈 값을 가리킨다. 쉽게 말하자면 "내 소득과 비교해서 얼마나 무거운 빚을 지고 있는가, 혹은 어느 정도 감당할 수 있는가"를 보여주는 수치다. 기억하기 좋게 DSR을 공식으로 표현해보자.

$$\frac{\text{주택담보대출/신용대출/자동차 할부/학자금대출/카드론 등 원리금 상환액}}{\text{연간 소득}}$$

이 총부채원리금상환비율은 금융위원회가 2016년 마련한 대출심사 지표로서, 소득에 기반을 두고 개인의 대출 상환 능력을 심사해서 그 개인에게 제공할 수 있는 대출의 총한도를 정하는 데 사용된다. 현재 우리 금융당국은 금융기관이 대출을 실행할 때 개인의 DSR이 40% 이하로 유지되도록 규제하고 있다.

DSR의 계산은 얼핏 간단하고 쉽게 보일지 모른다. 하지만 실제로 이 비율을 내리면, 시시콜콜한 고려 사항이 한둘이 아니다.

1) 우선 '총대출'에는 주택담보대출과 신용대출은 물론이거니와, 카드론, 자동차 할부, 학자금대출까지 모든 형태의 '빚'이 포함된다.
2) 그러나 예금이나 적금을 담보로 하는 대출, 보험계약 대출, 전세자금대출(신규)은 '빚'에 포함되지 않고 제외되어야 한다.
3) 각 대출의 "연간" 원금 상환액을 알아야 한다. 신용대출과 주택담보대출은 계약 기간이 정해져 있어서 계산이 쉽다. 하지만 다른 형태의 대출은 은행이 각각 원금을 몇 해에 나눠 갚는 것으로 간주하는지 알아야 한다. 가령 아파트 중도금·이주비 대출의 원금은 25년에 나눠 상환하는 것으로 계산한다. 전세보증금을 담보로 한 대출의 원금은 4년, 주식담보대출 원금은 8년 동안 갚는 것으로 본다.
4) 각 대출의 연간 금리도 알아야 한다.
5) 분모인 '소득'은 원천징수영수증과 소득금액증명원 등으로 밝힐 수 있다.

개인에 대한 금융기관의 대출 총액에 DSR이라는 한도를 두는 것은 개인의 '방만한 빚 내기'와 그로 인한 미래의 불행을 미리 막으려는 장치다. 과도한 부채는 개인의 문제에 그치지 않고 경제 전반에 심각한 타격을 주기 때문이다. 금융위원회와 금융감독원은 총부채의 면밀한 모니터링을 통하여 필요할 때 DSR 규제를 강화하거나 완화하는 방식으로 돈줄을 죄었다 풀었다 하면서 조절한다.

031

총생산
GO: Gross Output

소비에만 초점 맞춘 GDP를 보완하기 위해서

모든 생산 단계의 총지출 규모를 통해 한 나라의 경제활동을 측정하는 지표. 경제의 모든 주체(가계, 기업, 정부)가 만들어낸 재화와 서비스의 가치는 물론이고, 생산 과정에 일어나는 기업 사이의 중간재 거래까지도 모두 포함한 국가의 총생산 규모라고 이해하면 된다.

물론 각국의 위상과 경제활동을 평가하는 지표로 지금까지 우리에게 가장 익숙한 개념은 국내총생산(GDP)이다. 그렇다면 GO와 GDP의 차이는 무엇일까?

- GDP : 소비자, 기업, 정부가 창출한 최종재 가치를 모두 더한 것. 기업과 기업 사이에서 중간재가 이동하는 기업 간 거래(B2B)를 제외하기 때문에 문제가 되어왔다. 연간 총소득에 초점을 맞추어 '수요경제'를 측정하는 지표다.
- GO : GDP에서 제외되는 생산 중간단계의 기업 간 거래(B2B)도 포

함하기 때문에 GDP보다 좀 더 폭넓은 경제활동의 총화를 측정할 수 있다. 연간 경제활동에 주목해 '생산경제'를 측정하므로, GDP의 한계를 보완하는 거시경제 분석 수단이라 할 수 있다. 최근 GO를 좀 더 적극적-공식적으로 활용해야 한다는 주장이 대두되고 있는 것도 그런 이유에서다.

단적인 한 예로 자연에서 자라난 나무를 잘라서 가공해 가구를 만드는 경우, 각 단계에서 생긴 재화의 가치와 이를 기반으로 계산한 GO와 GDP를 비교해보면 이렇게 될 것이다.

나무(원목) ⇨ 통나무 ⇨ 널빤지 ⇨ 가구 제품
가치 :　　　　　(200)　　(300)　　　(450)

GO : 200 + 300 + 450 = 950

GDP : 200 + 100 + 150 = 450

국가의 거시경제 지표는 미국의 대공황 직후인 1937년 Simon Kuznets(사이먼 쿠즈네츠) 펜실베이니아대 통계학 교수가 개발했다. 재화와 서비스의 어디까지를 포함하느냐에 따라 국민총생산(GNP; Gross National Product), 국내총생산(GDP; Gross Domestic Product), 국민가처분소득(NDI; National Disposable Income), 개인가처분소득(PDI; Personal Disposable Income) 등으로 구분된다. GDP가 국가경제 판단의 절대 지표는 아니지만, 지금까지 각국의 경제 위상을 평가할 때 가장 많이 활용해 온 소득 지표였다. 특히 세계화의 확대로 국가 간 자본 이동과 기술이전이 활발해지면서 '우리 국민이 얼마나 벌었나?'보다 '우리 땅에서 얼마나 물건을 만들었나?'가 더 중요해진 1990년대 접어들어 한층 더 유용해졌다. 한국도 미국, 독일, 일본의 뒤를 따라 1995년부터 GDP를 소득 통계의 중심 지표로 정해서 쓰고 있다.

하지만 GDP에 대한 비판도 꾸준히 제기되어왔다. "생산과 소득의 크기만 중요한가? 삶의 질은 경시해도 좋은가? 행복이 GDP 순은 아니잖은가?" 하는 식으로. 금융위기를 겪은 뒤에는 국민 행복 차원에서 GDP를 대체할 새로운 지표를 만들려는 연구도 많았다. 프랑스는 스티글리츠 노벨경제학상 수상자 등 세계적인 석학을 초빙해 '스티글리츠 위원회'를 결성했고, 한국에서도 정권 교체로 결실은 못 봤지만 '그린 GDP'를 만들려는 시도가 있었다.

사실 미국 상무부는 2014년 4월부터 GDP의 보조지표로 GO를 발표해왔다. 그런데 2020년의 코로나-19 이후, 주요국들은 GO에 훨씬 더 많이 주목하고 있다. GDP는 최종 생산재만 합산하다 보니 소비에 너무 높은 비중을 두어 깔끔하고 효율적인 경제정책을 가로막는 면이 있지만, GO는 제조 과정이나 기업 간 거래까지 파악할 수 있어서 도움이 되기 때문이다. 게다가 수년 전부터 ESG라는 요소가 경제활동의 핵심으로 움직이는 추세까지 고려한다면, GO는 앞으로도 각국의 경제 위상과 행복지수를 평가하는 중요한 잣대가 될 것이다. 다만, 한국은 얼마나 준비가 되어 있을까?

032

총수익 스와프
TRS: Total Return Swap

발 뻗고 자고 싶으면 이런 투자 하지 마세요

이런 거래를 한번 상상해보자.

1. 영미는 ㈜123에 다닌다. 그는 ㈜098의 주식을 사고 싶지만, 자기 회사랑 라이벌 관계라 (혹은 다른 이유로) 직접 살 수가 없다.

2. 영미는 친구인 진호를 설득해 자기 대신 진호의 돈을 ㈜098 주식에 일정 기간 투자하도록 한다. 물론 주식은 진호가 보관한다.

3. 영미의 예측대로 주가가 올라 수익이 생기면, 즉 자산가치가 오르면, 그 수익은 모두 영미가 갖는다. 대신 진호는 주기적으로 수수료(가령 3% 정도)를 받는다. 반대로 주가가 내려가 손실이 나면 영미는 손실금액에다 수수료까지 더해서 진호에게 지불한다.

4. 주가가 예컨대 7% 혹은 12% 오르면, 진호는 그만큼의 수익에서 3%의 수수료를 떼고 4% 혹은 9%를 영미에게 지급한다.

5. 하지만 주가가 예컨대 5% 혹은 10% 하락하면, 반대로 영미가 수수료를 얹어 8% 혹은 13%를 진호에게 준다.

6. 그런데 주가가 30%, 50% 정도로 심하게 무너지면, 영미가 진호에게

줄 돈이 너무 커져 감당하기 어렵게 된다. 이 경우 진호는 손실을 줄이기 위해 ㈜098 주식을 헐값에라도 팔아버린다.

이런 식의 파생금융상품을 총수익 스와프(TRS) 거래라고 하는데, 이 생소한 거래를 굳이 표제어로 삼은 특별한 이유가 있다. 2021년 4월 한국계 미국인 펀드 매니저 빌 황(Bill Hwang)이 바로 위에서 묘사한 TRS 거래의 6번에 해당하는 곤경에 빠져 미국 금융계가 발칵 뒤집혔기 때문이다. 물론 빌 황은 위 스토리에서 '영미'의 입장이었다. 반면 골드만삭스, 모건 스탠리, 크레디트 스위스 등 월스트리트의 내로라하는 거대은행들이 '진호' 역을 맡았다. 일부 주가가 폭락하면서 진호(은행)가 영미(빌 황)에게 손실 및 수수료를 달라고 했지만 (이것을 '마진 콜'이라 부른다) 영미는 그럴 수 없었고, 진호는 급급히 주식을 대량매도해 20억~40억 달러에 이르는 손실을 볼 수밖에 없었다.

옵션이니, 스와프니, 선물이니 하는 파생금융상품은 전문가들도 함부로 손대기 어려운 위험천만한 투자다. 이익이 나면 보통의 투자행위보다 몇 배의 이익이 돌아오지만, 손실이 생겨도 일반 투자보다 몇 배나 큰 손실로 불어나는 속성을 지닌다. 밤에 발 뻗고 자고 싶다면, 이런 거래는 하지 않는 편이 좋다.

커브사이드 픽업
Curbside Pickup

생사가 걸린 유통전쟁에서 생긴 작은 변화

코로나-19 펜데믹 ⇨ 외출 자제 혹은 불가 ⇨ 온라인 쇼핑 급증 ⇨ 오프라인 매장 축소나 폐쇄. 이런 악순환은 이미 우리에게 익숙하다. 매장 위주로 영업을 해온 기존 소매업체들은 뼈를 깎는 혁신으로 이에 맞선다. 기업들의 온라인 판매 시스템 확립과 함께 커브사이드 픽업도 그런 몸부림의 결과다. 이는 소비자가 온라인으로 상품을 구매한 뒤, 매장을 방문할 필요 없이 특정 장소에서 차에 앉은 채 물건을 전달받는 서비스다. 업체는 제품이 준비되었다는 알림 메시지를 고객에게 발송한 다음 고객의 차량 정보와 도착 정보를 앱으로 미리 전달받고, 직원이 제품을 고객의 차량 트렁크에 싣거나, 고객에게 직접 전달한다.

고객은 이 서비스로 일찍이 생각지 못했던 쇼핑을 경험한다. 매장을 찾아 직접 물건을 보고 고르던 관행에서 온라인 매장으로 들어가 주문하고 결제하는 것부터 새로운 경험이다. 그다음 판매업체나 제3의 배달

업체에 상품 배송을 맡길 것인가, 아니면 정해
진 장소로 직접 가서 '픽업'할 것인가를 선택
한다. 이런저런 이유로 후자를 택하는 것이 바
로 커브사이드 픽업이다.

미국의 한 업체가 제공하는
커브사이드 픽업 표지

신선도가 중요한 식품의 경우, 상대적으로 오랜 시간이 걸리는 배송
보다는 고객의 직접 픽업이 특히 유리하다. 식료품 시장을 '전방위'로
침투하려고 준비 중인 거인 아마존에 대응해서 월마트가 커브사이드
픽업 서비스를 공격적으로 늘리고 있는 이유다. 고객이 월마트 매장 주
차장에서 직접 (신속하게) 식품을 받아 가도록 하는 것이야말로 온라인
상인들의 본격적인 식료품 시장 침투를 저지할 효과적인 방어 무기가
아닐까. 식료품 소매업의 선두주자 가운데 하나인 Target(타깃)도 같은
이유로 커브사이드 픽업 서비스를 전국 1,500여 개 매장으로 확대하고
있다.

코로나-19는 '비상사태'의 시작이었지만, 이로 인한 기업의 혁신과
변화는 '일상'이고 '필수'가 되어버렸다. 특히 오프라인 유통기업에 '온
라인화'와 배송의 효율 등은 이제 생존 그 자체다. 커브사이드 픽업은
사느냐 죽느냐의 기로에 선 경제 주체의 혈투가 가져온 한 가지 작은 변
화일 뿐이다.

코로나 디바이드
Covid-19's Global Divide

빈익빈부익부가 심해졌다, 어떻게 도생할 것인가?

코로나바이러스 초기 미흡한 대응으로 휘청대던 미국이 백신 개발과 접종에서 기선을 잡으며 2021년 경제성장률 6.4%를 바라본다. 미국이 2005년 이후 처음으로 중국보다 더 많이 세계 경제 성장에 공헌할 것이란 전망까지 나온다. 반대로 아세안 5국(4.9%), 브라질(3.7%), 사우디아라비아(2.9%), 남아프리카공화국(3.1%) 등 주요 신흥국 경제는 앞으로 여러 해 동안 쇠약해질 위험에 노출되어 있다. '선진국은 성장을 멈추고, 신흥 개도국은 고속 성장한다'는 상식이 뒤집힌다. 팬데믹 이후 세계 경제에 드리워진 검은 구름, '코로나 디바이드' 현상이다. 코로나바이러스가 촉발한 양극화는 세계 경제의 큰 위협이 될 수 있다.

2021년 경제성장률 전망치의 변화(선진국 vs 신흥 개발도상국)

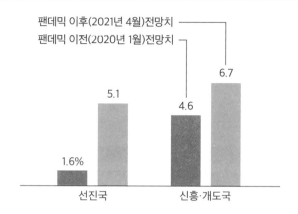

팬데믹 이후(2021년 4월)전망치
팬데믹 이전(2020년 1월)전망치

5.1

6.7

4.6

1.6%

선진국   신흥·개도국

자료: IMF

백신을 확보하느냐 못 하느냐에 따라, 경제 회복에 속도를 붙이는 나라들과 회복을 확신할 수 없어 주저앉는 나라들로 쩍 갈라졌다. 백신만 개발되면 다 해결될 줄 알았던 세계 경제가 막상 백신 접종이 시작되자 전례 없는 'K자형 성장'이라는 새로운 병을 앓는 모양새다.

아래 도표는 세계 백신 접종 현황을 거의 실시간으로 집계하고 있는 Our World in Data(아워 월드 인 데이터)가 발표한 자료다. 2021년 8월 26일 현재, 전 세계에서 한 번이라도 백신 접종을 받은 사람은 전 인류의 33%라고 한다. 중동 국가 UAE가 접종률(1-2차 합계) 85%로 1위를 달리는 가운데, 스페인, 우루과이, 칠레, 프랑스 등이 뒤를 잇고 있다. 접종률 기준 세계 18위인 러시아조차 겨우 30%에도 못 미치는 실정인 데다, 한국이 속한 아시아와 남미는 아직 이보다 더 낮고, 아프리카에는 아예 접종을 시작조차 못 한 나라도 있다. 선진국, 아시아, 제3세계 사이의 격차가 뚜렷하다. 세계 경제에 좋을 리가 없다.

 2021년 8월 26일 현재 주요국의 코로나 백신 접종율

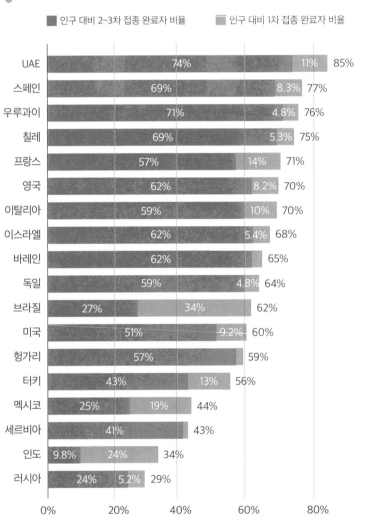

자료: Our World in Data

☑️ 코로나 디바이드는 어떤 결과로 이어지는가?

1) 무엇보다 각국의 경제에 미치는 효과가 두드러진다. 특히 6%를 넘어선 미국의 경제성장률은 거의 한창때 중국 수준이다. 세계 최초로 백신 접종을 시작했던 영국은 코로나 감염자가 오르락내리락하는 와중에도 2021년 경제성장률이 5%를 초과할 것이라고 IMF는 전망했다. 한국(3.6%)보다 높은 경제성장률 전망치로, 1% 성장도 벽차 하던 영국이 맞나, 싶을 정도다.

2) 코로나 디바이드는 소비 여력의 격차로도 이어진다. 소비 여력은 향후 경기 회복의 동력이라는 점에서 중요하다. 코로나-19 사태 이후 전 세계 가계가 아껴둔 현금(저축)은 5조4천억 달러에 이르는 것으로 Moody's Investors Service(무디스)는 추정한다. 그중 3분의 1만 소비에 쓰여도 전 세계 생산이 2% 넘게 증가할 테다. 문제는 이렇게 묶여 있는 현금의 상당 부분이 미국과 유럽에 있다는 점이다. 선진국 가계가 정부 부양책으로 소득을 보호받는 동안, 남미와 동유럽에선 팬데믹 타격과 정부 지원 감소로 오히려 저축이 줄었기 때문이다. 이처럼 '지금' 소비 여력이 떨어지면 '미래' 소득에서도 뒤질 수밖에 없다. 남미와 아프리카 국가 대부분의 2022년 1인당 국민소득이 전년보다도 적을 것이라는 암울한 예측이 나온다.

3) 재정·통화정책의 격차도 코로나 디바이드의 결과다. 2020년 선

진국들이 평균적으로 GDP의 24%를 재정정책에 투입하는 동안, 신흥국은 5%, 기타 저소득 국가는 2% 미만의 금액만 실행했다. 미국은 2020년 초부터 코로나 대응, 인프라 투자, 추가 부양 등을 위해 1조~2조3천억 달러를 여러 차례 투입했다. 기축통화 국가라든지 국채를 마구 찍어내도 저금리 유지가 가능한 선진국들만 사용할 수 있는 방법이다. 이와는 대조적으로, 적극적인 재정정책을 썼던 브라질은 통화가치와 국채 가격이 폭락하는 쓰린 맛을 봤다.

4) 중산층이라는 경제의 '허리'가 휘청한다. 가령 미국의 퓨 리서치 센터는 2020년 전 세계 중산층이 9천만 명이나 줄어든 것으로 분석한다. 글로벌 중산층 감소는 30년 만의 일이며, 특히 남아시아, 동아시아 등의 신흥·개도국 위주로 줄어들었다니, 뼈 아프다. 이들 국가는 대면 노동과 관광 수입 비중이 높은 데다, IT 인프라가 튼튼한 선진국들과 달리 고용 유지와 경기 방어가 매우 어려운 환경이라, 타격이 더 컸다. 또 당연한 결과로, 빈곤층은 증가했다. 2020년에는 전 세계 극빈층 비율도 25년 만에 증가세로 돌아서, 전년보다 1.0%포인트 늘어난 9.4%가 됐다. 인류의 빈곤을 끝장 내려는 시도가 위기에 처했다.

5) 코로나 디바이드가 G2 체제의 골을 더 깊게 파, 미·중 양강의 셈법이 복잡해진다. 2020년 세계 유일의 플러스 성장(2.3%)에 이어

2021년 1분기 18.3%라는 경이적 성장률을 기록한 중국. 사상 최고에 버금가는 성장률과 백신 파워로 리더십을 되찾은 모습의 미국. 두 나라의 영향력은 팬데믹 전보다, 아니, 전례 없는 수준으로, 막강해지고 있다. 단기적으론 수출 의존도가 높은 한국 경제에 긍정적일지 모르나, 장기적으로는 더 큰 위기로 다가올 수 있다. '우리 편을 들어달라'는 두 나라의 등쌀에 '안보는 미국, 경제는 중국' 전략은 갈수록 어려워지고, 자칫 양쪽 모두 우릴 내팽개칠 수도 있다.

곰곰 생각해보자, 한때 코로나-19로 가장 타격을 받았던 미국은 어떻게 부활할 수 있었나? 주로는 백신을 만든 바이오산업과 기업들 덕분 아닌가? 그렇다면 우리는 이제부터 어디서 생존과 성장의 길을 찾을 수 있을까? 반도체, 배터리, 제약-바이오 등 현재와 미래의 주력 산업이 세계 시장을 주도해야 하지 않겠는가.

035

코린이

기적의 수익을 꿈꾸며 위험에 눈감은 '어린이'들

가상화폐를 상징하는 '코인(coin)'과 초보자를 암시하는 '어린이'를 합성한 용어. 굳이 설명이 필요 없을 듯. 일각에서는 사회 병리적 현상으로 간주하는 가상화폐 광풍에 휩쓸린 초보 투자자들로, 주로 2030세대다. 근무 중에도 눈치를 보며 스마트폰으로 틈틈이 사고팔고, 퇴근 후엔 시도 때도 없이 거래소의 가격을 살핀다. 한밤중에 눈을 비비고 일어나 스마트폰을 찾는 일도 다반사. 하루 새 30% 넘게 오르내리는 등, 가격도 무제한으로 변동하고, 멈춰 서는 법도 없는 가혹한 시장이 365일 24시간 돌아가기 때문이다.

그럼에도 2030 '코린이'의 수는 계속 늘어나는 중이다. 2020년 말과 비교해 국내 4대 가상화폐 거래소의 투자 예탁금은 단 2개월 사이에 20대 201% 증가, 30대 184% 증가를 기록했다. 가상화폐 투자를 위해 필요한 은행 계좌도 매일 7만여 개씩 새로 개설되고 있다. 이렇게 젊은 세대가 가상화폐 시장을 주도하다 보니, 그들의 투자 성향이 고스란히 반영되어 하루에도 사고팔기를 되풀이하는 단타 투자가 대유행이다. 2021년 1분기 중 4대 거래소의 투자자 1인당 월평균 거래 횟수가 126회라는 통계치가 이를 증명한다. 주식투자자 1인당 월평균 거래 횟수(26회)보다 압도적으로 많다. 휴일도 없이 하루 4차례 이상 가상화폐를 사고팔았다는 얘기다.

주식시장의 변동성만 해도 아슬아슬할 판인데, 가상화폐 가격의 불안정성은 전문가들조차 그야말로 손사래를 칠 정도다. 오죽하면 암호화폐 열혈 옹호자들까지 최근의 시장을 '비정상'이라고 아우성치겠는가. 지금의 암호화폐 투자는 통제나 예측을 불허하는 가격 급등락과 어마어마한 손실을 각오하지 않고서는 뛰어들 수 없는 도박과 크게 다르지 않다. 그리고 코인마다 정도의 차이는 있겠지만, 불법 세력의 시세조종에 놀아날 가능성도 주식이나 부동산보다 훨씬 높다. 게다가 제도권 밖에서 거래되기에 물증을 확보하거나 처벌하기도 어려운 현실이다.

그렇다고 정부가 적극적인 태도로 나서는 것도 아니다. 암호화폐를 불법화하지도 못하고, 확실히 존재를 인정하지도 못하고, 엉거주춤한 상태다. 금융 당국은 이 주제에 관해선 언급을 회피한다. 닥쳐올지도 모를 광풍을 우려하면서도 이렇다 할 개입은 망설이는 것이다. 그러면서도 2022년부터는 암호화폐 수익에 22%의 세금을 매길 예정이다. 그러나 기본적인 투자자 보호 장치는 아직 안중에도 없다. 이래저래 암호화폐는 법적 지위의 개념조차 부여받지 못한 채, 수백조 원의 투자금만 삼키고 있다.

2022년 3월 9일 대통령 선거를 앞두고 양당 후보 진영에서도 암호화폐(특히 예정된 과세 실행 여부)는 중요한 정책 이슈로 취급되고 있다. 하지만 표심을 얻기 위한 얄팍한 전술만 어지러이 논의될 뿐, 암호화폐의 본질과 경제 전반에 미칠 장기적인 영향을 기반으로 한 성실한 논의는 전혀 이루어지지 않고 있는 모습이다.

콘텐트 전송 네트워크

CDN: Content Delivery Network

036

효율적이고 안전한 온라인 콘텐트의 전송

콘텐트 제공업체와 사용자 사이에 중간 서버 역할을 함으로써 원활한 데이터 전송이 이뤄지도록 하는 네트워크. CDN 업체들은 전 세계 수십 개의 주요 거점에 서버를 만들어놓고, 고객 업체들의 콘텐트와 홈페이지 주요 기능 등을 보관한다. 인터넷 이용자가 접속하면 가장 가까운 서버에 보관한 영상, 음원, 게임 등을 빠르고 안정적으로 전송하는 것이다. 만약 CDN을 이용하지 않고 하나의 중앙 서버에서 이러한 콘텐트를 전 세계로 제공한다면, 지리적 거리나 인터넷 환경 때문에 전송이 늦어지거나 불안해질 수 있다. 그렇기에 글로벌 서비스를 제공하는 거의 모든 콘텐트 업체는 세계 각지에 흩어져 있는 CDN을 이용한다. 가령 아마존의 콘텐트를 얻기 위해 미국에서 접속하면 미국에 있는 CDN 서버가 보내주고, 한국에서 접속하면 한국 내 CDN 서버에서 보내주는 식이다. 전 세계에서 다수의 사용자가 한꺼번에 접속해 생기는 병목 현상이라든지, 좀비 PC로 특정 사이트를 공격하는 디도스 문제도 CDN으로 막을 수 있다.

 CDN을 사용하기 전과 후의 콘텐트 전송 개념도

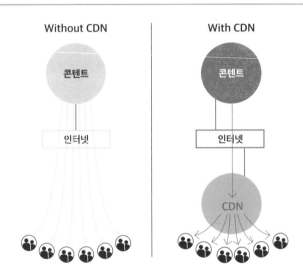

☑ 그러나 CDN 자체에 문제가 생긴다면?

2021년 초 미국에서 실제 이런 일이 벌어졌다. 뉴욕 타임즈, CNN, 백악관, 아마존, 영국 정부 등 언론과 전자상거래 업체 등을 아우르는 수천 개의 콘텐트 공급자가 동시에 접속 불능 사태를 겪은 것이다. 이후 CDN을 제공하는 미국 업체의 서버 업데이트 과정에서 생긴 오류가 원인이었음이 드러났다. 이름조차 낯선 작은 IT 기업이 글로벌 인터넷 서비스를 먹통으로 만든 것! 1조5천억 원에 이르는 피해도 피해지만, 인터넷 기반 서비스가 얼마나 취약할 수 있는지를 여실히 보여준 사고였다.

더구나 세계의 내로라 하는 기업, 조직, 정부 등이 의존하는 CDN 서비스가 Fastly(패스틀리), Cloudflare(클라우드플레어), Amazon Cloud-Front(클라우느프론트), Akamai(아카마이) 등 몇 안 되는 업체에 집중돼 있다는 점이 골칫거리다. 비교적 소규모인 이 CDN 업체들의 서버에 문제가 생기면 고객사의 홈페이지와 서비스가 고스란히 마비되기 때문이다. 전문가들의 얘기로는 이런 종류의 사고가 1년에 몇 차례씩 반복된다.

하긴 CDN뿐만 아니다. 소수 기업에 '쏠리는' 현상은 클라우드를 위시한 인터넷 서비스 전반에 만연해 있다. 우리나라만 해도 대기업의 80%가 자체 서버보다 싸고 보안이 잘 된다는 이유로 구글이나 아마존의 클라우드에다 업무용 데이터를 보관한다. 하지만 문제가 발생하면? 클라우드 업체의 조치를 기다리는 것 외에는 꼼짝도 못 한다. 2020년 12월에도 두 차례의 클라우드 시스템 장애로 전 세계 15억 명이 피해를 보지 않았던가.

037

콘텐트 커머스
Content Commerce

끼워넣기가 아니라, 콘텐트로 만들어 장사하기

무신사는 누가 뭐래도 우리나라 온라인 패션계의 강자다. 그들은 '무신사 TV'라는 이름의 자체 방송 채널을 운영한다. TV사업을 하자는 의도가 아니라, 패션 다큐멘터리 같은 걸 만들어 방영함으로써 제품 판매를 촉진하는 수단으로 삼는다. 또 다른 브랜드 한섬은 아예 '핸드메이드 러브'라는 웹드라마를 만들었다. 유튜브 누적 300만 뷰가 넘고, 덩달아 매출도 전년 대비 2배 넘게 뛰었다. 내친김에 시즌 2를 만든다는 얘기까지 나온다. 기아자동차는 플래그십 세단 'THE K9'를 출시하면서 CJ ENM과 손잡고 인물 다큐멘터리를 제작했다.

드라마나 영화에 제품을 노출하는 PPL과 차원이 다르다.
실시간 동영상에 채팅을 결합한 라이브 커머스도 아니다.
'뒷광고' 논란으로 시끌시끌한 유튜브 프로그램과도 딴판이다.
아예 대놓고 광고하고 홍보한다. 그래서 별명이 '앞광고'다.

눈에 띄기 시작한 지 1년밖에 안 된 '콘텐트 커머스' 얘기다.

2019년 CJ ENM이 만든 한 드라마에서 배우들이 자사 브랜드 의상을 입었다. 이후 드라마와 같은 이름의 기획전을 열어 그 옷을 50억 원도 넘게 팔았는데, 그게 콘텐트 커머스의 효시라면 효시다. CJ ENM은 유통 회사도 콘텐트 플랫폼도 다 품고 있어서 가능한 일이었다. 이렇게 시작하더니 어느덧 자동차, 패션, 골프용품, 화장품 등의 다양한 업종으로 퍼졌다. 심지어 경기도가 출자한 '경기도주식회사'까지 콘텐트 커머스에 올라탔다. 드라마 만들고, 유튜브에 올리고, 다큐멘터리 제작하느라 분주하다. 이 시장이 얼마나 큰지는 아직 통계조차 없지만, 20~30대가 환호하는 가운데 매출 증대 효과만큼은 확실하다.

이미 우리에게 익숙한 '라이브 커머스'는 "난 꼭 저 제품을 사야지!"라고 목적을 정한 소비자들이 관심을 두는 형태다. 이에 비해 콘텐트 커머스는 두루두루 판매자의 콘텐트를 훑어보다가 마음에 드는 상품이 있으면 사게 되는 '발견형' 소비자를 타깃으로 삼는다.

콜드 체인
Cold chain

생산에서 소비까지 신선한 채로 빠르게

지금 '콜드 체인' 전쟁이 '핫'하다. 콜드 체인이란 농·축·수산물, 식료품, 의약품, 화훼류, 전자제품 등의 신선한 품질을 유지하고 안전을 보장하기 위하여 생산 ⇨ 저장 ⇨ 운송 ⇨ 진열의 과정 전체를 저온 상태에서 수행하는 일사불란한 공급망을 뜻한다.

소비자들이 '클릭' 몇 번으로 바다에서 갓 잡은 해산물이나 저녁 식탁에 올릴 한우 등을 집에서 받을 수 있다면 얼마나 좋을까? 소비자뿐만 아니라, 국내 모든 유통업체의 목표가 바로 그것이다. 그래서 신선식품 배송을 전자상거래의 '끝판왕'이라 부르는 모양이다. 유통업의 '빅3'라는 롯데쇼핑, 신세계, 홈플러스가 보유한 전국 500여 개 매장은 그 자체가 콜드 체인 시설이라 해도 과언이 아니다. 이들 유통 거인은 매장에서 반경 3㎞ 이내 지역의 온라인 주문은 즉시 배송한다. 신선식품을 저장하는 대규모 콜드 체인 물류센터는 필수 조건이다. 통합 온라인 몰을 운영하는 신세계는 전국 매장과 물류센터를 하나의 시스템으로 통합해 신선식품 폐기율을 최저치로 끌어내리는 걸 궁극의 목표로 삼는다. 콜드 체인에 의한 운반 과정에 사물인터넷(IoT) 기술을 적용해 온도 등의 상태를 소비자에게 알려주는 서비스도 연구 중이다.

 콜드 체인의 구성도

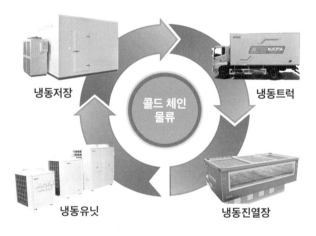

디지털 유통의 강자 네이버의 도전도 만만찮다. CJ대한통운과 손잡고 콜드 체인 시스템 투자에 한창이다. 하루 2만 건의 온라인 주문을 처리하는 신선식품 전용 풀필먼트 센터도 구축했다. 신선식품을 취급하는 소상공인을 네이버의 스마트 스토어에 대거 입점시키고, 산지 직송 생산자의 로지스틱스를 지원하는 모델도 만든다. 40만 개에 이르는 스마트 스토어 사업자가 물류를 걱정하지 않고 각자가 원하는 배송 방식으로 사업할 수 있도록 나름의 생태계를 만들자는 의도다.

2조 원 가까운 돈을 투자해 물류센터를 준비하고 있는 e커머스의 또 다른 주자 쿠팡도 마찬가지로 신선식품 콜드 체인 구축에 진력하고 있다. 뉴욕증권거래소 상장 이후 2021년에만 국내 세 군데에 콜드 체인 시스템을 만드는 중이고, 수도권 외 전국 산지와 가까운 곳에 추가로 네 곳의 물류센터를 지을 예정이다.

039

클럽하우스
Clubhouse

영상 만능시대의 허를 찌른 음성 채팅 앱

때와 장소를 가리지 않고 이미지가 대세인 지금, 이미지 없이 음성만을 기반으로 하는 채팅 앱이라니! 또 이 채팅방에서 주고받은 대화는 녹음도, 전송도, 일절 할 수 없다고? 게다가 아무나 쑥쑥 들어갈 수 있는 것이 아니라, 반드시 초대를 받아야만 사용할 수 있는 앱이라고? 그렇지만 일론 머스크나 오프라 윈프리와도 직접 대화할 수 있다고? 한술 더 떠서 안드로이드가 스마트폰 운영체제 점유율 76.5%를 차지하는 우리나라에서 현재로서는 아이폰 운영체제(iOS) 기반으로만 서비스를 제공한다고?

그런데도 2020년 4월 미국에서 시작된 음성 기반 소셜 미디어 앱 '클럽하우스' 얘기는 2021년 초부터 입소문을 타기 시작해 어

딜 가든 빠지지 않는다 싶더니, 2월 14일 기준 국내 애플 앱스토어에서 무료 앱 인기 순위 1위에 올랐다. 심지어 클럽하우스용 중고 아이폰 장사까지 등장하는 해프닝도 있었다. (공기계를 사면 통신사 가입 안 해도 와이파이에 연결해 앱스토어 앱을 사용할 수 있으니까.)

과거의 라디오 서비스는 DJ가 혼자 떠들고 청취자는 듣기만 하는 일방적인 구조였다. 그러나 Alpha Exploration(알파 엑스플로레이션)이 서비스를 시작한 클럽하우스는 사용자가 채팅방을 개설하고 대화할 사람을 초청하면 수많은 사람이 그 방에 들어가 발언자의 말을 들을 수 있다. 또 '손들기' 버튼만 클릭하면 누구든 발언권을 얻어 직접 대화에 참여할 수도 있다. 말하자면 수평적 구조의 신세대 디지털 라디오라고나 할까. 그래서 젊은 이용자들은 클럽하우스를 '벽이 허물어진 라디오'라면서 환호했다.

당국이 거의 모든 소셜 미디어를 감시하고 검열하는 중국에서는 전 세계 젊은이들 사이에 새로운 소통 문화를 만들어냈던 이 서비스가 자유로운 소통의 해방구로 이용된다는 분석도 나왔다. 중국에서 민감하게 다뤄지는 주제들이 뜨겁게 논의되어도, 이 앱이 음성 채팅 방식이라 당국의 검열로부터 비교적 자유롭다는 것이다.

하지만 하늘을 찌를 것만 같았던 '클하'의 '반짝' 인기는 몇 달이 지나지 않아 똑같이 빠른 속도로 추락하는 모양새다. 개인 정보 취급에 문제가 있다, 끼리끼리 권력화된 소통이다, 중세의 무슨 귀족 파티에 들어가는 꼴이다, 기록이 남지 않는 소셜 미디어라고 홍보하더니 사용자 발언이 녹음-보관되고 있다, 저작권 보호라는 면에서 취약하다, 이용자들의 수락을 받아야 입장할 수 있어 폐쇄적이다, 등등의 비난과 불평이 고개를 들더니 2021년 상반기도 채 못 넘기고 디지털 시민의 관심에서 조금씩 멀어져 버린 것이다. 앱스토어 순위는 거의 700위 수준까지 밀려났고, 웃돈을 주고도 사기 힘들었던 초대권은 무료 나눔 대상으로 둔갑했다. 영양가 없는 대화에 지친 명사들과 인기인들은 하나둘씩 떠나고, 1년 만에 40억 달러로 뛰었던 앱 개발사 알파 엑스플로레이션의 기업가치도 다시 주춤하는가 싶더니, 이윽고 이러다 영영 사라지는 것 아니냐는 걱정을 해야 할 지경까지 추락했다. 롤러코스터가 따로 없는 것 같다.

☑ 클럽하우스에 대한 충성도는 왜 곤두박질했을까?

애초에 안드로이드용 서비스가 없다는 점이 커다란 약점이었다. 2021년 상반기에 안드로이드용 앱을 내놓겠다고 밝혔지만, 아무래도 중요한 한 스텝을 놓친 것 같아 '사후약방문'이 되지나 않을까, 우려하는 분위기다. 일부 소셜 미디어 전문가들은 클럽하우스에 독특하고 강력한 핵심 경쟁력이 결핍되어 있다는 근원적인 이유를 들기도 한다. 치열한 플랫폼 경쟁에서 '강펀치' 콘텐트가 딱히 없다는 얘기다. 그리고 보면 클럽하우스의 인기가 갑자기 치솟은 비결은 사실 일론 머스크 같은 유명 CEO라든가 정치인 혹은 연예인 등의 출연에 있었던 것 같다.

그게 사실이라면, 이들의 참석이 뜸해지면서 클럽하우스에 대한 대중의 관심도 식을 수밖에 없을 테다. 하물며 등장하는 기성세대가 "내가 젊었을 땐 말이야," 식의 훈수라도 늘어놓을라치면, 신선한 토론과 자극을 추구하는 밀레니얼 세대는 쉬이 염증을 느끼지 않겠는가.

그랬거나 저랬거나, 트위터는 클럽하우스의 뒤를 이어 Spaces(스페이시즈)란 이름으로 음성 대화를 라이브로 즐기는 앱을 출시했다. 이어 페이스북도 Live Audio Room(라이브 오디오 룸)이란 대화방을 마련했다. 그러자 국내 기업 카카오까지 이들의 뒤를 따라 음성 SNS 경쟁에 가세했다. 2021년 6월 클럽하우스를 닮은 '음(mm)'이란 이름의 음성 기반 소셜 미디어 앱을 출시한 것. 음악, 연애, 음식, 결혼과 육아 등 모두 26개 주제 가운데 3가지 관심사를 선택, 비슷한 관심을 가진 사람들과 대화하고 이모티콘으로 의사를 표현할 수도 있다. 이로써 국내 음성 SNS 시장은 나름대로 자리를 잡아가는 모습이다.

누구든 주머니가 휑하니 비었다고 해서 일을 못 하게 발목 잡힌 적은 없었다.
그런 일이 생기는 것은 오로지 머리가 텅 비었거나 가슴이 비었을 때뿐이다.

Empty pockets never held anyone back.
Only empty heads and empty hearts can do that.

노먼 빈선트 필(Norman Vincent Peale)

제4부

ㅌ - ㅎ

타깃 데이트 펀드
TDF: Target Date Fund

목표 시점만 말해요, 알아서 돈 불려줄게

투자자가 은퇴하는 때를 목표 시점('타깃 데이트')으로 잡고, 생애주기에 따라 주식과 채권 등의 포트폴리오를 알아서 조정해주는 자산배분 펀드. 우리나라에서는 2011년 미래에셋자산운용이 처음으로 TDF를 출시했다. 쉽게 말해서 연금으로 투자할 수 있는 가장 바람직한 상품 중의 하나라고 할 수 있다. 그래서인지, 퇴직연금에 관한 한 후진국으로 분류되는 한국에서도 최근 TDF로 돈이 몰리고 있다. 특히 20대는 연금 투자자산의 50%를 이런 펀드에 투자한다고 한다. 주요 펀드 평가사와 자산운용사에 따르면, 국내 TDF 설정액은 2016년(661억 원)부터 가파르게 상승하기 시작해 2021년 4월 현재 기준점의 80배가 넘는 총 5조7,267억 원으로 덩치가 커졌다. 모두 14개의 증권사와 자산운용사가 118종의 TDF를 운용하고 있다.

타깃 데이트 펀드(TDF) **연도별 설정액**

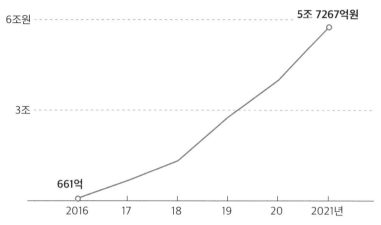

6조원 ------------------------------------- **5조 7267억원**

3조 -

661억

2016   17   18   19   20   2021년

TDF 상품 뒤에는 2035, 2060 등 보통 5년 단위로 연도를 가리키는 숫자가 붙는다. 이 숫자를 (마치 와인처럼) '빈티지'라고 부른다. 투자하는 사람이 은퇴하고자 하는 해가 언제인가에 따라, 그 연도가 붙은 TDF 를 고르면 된다. 그러면 그때까지 전문가들이 자산을 불려주는 것이다.

☑TDF의 전형적인 투자 방식은?

목표 시점을 정한 다음에 40대 이전에는 위험자산의 비율을 높이고, 은퇴가 다가올수록 안전 자산 비율을 늘린다. 즉, 빈티지가 아직 먼 미래이면 주식 비중을 늘려 공격적으로 투자하고 빈티지가 다가왔으면 안전성 위주로 채권 등의 비중을 높인다는 얘기다. 그런데 최근에 퇴직 연금 운영에서 상대적으로 수익률에 관심이 커지다 보니, TDF를 연금 투자에 한층 더 적합한 펀드로 인식하는 것이다. 은퇴 시점이 되었을 때 자산이 가장 많이 불어나 있도록 해주는 상품이 바로 TDF라는 점이 그런 인식의 배경이다. 이런 추세를 고려할 때, TDF는 앞으로도 꾸준히 성장할 것으로 보인다. 우리나라 주요 자산운용사들의 퇴직연금 포트폴리오를 들여다봐도, TDF 투자가 가장 큰 비중을 차지하고 있다.

☑TDF의 운용 실적은 괜찮은 편인가?

2021년 들어 TDF 수익률은 한마디로 고공행진 중이다. 연초부터 10% 이상의 수익률을 기록하고 있는 TDF는 총 118개의 1/4에 해당하는 30개 이상이다. KB자산운용의 'KB 온국민 TDF 2055'가 13.1%로 가장 높았다. 삼성자산운용이 관리하는 '삼성 ETF TDF 2050'의 경우 글로벌 대표 자산 ETF에 투자하는데, 2021년 상반기 수익률이 11%에 육박한다. TDF는 장기간 투자하는 상품이므로, 수익률도 물론 중요하지만, 수수료 같은 부대 비용의 차이도 유심히 고려해야 한다.

퇴직연금 자금을 적극적으로 투자하는 분위기가 정착된 미국에선 해마다 소위 '연금 백만장자'가 늘고 있다. 꾸준한 주가 상승 덕분에 연금으로 공격적 투자를 한 이들이 큰 수익을 보면서, 2020년 3분기 미국에서 연금계좌 잔액이 100만 달러 이상인 가입자 수는 26만2천 명에 달한다. 주식투자가 아니라 고작 수익률 1%대의 안전 위주 상품에 퇴직연금의 80%가 몰려 있는 한국과는 달라도 너무나 다른 모습이다.

002

탄소국경세
Carbon Border Tax

지구 환경 보호를 위한 건 맞습니다만...

"화석연료에 의존하는 경제는 한계에 이르렀다."
-Ursula von der Leyen(우르줄라 폰 데어 라이엔) EU 집행위원장

그녀의 말마따나 앞으로 탄소 맘대로 내뿜기 어렵게 생겼다. 탄소국경세는 이산화탄소 배출이 많은 나라가 만든 상품을 이산화탄소 배출이 적은 나라로 수출할 때, 배출이 적은 나라가 부과하는 징벌적인 관세다. 말하자면 국경을 넘어 들어오는 탄소에 대해 매기는 사상 최초의 과세다. 물론 세액은 그 수입품을 생산하는 과정에서 배출된 탄소량을 따져서 정하는데, EU Emissions Trading System(ETS; 배출권거래제)에서 거래되는 탄소 가격 수준으로 책정될 전망이다. 현재 EU와 미국이 주도적으로 추진하고 있어, 우리나라 수출기업들이 이에 대응하느라 진땀을 흘리고 있다. 기후위기 극복을 위한 '탄소 중립'이 교묘한 무역장벽으로 둔갑하는 것인가?

우선 EU는 2021년 7월, 'Fit for 55(핏 포 55)'라는 이름의 입법 패키지를 발표했다. 2030년까지 유럽의 온실가스 배출량을 1990년 대비 55% 줄인다는 'Europe Green Deal(유럽 그린 딜)'의 핵심 법안 12개가 담겨 있다. 이 가운데 특히 탄소 배출이 많은 품목에 적용되는 Carbon Border Adjustment Mechanism(CBAM; 탄소국경 조정 메커니즘) 초안에 관심이 쏠렸다. 이것이 바로 탄소국경세의 다른 이름이다. "EU가 온실가스 배출을 규제한들 무슨 소용인가? 중국, 인도, 한국 등 규제가 느슨한 다른 나라에서 저가 제품을 수입해다 EU에서 팔 것 아닌가? 그런 상황을 근원적으로 바꿔야 한다!"라는 의지다. CBAM은 시멘트, 전력, 비료, 철강, 알루미늄 등 5개 부문을 탄소 배출이 많은 업종으로 명시했다. EU는 2023년부터 이 5개 부문에 CBAM을 시범 시행하고(이때는 보고의무만 부여되고 재정 조치는 실행되지 않아 실제 비용 부담은 없음), 2026년부터는 본격 시행한다는 계획이다.

✅ 수출 의존도가 유달리 높은 한국, 손해가 막심할 듯.

EU의 탄소국경세 도입으로 한국은 얼마나 추가적 부담을 떠안게 될까? 대외경제정책연구원은 톤당 30유로의 배출권 가격을 적용할 경우, 연간 10억6천만 달러(약 1조2,200억 원)의 관세를 내야 할 것으로 추정한다. 약 1.9%의 관세가 추가로 부과되는 것과 같은 충격이다. 단, 생산 시설 내에서 직접 배출되는 탄소량만 계산한다. 당장 타격이 클 것으로 예측되는 철강업에서 온실가스 배출량 1위 포스코와 2위 현대제철의 탄소국경세가 총 3조7천억 원에 이를 것이란 분석도 나온다. 최근 EU

배출권 가격이 50유로 수준까지 올라, 우리 산업계가 감내할 부담은 기존 예상의 2배에 육박할지도 모른다.

 EU 탄소국경세 과세 추정치

	연평균 수입액 (억달러)	수입에 내재된 이산화탄소 (만톤)	과세금액 (억달러)	관세율추정치
미국	3178.8	9837	35.41	1.1%
인도	525.9	6707	24.15	4.6%
터키	808	4429	15.95	2.0%
한국	573.1	2946	10.61	1.9%
일본	922.5	2173	7.82	0.8%
노르웨이	827.4	2027	7.3	0.9%
스위스	1270.9	1929	6.95	0.5%

자료: 대외경제정책연구원

노벨경제학상 수상자 William Nordhaus(윌리엄 노드하우스) 예일대 교수를 비롯한 경제학자들은 산업계의 탄소배출을 줄이려면 탄소국경세를 물려야 한다고 주장해왔다. 어제오늘 일이 아니다. 그러나 정치적 난관이 많아 이를 본격적으로 추진한 국가는 아직 없다. 하지만 이제 EU의 조치로 기업들의 관점에서 발등에 불이 떨어졌다. 그렇잖아도 코로나-19 등의 악조건에 내몰린 그들의 부담을 덜어주기 위해서 정부는 어떤 노력을 기울여야 할까?

1) 탄소의 직접배출과 간접배출(화석연료로 생산한 전기를 사용하는 것)을 모두 아우르는 한국의 배출권거래제를 CBAM과 동등한 것으로 수용하도록 EU를 설득하고, EU 탄소국경세가 실행되더라도 적용에서 제외될 수 있도록 공인받아야 한다. 특히 한국형 RE100는 탄소공개 프로젝트(CDP; Carbon Disclosure Project) 위원회가 인증하는 제도이므로, EU로부터 탄소 감축 실적으로 공식 인정받을 수 있지 않겠는가.

2) EU의 탄소국경 조정 메커니즘이 환경보호의 선한 의도에서 출발한다 해도 국제무역 규범의 원칙을 해치지 않도록 세계 주요 관련국과의 공조를 강화해야 한다. 'CBAM은 보호무역의 수단이 아니라 탄소 누출을 막기 위한 제도'라는 게 WTO 규정 위반의 소지를 차단하려는 EU의 주장이다.

3) 한국형 RE100, RPS(신재생에너지의무발전) 등 제도를 보다 촘촘하게 다듬을 필요도 있다. 따라서 RE100 참여 인센티브를 대폭 강화함으로써 국내기업의 참여를 적극적으로 유도할 필요가 있다. 궁극적으로는 전원 믹스(조합)에서 신재생에너지의 비중을 대폭 늘리는 방향의 '에너지 전환정책'에 속도를 더해야 한다는 것이다.

4) 탄소국경세 도입으로 피해를 보는 산업에 대해서는 세제와 금융

지원, 탄소중립기술 관련 R&D 지원책을 적극적으로 마련해야
한다. 민관이 한마음으로 대응하지 않는다면 위기를 기회로 바
꿀 수도 없을 것이다.

☑ 미국은 탄소국경세를 어떻게 보고 있는가?

탄소국경세는 무엇보다 환경보호를 표방한다. 이의를 달기가 어렵
다는 얘기다. 하지만 거기엔 여러 나라, 여러 산업의 이해관계가 복잡하
게 얽혀 있다. 그래서 전 세계적으로 무리 없이 이를 추진하려면 역시
미국의 적극 지원이 핵심. 우선은 홀로 추진하고 있는 EU가 은근히 미
국의 동참을 갈망하는 것도 그런 이유에서다. 바이든 대통령이 탄소국
경세를 대선 공약으로 내걸었던 것은 누구나 아는 바이지만, CBAM의
구체적인 진행 방식에 대한 미 정부의 반응은 아직 '뜨뜻미지근' 정도
다. 국내 관련 산업에 미칠 파장이 걱정되는 것일지도 모른다. 두고 봐
야 할 일이다.

어쨌거나 EU와 미국이라는 두 거인이 손잡고 탄소국경세를 추진한
다면, 기후변화에 대응하는 세계 각국의 정책에도 속도와 힘이 붙을 것
이다. 기후변화 대응을 위해 미국이 어떤 모양의 야심을 얼마나 강렬하
게 확산시킬 것인가를 주목할 일이다.

태양광차 太陽光車

전기차도 성에 차지 않는다, 태양 에너지를!

"해가 뜨는 한 충전은 필요 없다!"

화석연료로 움직이는 자동차의 전통과 역사가 그 끝자락에 와 있다는 것은 이미 주지의 사실이다. 지역에 따라서 시차는 있겠지만, 머잖아 역사의 뒤안길로 사라질 것이다. 그리고 온실가스를 배출하지 않는 환경친화적 전기차가 그 자리를 차지할 것이다. 그런데 전기차조차 일부 과학자들과 개발자들에겐 성에 차지 않는 것일까? 그들은 인간이 만든 것이 아닌 태양 에너지로 달리는 차를 원하는 것 같다. 그리하여 충전이 필요하지 않은 차, 해만 뜨면 어디든 내달리는 차, 뜨거운 자연의 힘으로 움직이는 차를 만날 날이 머지않았다.

사실 태양광 자동차의 꿈은 이미 20년 가까이 실험대에 올라와 있었다. 일단의 호주 대학생들이 태양광 패널을 덕지덕지 붙이고 운전자 한 명만 간신히 올라탄 자동차를 소개한 것이 2010년의 일이다. Ivy(아이

비)라는 이름의 이 차는 태양광 에너지의 힘만으로 시속 89km를 달성, 종전 기록을 깨며 기네스북에도 올랐다. 전문가들도 이 사건을 주목하며 10년 정도면 상업화된 태양광차 시대가 열릴 것이라는 희망을 품었다.

　그로부터 10년이 흐른 지금, 태양광차는 어느 정도 실용화에 가까워져 있을까? 결론부터 말하자면 100% 태양 에너지만으로 움직이는 태양광차는 (아직 시험 모델 수준에 머물러 있을 뿐) 없다. 최대한 효율을 높인 태양광 패널을 잔뜩 탑재한 전기차 기반의 소위 '마일드(mild) 태양광차'가 시제품 출시에 이어 생산을 일부 시작한 정도다. 그럼에도 시장조사기관들은 태양광차 시장이 2023년 3억3천만 달러에서 2030년 40억9천만 달러로 12배 넘게 성장할 것으로 예상한다.

1) 첫 상용 태양광차 Aptera(앱테라)를 개발한 미국 스타트업 Aptera Motors(앱테라 모터즈)는 이 분야 선두주자로 꼽아도 손색이 없다. 2021년 출시를 목표로 내놓은 앱테라는 딱정벌레 같기도 하고 돌고래

2021년 출시를 앞둔 첫 상용 태양광차 앱테라

같기도 한 삼륜 태양광차다. 이런 외형 때문에 주행 중 공기 저항 계수가 겨우 0.13이고, 초경량 탄소 복합재와 유리 섬유 등을 활

용해 무게도 800kg 수준으로 줄인 데다, 마찰로 인한 에너지 손실을 줄이려고 바퀴도 3개만 달았다. 맑은 날엔 태양광만으로도 하루 64㎞ 정도 운행한다니, 그럭저럭 대도시 직장인들의 출퇴근을 책임질 만한 수준이다. 전기 충전을 하면 1,600㎞까지 장거리 운행도 가능하다. 회사 측은 경량화와 마찰 최소화를 거친 앱테라의 에너지 효율이 일반 전기차의 4배라고 주장한다. 다만 에너지 효율에 집중하다 보니 너무 왜소한 2인승이라는 것이 약점이다.

2) 역시 미국의 Humble Motors(험블 모터즈)는 포드와 페라리 출신 전문가들이 설립한 스타트업인데, 앱테라의 단점을 극복하겠다고 팔을 걷어붙였다. 태양광 에너지 효율은 다소 낮지

태양광 패널이 보조 전력 역할을 하는 '험블 원'

만, 우선 크기를 4~5인승으로 키우고 기존 차량에 가까운 디자인을 채용해 실용적인 태양광차를 탄생시켰다. 세련되고 익숙한 모습의 SUV로 개발된 Humble One(험블 원)이 그것이다. 지붕과 창에 태양광 셀을 장착해 하루 주행거리 97Km를 달성했고, 전기 배터리까지 가동하면 총 주행거리가 805㎞에 이른다. 1억2천만 원이 넘는 가격에도 불구하고 소비자 반응은 가히 폭발적이라 한다.

3) Sono Motors(소노 모터즈)가 개
발 중인 태양광차 Sion(시온)
은 차체에 총 248개의 태양
광 패널을 달고 있다. 외관은
전형적인 패밀리 카 그대로
다. 배터리를 완충하면 255㎞

소노 모터즈의 '시온'

를 주행하는데, 태양광 패널이 보조 배터리 역할을 해 하루 290
㎞까지 달리게 해주는 식이다.

☑️ 태양 에너지만으로 달린다?

기존 완성차 제조사들도 차에 태양광 패널을 달아 주행거리를 늘리
려는 시도는 줄곧 해오고 있다. 현대차와 도요타 등은 solar roof(솔라 루
프)란 이름으로 차량 지붕에 패널을 장착하는 기술을 다듬고 있는가 하
면, 테슬라는 자회사 SolarCity(솔라시티)가 축적한 기술로써 차량에 태
양광 패널을 설치하는 시도를 거듭하고 있다.

하지만 충전이 필요 없는 순수 태양광차를 거리에서 보려면 아직 많
은 시간이 필요할 것 같다. 무엇보다 지금 25~35%에 불과한 태양광 패
널의 발전 효율성이 가장 큰 장애물이라고 한다. 이 정도로는 차량 크
기를 키울 수도 없고, 주행거리도 늘릴 수 없다. 넉넉한 에너지를 얻기
위해 태양광 패널을 늘리면 그 무게 때문에 차가 움직이지 못한다. 가볍
고 얇으면서도 획기적으로 높은 발전 효율성을 가진 패널 등의 혁신이

필요하다.

태양광 발전이 불가능한 흐린 날, 비 오는 날, 차가 터널이나 그늘에
있을 때도 물론 고민거리다. 패널에 먼지가 쌓여 에너지 효율이 떨어지
기도 한다. 그래서 전문가들은 입을 모은다, 태양광차는 당장 근거리 교
통수단이나 전기차 보조 역할에 머무를 것이라고. 증기기관과 비행기
를 만든 인간의 창의와 혁신으로 순수 태양광차가 실용화되는 날이 오
기를 기대해본다.

004

테이퍼링
Tapering

전 세계가 주목하는 완화 정책의 출구전략

점점 가늘어지거나 끝이 뾰족하게 된다는 뜻의 동사가 taper(테이퍼)다. 경제학에서 테이퍼링이라고 하면, 주요국들이 불경기 타개책으로 시행했던 양적 완화 정책의 규모를 점진적으로 축소해나가는 것을 가리킨다. 출구전략의 일종이다. 2013년 5월 당시 미 중앙은행의 벤 버냉키 의장이 언급하면서 유명한 말이 됐다. 이와 비슷한 용어 '타이트닝(tightening)'은 같은 긴축 지향이긴 하지만, 주로 금리 인상을 가리킨다. 이에 비해 테이퍼링은 양적 완화 정책 속에 자산 매입 규모를 줄여나가는 방식으로 보면 된다. 코로나-19 이후 미국은 여전히 기준금리 연 0~0.25%를 그대로 유지하고 월 1,200억 달러 규모의 국채와 주택저당증권(MBS) 같은 자산의 매입 프로그램을 지속하고 있는 상태다.

☑ 테이퍼링은 세계 경제에 어떤 영향을 미칠까?

테이퍼링이 본격적으로 시행되면 금리가 오르고 국채 수익률도 오르면서, 신흥국에선 달러 자금이 빠져나가 일부 국가의 경우 외환위기를 당할 가능성까지 생긴다. 주식시장은 급속히 냉각하며 선물지수가 하락하고 불안감이 퍼지는 가운데 변동성이 한층 커진다. 2013년의 경우, Fed가 테이퍼링 신호를 보내자마자 시장에 미친 충격이 상당히 컸다. Fed 의장이 테이퍼링 가능성을 언급한 지 채 한 달도 안 되어 구체적인 출구전략 로드맵이 발표되긴 했지만, 그나마 시장과 넉넉한 소통이 이뤄지지 않은 가운데 시행돼 소위 '긴축 발작(taper tantrum)'이 나타났다. 당시 S&P500지수는 고점 대비 5%, 코스피지수는 10%가량 하락했다.

✅ 각국의 테이퍼링은 언제 시작될까?

코로나-19 사태 이후 주요국 중 처음으로 테이퍼링에 나선 국가는 2021년 4월 채권 매입 규모를 25% 축소하겠다고 발표한 캐나다였다. 미국의 신중한 태도와는 달리, 실업률 감소와 경기 회복을 기대하는 행보를 처음으로 보인 것이다. 그러면서 기준금리 인상 시기도 예정보다 앞당길 수 있다고 했는데, 이는 완만한 인플레이션(약 2%)에 도달하기까지 통화정책을 그대로 끌고 간다는 Fed의 입장과는 상반된 모습이다. 그러나 2021년 6월이 가까워지면서 미국에서도 급격한 물가 상승을 우려하여 테이퍼링을 비롯한 긴축을 논의해야 한다는 목소리가 높아졌다. 테이퍼링을 거론할 시기가 아니라고 강조하면서도, Fed는 2023년까지는 제로에 가까운 금리를 유지하겠다는 메시지와 함께, 일시적으로 물가가 2% 이상으로 오르더라도 상당한 경제 회복을 확인할 때까지는 통화 확장 기조를 견지하겠다고 약속했다. 그럼에도 4월 소비자물가지수가 전년 같은 기간보다 4.2% 급등했다는 발표를 포함해 인플레이션과 경제 회복이 예상보다 빠름을 시사하는 지표가 잇따라 공개되면서 테이퍼링이 조만간 시행되리라는 예측이 힘을 얻었다.

    역사상 최단기간에 백신이 개발되긴 했지만, 세계 전역에서 코로나바이러스를 극복하기에는 아직 많은 시간이 필요하다. 소비지표 회복세가 생각보다 더디고, 공급망의 병목 현상이 의외로 끈질기게 이어지며, 빈부의 격차가 극심해지는 등, 세계 경제의 회복을 가로막는 요소도 한둘이 아니다. 그러므로 짧은 시간 내에 테이퍼링 이슈가 본격화할 가능성은 크지 않을 것이다. 그리고 국제경제에 미치는 영향이 막대한 미국이 시장과 원만하게 소통하면서 테이퍼링을 진행한다면, 테이퍼링이 현실이 되더라도 증시를 포함한 경제 전반에 미치는 충격은 최소화할 수 있을 것이다.

테일 리스크

Tail Risk

'설마'가 사람 잡는 경우를 이렇게 부른다

'위험'이란 놈은 참 알다가도 모를 녀석이다. "에이, 뭐, 그런 일이 생기겠어? 천만 분의 일 정도 가능성일 텐데..."라면서 웃어넘겼는데 느닷없이 위험이 덮치는가 하면, 바짝 긴장하고 끊임없이 위험에 철저하게 대비하고 있으면 아무 일 없이 십 년이 흘러버리기도 한다.

그런 위험 중에서도 일어날 가능성은 극히 작지만 일단 발생하면 대단히 큰 충격을 주는 위험을 가리켜 경제학에서는 '테일 리스크'라고 한다. '설마'가 사람 잡는 상황이다. 그중에서도 특히 극단적으로 확률이 낮은 상황의 발현 빈도가 더욱 높은 경우, 즉, 정규분포곡선 양 끝이 더 뚱뚱한 리스크를 '팻(fat) 테일 리스크'라 부른다. 최근 코로나-19로 인한 여러 나라의 국경 봉쇄 및 경제 마비 상황을 팻 테일 리스크로 볼 수 있다.

보이스 피싱을 당할 위험도 아마 테일 리스크에 해당할 것이다. 늙고 심신이 약해져 판단력까지 흐려진 사람이 아니라면 보이스 피싱따위를 왜 당하겠는가 싶지만, 때로는 그런 일을 당하는 멀쩡한 젊은이들을 보게 되는 것이다.

2008년의 글로벌 금융위기는 또 어떤가? 커도 너무 커서 절대 넘어질 수 없을 것만 같았던 대형 금융사들이 부실한 모기지 때문에 휘청이고 무너졌다. 아무도 그럴 줄은 몰랐을 정도로 그럴 확률은 낮았다고 한다. 영락없이 작은 꼬리의 무서운 위험, 테일 리스크다.

 정규 분포와 테일 리스크

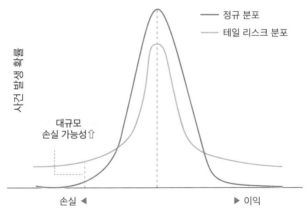

자료: 파이낸셜타임스

이런 위험은 정규분포의 양쪽 끝(꼬리)에 해당한다고 해서 '테일 리스크'란 이름이 붙었다. 정규분포곡선이란 사례가 무수히 많이 있을 때, 발생 확률이 높은 대개의 일은 평균값 근처에 존재하고, 평균과 멀리 떨어진 일이 생길 확률은 극도로 낮다는 통계학 개념이다. 그러니까 발생할 확률이 얇은 꼬리처럼 낮지만, 실제 발생하면 큰 충격을 줄 수 있는 리스크가 테일 리스크다. 국가 수준의 거시경제에서만 존재하는 것도 아니어서, 큰 병에 걸리거나 불의의 사고를 당하는 등, 개인에게도 얼마든지 발생할 수 있다.

✅ 테일 리스크에 미리 대비하는 방법도 있을까?

(1) 우선, '설마 무슨 일 있겠어?'가 아니라, 돌다리도 두드려보고 건너자. 바쁠수록 정신을 잃지 말고 항상 주의 깊은 태도를 잃지 않는 것이 최선이다. 열심히 돌다리를 두드려야지, 방심한 채 한 발 잘못 디딜 때 테일 리스크가 발생하기 마련이다. 근거 없는 낙관은 금물. (2) 살아가는 패턴을 간단하게 가다듬어야 한다. 변수가 많아지면 불확실성이 커지고, 위험한 일이 발생할 확률도 커지는 법이다. 벌여놓은 일도 정리하고, 삶의 변수도 줄이면 테일 리스크의 발생 확률도 낮아진다. (3) 할 수만 있다면 위험을 이전하자. 내가 살아가는 길에 생길 수 있다고 생각되는 여러 가지 테일 리스크 중에서 보험이란 형태로 위험을 이전할 수 있다면, 실제로 발생했을 때의 충격을 없애거나 완화할 수 있을 것이다.

테크핀
TechFin

기울어진 경기장에서 한창 신명 난 IT업체들

핀테크(FinTech)라는 용어가 새로 나와 좀 익숙해졌나 싶었더니, 이젠 또 '테크핀'이란다. 알 듯 모를 듯 아리송한 이 용어는 무려 5년 전에 마윈 알리바바 회장이 처음 써서 널리 알려졌다고 하니, 따끈따끈한 신조어는 아니다. 은행이나 카드사 같은 금융기관이 IT 기술을 빌어 모바일 뱅킹, 송금 같은 업무를 간편하게 볼 수 있도록 한 것이 '핀테크'인 반면, 네이버나 카카오 등의 IT 기업이 독자 기술로 종전에 없던 금융서비스를 만들어낸 것이 '테크핀'이다. 그러니까 첨단 기술이 창조해낸, 그래서 금융시장의 상식을 깬, 금융이란 뜻이다.

카카오택시나 카카오쇼핑에서 결제했는데 1,000원도 안 되는 잔돈이 남는 경험을 한 사람이 많을 것이다. 카카오페이는 이런 잔돈을 알아서 전망 좋은 펀드에 적립해준다. 원해서가 아니라, 그냥 '알아서' 카카오페이증권에다 소액 투자를 해주는 것이다. 이렇게 가입된 증권계좌가 금세 188만 개나 쌓였다. 이것이 테크핀의 사례다. 전통적인 투자 활동이 아니다. 상식을 깼다는 표현 외에 달리 뭐라고 하겠는가. 이런 서비스를 추종하고 이용하는 소비자가 급증하는 것은 조금도 놀라운 현상이 아니다.

또 다른 테크핀의 예를 들어보자. 토스 앱을 열고 '대출 조회' 버튼을 누른다. 내 직장 정보와 소득을 입력한다.

1분이 채 안 되어 대출 한도가 높고 이율이 낮은 순서로 내가 받을 수 있는 대출 상품들이 좍 뜬다. "42초 만에 30개 은행에 다녀왔어요"라는 알림과 함께. 말하자면, 이 신박한 기술이 정말 42초 만에 시중은행 대출 창구를 몽땅 다녀온 거다. 이런 식의 심사 요청이 지금까지 158만 건이었고, 실행된 대출 금액도 3조 원이 넘는단다. 기존의 은행들이 입을 쩍 벌리고 아연실색할 노릇 아닌가.

✅ 한국의 대표적인 테크핀 기업은?

누가 뭐래도 우선 '검색'의 네이버와 '메신저'의 카카오다. 각각의 분야에서 누리는 독점적인 경쟁력을 앞세워 금융시장을 그야말로 뒤흔들고 있다. 네이버 검색과 카카오 채팅이 일상이 돼버린 이용자들이 그들의 다양한(쇼핑, 결제, 투자, 대출 등) 서비스에 녹아드는 데에는 조금도 어색함이 없다. 온라인이든 오프라인이든 일일이 은행을 찾아가 상담받거나 투자하기는 여간 번거로운 일이 아니다. 그런데 이 테크핀 기업들의 서비스는 어떤가. 그들의 앱을 열기만 하면 더 정확한 정보가 세세히 뜨고, 더 적절한 상품을 골라주고, 더 좋은 조건에 만사가 더 빠르고 더 편하게 진행된다. 그뿐인가, 적립 혜택, 멤버십 혜택까지 받는다. 젊은 소비자층에겐 비교우위가 확실해 보인다. 실제로 국내 1위 은행 앱은 월 1,635만 명이 이용하는 카카오뱅크 앱이다. 그리고 결제 시스템과 쇼핑 서비스의 시너지를 톡톡히 보고 있는 네이버는 2020년 쇼핑 거래액이 28조 원으로 인터넷 쇼핑 시장에서 압도적 1위다.

기존 금융권은 고객을 지키기 위해 다른 금융기관과의 협업을 꺼린다. 무엇보다 안정을 중시해 보수적이다. 반면, 테크핀 기업들은 타사 상품 소개는 물론, 고객층을 잘게 쪼개 맞춤형 상품도 공격적으로 출시한다. 그야말로 영역을 안 가리고 좌충우돌이다. 전통 금융에 없던 소상공인 맞춤형 금융 서비스를 제공하는 네이버. 간편송금으로 시작했다가 증권에도 진출하고 은행에까지 확장하는 토스. 도전 욕구로 충만한 미래의 주 고객층인 10대와 사회 초년생들의 호응이 엄청나다. 그리고 이 모든 혁신이 기본적으로 데이터 분석에 기반을 두고 있다.

☑ 중국이나 동남아의 테크핀 붐은 더 강력하다?

사실 우리나라 테크핀 기업들의 전략은 중국과 동남아에서 이미 검증된 방식이라고 한다. 중국인 90%가 사용하는 모바일 메신저를 기반으로 혁신 금융을 선보인 알리페이(알리바바 그룹)와 위챗페이(텐센트 그룹)를 생각하면 고개가 끄덕여진다. 소비자가 자신들의 탁월한 페이 서비스를 아예 은행 계좌 대신에 활용하도록 만들어버린 기업들이다. 고객이 알리페이에 충전해놓은 돈을 투자하는 '餘額寶(위어바오)'라는 이름의 마켓 펀드는 규모에서 세계 최대 펀드가 됐다. 알리페이에 고객의 상당수는 알리바바가 제공하는 각종 보험상품을 이용한다고 한다.

인구의 70%는 은행 계좌가 없고, 자산이 대부분 현금이라는 동남아는 어떨까? IT 분야에서 좀 뒤처져 있을 거라는 선입견과는 달리, 금융시장은 온통 테크핀 기업들이 장악하고 있다. 가령 인도네시아 차량 공유 업체 Gojek(고젝)은 최근 전자상거래 업체를 합병하면서 은행, 자산관리, 대출까지 제공하는 거대 금융회사가 됐다. 자동차와 오토바이 공유에 쓰이는 결제 시스템이 쇼핑과 상거래 등으로 확장하면서 월 이용자가 1억 명을 넘고 기업가치가 400억 달러로 평가되는 가운데, 인도네시아 GDP의 2%를 차지한다니 놀라울 뿐이다. 싱가포르의 차량 공유 업체 Grab(그랩)도 간단하고 편리한 결제 서비스로 사용자를 모아 은행, 보험, 증권으로까지 영역을 넓히면서 동남아 각국에 진출했다.

테크핀 기업들의 무기는 IT와 인터넷이다. 전통적인 은행보다 데이터를 훨씬 더 많이 장악하고 있다는 뜻이다. 고객의 신용도 역시 금융 거래 이력이나 부동산 같은 담보에 의존해 평

동남아 대표 테크핀 기업 '그랩'과 '고젝'의 오토바이 공유 개념도

가하지 않고, 데이터와 통계 수치를 통해 날카롭게 평가한다. 신용도를 얼마나 정확하고 빠르게 평가하느냐가 곧 금융업의 경쟁력을 좌우하기 때문에, 테크핀은 바로 금융업의 변화를 압축적으로 보여준다. 네이버, 카카오, 쿠팡 등이 은행과의 연계도 없이 무슨 수로 거침없는 대출서비스를 제공하겠는가? 검색 기록, 위치 정보, 채팅, 쇼핑 이력, 결제 등을 기반으로 방대한 고객 데이터가 축적되어 자체적인 신용 평가가 가능하기 때문이 아니겠는가?

✅ 테크핀은 '공평한 경기장'에서 경쟁하고 있는가?

현재로선 NO다. 은행이나 증권사는 금융 당국의 촘촘한 관리-감독을 받는다. 고객 정보 활용에도 이런저런 제약이 따른다. 반면, 테크핀 기업들은 데이터를 모으고 활용함에 별다른 제약이 없다. 더구나 금융기관보다 월등한 데이터 분석 능력까지 장착하고 있어, 이용자에게 "당신에게 안성맞춤인 상품은..." 같은 정보까지 제공한다. 테크핀 기업의 이 같은 데이터 독점이 결국 금융시장의 독점으로 이어지면 어떡하나, 불안의 목소리가 나올 정도다. 정말 그런 지경에 이른다면, 특정 기업이 지나친 권력을 누리는 문제가 생길 수 있다.

당연한 귀결이지만, 테크핀 기업들이 활용하는 정보의 권한을 둘러싼 논란도 커지는 중이다. 데이터의 실제 소유자는 정당한 보상도 받지 못한 채, 이런 기업들만 이용자 데이터로 막대한 이익을 본다는 것이다. 그래서 주요국 정부들은 예외 없이 테크핀 기업들의 데이터 독점을 주의 깊게 들여다보고 있다. 특히 중국은 알리바바와 텐센트에 데이터 독점을 포기할 것을 강요하고, 금융 서비스를 계속하려면 은행과 똑같은 규제를 받으라고 압박하는 중이다. 어느 나라든 규제의 확대는 보편적인 현상이다.

007

텐 배거
Ten Bagger

주식시장에서 10루타를 때릴 종목은?

최초 투자금액의 10배에 해당하는 수익, 즉, 1,000%의 투자수익률(ROI; Return on Investment)을 가져다주는 투자를 '텐 배거'라 부른다. 원래 야구에서 '10루타'를 의미하는 이 용어를 전설적인 투자자 Peter Lynch(피터 린치)가 주식투자에 사용하면서 널리 알려졌다. 주식시장에서는 주어진 시간 안에 주가가 10배로 뛰어오르는 주식을 묘사하기 위해 '텐 배거'라는 표현을 쓴다. 가격이 꾸준히 오를 주식을 고르는 것도 물론 중요하지만, 그 주식을 상당히 오랫동안 보유하지 않는다면 '텐 배거'의 수익을 누리기는 극히 어렵다. '어느 기간 안에'라는 조건이 붙긴 하지만, 주가가 10배 이상 오른 텐 배거 주식으로는 이미 잘 알려진 테슬라, 아마존, 페이스북 등을 꼽을 수 있다.

최근 미래에셋대우가 향후 10루타를 칠 수 있는 종목으로 지적한 미국 주식들의 면면이 흥미롭다. 먼저 디지털 세계의 미래로 각광 받는 메타버스의 대표 플랫폼 로블록스(Roblox). 사용자가 직접 게임을 개발할 수 있도록 판을 깔아주고 코딩 등 특별한 기술이 없어도 만든 게임으로 유통하고 수익을 창출할 수 있게 해준다는 특징 때문에, 메타버스를 구현할 대표 플랫폼으로 내세웠다.

다음으로 버진그룹 회장이자 억만장자인 Richard Branson(리처드 브랜슨)이 2004년 설립한 우주개발 기업 Virgin Galactic(버진 걸랙틱)이 눈에 띈다. 이미 두 차례 우주 비행에 성공했으며, 추가로 세 차례 시험비행을 거쳐 조만간 우주 관광을 한다는 목표를 세우고 있다. 마지막으로 회사가 상장하는 단계부터 워런 버핏이 투자했다고 해서 주목받았던 클라우드 컴퓨팅 기업 스노우플레이크(Snowflake). 기술적으로 가장 진화된 성능과 낮은 비용의 데이터 플랫폼으로서 빠르게 늘어나는 클라우드 시장의 혜택을 한껏 누릴 주식으로 점쳤다.

텐 배거 후보로 지목된 이들 종목은 모두 주식시장에 상장한 지 얼마 되지 않았고, 신성장산업에 속해 있다는 공통점을 지닌다. 게다가 모두 아직은 영업이익을 실현하지 못하고 있다는 점도 특이하다. 오늘의 이익이 아니라 미래의 예상 수익을 기반으로 기업가치가 형성되는 '꿈에 투자하는 종목'들이다.

투자시계
The Investment Clock

사계절을 따르듯, 자연스러운 투자의 흐름

경제란 확장과 축소, 과열과 냉각의 기간을 따라 흐른다. 그리고 경기가 회복되는 국면에 적절한 투자나 자산은 경기가 침체하기 시작한 단계에 적합한 투자나 자산과 사뭇 다른 법이다. 경기가 바뀔 때마다 그 단계에 더 효율적으로 움직이는 자산이나 업종이 따로 있다는 얘기다. 투자시계는 경제 사이클의 각 단계에 어떤 자산이나 주식이 역사적으로 더 높은 실적을 이룩했는지를 간결하게 보여주는 시계다. 이미 1990년대부터 많은 금융회사가 나름의 투자시계를 만들어 지금까지 사용해왔다. 그 전형적인 예로 Royal London Asset Management(로열 런던 자산운용)가 만든 투자시계는 아래와 같은 모양이다.

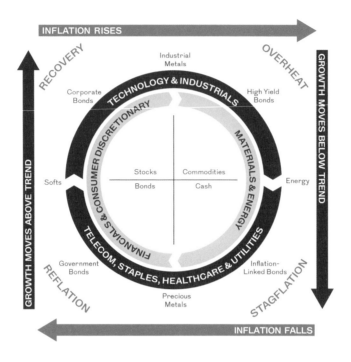

각 단계의 특성과 유망한 투자자산을 요약해보면:

우측 상단 4분면; 경기 과열, 인플레이션 고조, 주식 수익률 저하
[유망 자산 = 원자재, 가치주, 고위험 고수익 채권]

우측 하단 4분면; 스태그플레이션(불황 속 물가 상승), 성장률 둔화, 증시 침체
[유망 자산 = 현금, 인플레이션 연계 채권, 귀금속]

좌측 하단 4분면; 리플레이션(통화 서서히 다시 팽창), 물가 안정 국면. 증시 반등
[유망 자산 = 국채, 인플레이션 연계 채권]

좌측 상단 4분면; 경기 회복 및 확장, 제한적인 물가 상승
[유망 자산 = 성장주, 회사채]

(가로축; 인플레이션의 추세. 오른쪽으로 갈수록 인플레이션이 심해진다는 뜻)

(세로축; 경제 성장의 움직임, 위로 갈수록 성장률이 높다는 의미)

(가운데 두 개의 원; 각 단계로 이동하면서 그때그때 유망한 업종들)

물론 투자시계를 활용하려면 경기가 어느 국면(단계)에 와 있는지를 읽을 줄 알아야 한다. 이걸 읽지 못한다면 투자시계는 무용지물이다. 그러나 경기의 국면 읽기가 말처럼 쉬운 게 아니다. 각종 지표와 데이터를 정확하게 읽고 합리적으로 해석해야 하기 때문이다. 전문가에게도 어려운 과제이며, 일반 투자자는 전문가의 의견에 의존하는 것 외에 뾰족한 방법이 없다.

증권업계는 경기 국면이 바뀔 때마다 투자은행 Merrill Lynch(메릴 린치) 등이 개발한 투자 시계 모형을 원용해서 투자자들에게 적절한 대응법을 제시한다. 투자시계의 기본 원칙을 숙지한 투자자는 거기에 전문가들의 조언을 가미해서 각 국면에 가장 어울리는 자산배분 전략을 짤 수 있을 것이다. 코로나-19 같은 특수한 상황으로 인한 국면 변화에 대처할 때도 역시 큰 도움이 될 것이다.

트래블 버블
Travel Bubble

끼리끼리 오가자는 약속은 했지만, 아직은…

"우리끼리만 서로 여행하자!"

코로나 팬데믹 1년 만에 '확진자 0명'을 달성한 대만이 2021년 4월 1일 태평양 섬나라 팔라우와 자유여행 협약을 맺었다. (참고로 인구 1만 8,000명인 팔라우는 확진자가 아직 나오지 않은 상황.) 곧이어 하루 확진자가 10명 안팎인 호주와 뉴질랜드도 서로 자유로운 왕래를 허용키로 했다.

이처럼 코로나 방역에 성공해 안전이 검증된 나라들끼리만 문호를 개방해 여행과 방문을 허용하고 격리도 면제해주는 것을 트래블 버블이라고 한다. 탁월한 방역 성과를 이룩한 나라들 사이에서만 이루어진다고 해서 Air Bridge 또는 Travel Corridor(여행 통로)라고도 부른다. 방역 선진국 중심이긴 하지만, 해외여행의 물꼬가 터지는 계기가 될까?

사실 트래블 버블을 맨 처음 도입한 나라는 북유럽 발트해 연안의 리투아니아, 에스토니아, 라트비아, 3국이었다. 영미권을 중심으로 백신 접종에 속도가 붙으면서, 트래블 버블을 형성하는 지역과 국가는 더욱 늘어날 것이다. 한국도 2021년 6월부터 여러모로 트래블 버블을 시도해 보고 있다.

세계에서 가장 재빨리 백신 접종과 집단면역을 이룩한 이스라엘은 한술 더 떴다. 트래블 버블을 넘어서, 아예 백신을 맞은 해외 관광객을 격리 절차조차 없이, 국적에도 상관없이, 무조건 입국시키기로 한 것이다. 물론 몇 가지 제약이 있는 단계적인 조치라고는 하지만, 코로나에 관한 한 국경 통제 수위를 한껏 높였던 이스라엘이 이제는 그만큼 외국인들이 몰려와도 통제할 자신이 있다는 얘기다.

당연한 일이지만, 코로나 팬데믹 이후 지옥을 경험하고 있는 전 세계 여행 업계는 여기저기서 들려오는 트래블 버블 소식에 확연히 고무된 분위기다. 그러나 시간이 흐르면서 확실한 트래블 버블의 가능성은 갈수록 위협을 받고 있다. 예기치 못한 강력한 변이 코로나가 연이어 발생하고, 높은 백신 접종률에 취해 안심했던 나라들이 다시 감염자 폭증을 겪는가 하면, 감염자를 거의 제로까지 끌어내리면서 방역 성공 사례로 꼽혔던 나라에서 느닷없이 팬데믹이 창궐하는 등, 코로나-19 상황은 그야말로 한 치 앞을 내다볼 수 없는 지경이다.

팅파이停牌
푸파이復牌

태생부터 어색했던 중국 주식시장의 일면

중국 주식시장에서는 이런저런 이유로 어떤 주식의 거래가 정지되면 '팅파이', 다시 거래가 이루어지면 '푸파이'라고 부른다. 여기서 '팅'과 '푸'는 각각 정지와 복귀(재개)를 뜻하고, '파이'는 거래 종목을 가리킨다. 주식시장이 불완전하게 개방된 중국이다 보니, 사업전망이 좋고 증권사들이 앞다투어 추천하던 종목이 돌연 '팅파이'당하는 사례도 많다. 혼란과 손실을 피하려면 중국 주식시장과 거래 제도의 특징에 대한 이해와 주의가 필요하다.

중국은 1989년에 주식시장을 설립하긴 했지만, 이는 사회주의 시스템 안에다 극히 전형적인 자본주의 시장을 만드는 일이었다. 그러니 정부가 얼마나 숱한 고민을 했겠는가? 태생부터가 미국이나 한국의 주식시장과는 달랐다. 겉모습은 같을지 몰라도 중국 시장만의 특성이 있는 데다, 시행되는 여러 제도가 우리나라와 똑같은 것이라 해도 그 세부로 들어가면 사뭇 다를 수 있다. 그래서 이런 특성은 중국 주식을 거래하고 싶은 외국인에게도 적잖은 걸림돌이 된다.

☑️ 어떤 경우에 팅파이 조치가 이루어질까?

1) 상장사의 위법행위가 적발됐을 때 내리는 거래중지 : 특별 팅파이(特別停牌)

2) 주가가 이상 급등락할 경우 거래소가 조사를 위해 내리는 잠정 거래중단 : 임시 팅파이(臨時停牌)

3) 재무제표 발표, 주주총회 개최 등 주가에 영향을 미칠 수 있는 이벤트를 앞두고 며칠간 거래를 중지하는 것 : 정례 팅파이(例行停牌)

4) 구조조정, 인수합병 등 중대 사건이 발생하는 경우의 거래정지. 이 경우 중대 사건이 알려지는 즉시 주가가 급등락하기 때문에, 사전 예고 없이 즉시 거래정지가 이뤄진다 : 중대사항 팅파이(重大事項停牌)

팅파이 기간은 거래소에서 최종 결정하는데, 상장사가 팅파이를 신청한 경우엔 30일을 초과할 수 없다. 물론 필요할 경우 상장사는 거래소에 연장 신청을 해서 거래정지 기간을 늘릴 수도 있다. 실제로 팅파이 조치 되었던 종목이 1년 넘게 거래가 중단되는 사례도 있다. 팅파이 조치를 유발했던 사항이나 이유가 해소되면 거래가 재개되는 '푸파이' 결정을 내리게 된다.

파이어
FIRE: Financial Independence, Retire Early

성실하게 노력하면 이룰 수 있는 MZ세대의 꿈

> "하루빨리 돈을 모아 경제적으로 자립하자. 그런 다음 빨리 은퇴해 진정
> 내가 원하는 삶을 누리자."

이런 희망과 의지를 가리키는 신조어가 '파이어'다. 사실을 말하자면, 다소 해묵은 감이 없지 않은 용어다. 그러나 코로나-19 팬데믹으로 경제와 투자 활동이 불확실하고 변동성이 커진 탓에 최근 들어 더욱 많은 관심을 받고 있다. 그래서 미래 경제의 주체가 될 MZ세대 사이에 뜨거운 감자가 된 이슈는 대충 이런 것들이다. 몇 살 이전에 몇억을 모을 거냐, 주로 무슨 방법으로 모을 거냐, 언제까지 일하고 언제 은퇴할 계획이냐, 등등.

NH투자증권 100세 시대 연구소가 만 25~39세 투자자 2천5백여 명을 대상으로 온라인 설문조사를 했더니, 조기 은퇴를 꿈꾼다고 답한 사람이 66%에 이르렀다. 대체 어떤 나이에 은퇴하는 것을 '조기' 은퇴라고 말할 수 있을까? 조사 대상자들은 평균적으로 51세에 은퇴하기를 꿈꾼다고 답했다. 이것은 미국의 파이어족이 목표로 삼는 30대 후반 ~40대 초반보다 10년 이상 늦다. 그렇다면 이들은 그 나이에 어느 정도의 자산을 갖고 있어야 '파이어' 할 수 있다고 생각할까? 대체로 집이나 땅 같은 고정자산을 제외하고 13억7천만 원의 현금(현금성자산)이 모이면 가능하다는 답이 돌아왔다. 물론 이 조사기관의 이름처럼 '100세 시대'가 반박의 여지 없는 현실로 굳어진다면, 은퇴연령이나 필요자금의 수준은 달라질 수도 있다.

계획대로 13억7천만 원을 모았다고 치자. 은퇴한 다음엔 매년 얼마 정도의 돈을 쓸 수 있을까? 이 자금을 부동산이나 주식에 투자해서 매년 5~6% 정도만 (세액 공제 전) 수익을 올린다면, 원금을 건드리지 않고도 연간 원금의 4% 정도, 즉, 월 457만 원을 생활비로 쓸 수 있다. 이는 국민연금공단이 발표한 2019년 기준 적정 노후 생활비보다 훨씬 높은 수준이다.

그럼, 이들은 '파이어'의 꿈을 실현하기 위해서 소득의 얼마만큼을 저축 또는 투자하고 있을까? 평균적으로 소득의 52%가량을 저축-투자한다는 결과가 나왔는데, 이는 미국 파이어족의 평균 70%보다 좀 낮은 수준이다. 지독하리만치 허리띠를 조인다기보다 어느 정도 생활 수준을 유지하면서 은퇴에도 대비하고, 대신 은퇴 시기도 약간 늦게 잡기 때문이 아닐까 싶다.

그나저나 우리나라의 보통 30세 회사원이 만 51세까지 위와 같은 은퇴 자금을 모으는 것이 가능하긴 할까? 2019년 소득을 기준으로 통계청이 조사한 예가 있다. 당시 30대 가구의 연평균 소득이 6,346만 원이었는데, 그 절반인 3,200만 원을 매년 투자해서 연 6% 정도의 수익을 올린다고 가정했다. 이런 경우, 타깃 은퇴 자금인 13억7천만 원을 모으는 데 21.8년이 걸린다. (연 수익률이 8% 정도면 19.3년, 10% 정도면 17.5년) 따라서 30대 초반부터 소득의 절반 정도를 꾸준히 투자해서 해마다 6%의 수익률만 올리면 충분히 가능하다는 얘기다.

012

팬덤 비즈니스
Fandom Business

팬덤 플랫폼
Fandom Platform

열혈 팬들이 브랜드를 지키고 주가를 움직이다

　　인기 연예인이나 유명인을 추종하는 '팬'들을 집합적으로 부르는 이름, 그들의 충성심, 그들의 움직임, 그들의 욕망 등을 아우르는 용어가 '팬덤'이다. 이런 팬덤을 이용한 비즈니스가 '팬덤 비즈니스'요, 인기인과 팬들을 이어주고 소통할 수 있게 만드는 앱이 바로 '팬덤 플랫폼'이다. BTS를 위시한 K팝 가수 등으로 대표되는 팬덤의 영향력은 몇 년 전만 해도 꿈조차 꾸지 못했을 수준에 이르렀다. 음반에서 음원으로 이동했던 대중음악 산업의 중심이 이젠 팬덤으로 옮아가 관련 기업들의 활발한 합종연횡을 창출한다. 콘서트 티킷은 물론이거니와 음반, 음원, 굿즈의 판매가 팬덤으로 이루어진다. 팬덤을 기반으로 온라인 콘서트가 창조되고 중계되며, 예능, 영화, 드라마, 도큐멘터리가 공개된다. 유튜브, 네이버 카페, 트위터, 쇼핑몰 같은 기능들이 이렇듯 어우러진 팬덤 플랫폼의 큼직한 예로는 하이브의 위버스, 엔씨소프트의 유니버스, SM의 리슨 등을 들 수 있다. 어느덧 팬덤 비즈니스는 황금알을 낳는 거위가 되어 있다.

☑ '팬'이라는 게 도대체 무엇이기에?

아이돌 가수나 배우를 따라다니며 소리를 내지르는 여학생들? 흥분해서 주먹을 휘둘러대는 과격한 스포츠 애호가들? 추억의 대중가요를 들으며 눈시울을 적시는 아줌마들? 최근까지만 해도 이런 전형적인 모습의 '팬덤'이 기업 마케팅에서 차지하는 무게는 하찮은 수준이었다. 그러니까, '팬'의 가치가 오랫동안 평가절하되어온 셈이다. 그러나 세상이 달라졌다. '팬덤'의 무서운 영향력이 도처에서 발휘되고 있다. 강력한 팬덤이 없었더라면 방탄소년단의 성공은 어려웠을 터이다. 최근의 트로트 열풍도 중장년층의 팬덤이 있었기에 전 연령층으로 확산할 수 있었다. 팬덤의 대상이 연예인이나 스포츠 스타에서 CEO나 학자 등으로까지 넓어지면서, 팬덤 비즈니스의 열기는 여러 산업으로 지평을 넓히는 모습이다. 기존의 고객들조차 걸핏하면 이 브랜드에서 저 브랜드로 옮겨 다니는 판국이라, 고객을 '팬'으로 굳히는 과제와 전략은 선택이 아니라 필수가 됐다.

팬은 단순히 소비하는 데 그치지 않는다. 진정한 팬이라면 좋아하는 대상에 아낌없이 에너지를 쏟고 기꺼이 시간을 할애한다. 좋아하는 브랜드를 널리 공유하고 성장시키는 데 직접 참여한다. 이런 사람들이 쳐다보지도 않을 공허한 광고가 무슨 소용이겠는가. 영혼이 빠진 디지털 소통은 이들을 싫증 나게 한다. 이제 진실한 교류가 필요할 때다. 그러므로 광고도 홍보도 마케팅도 팬들이 좋아하고 관심을 기울이는 대상을 기반으로 이루어져야 한다. BTS 정국이 우유 마시는 사진 한 장이 '팬덤'으로 퍼지게 되면, 전 세계 우유 회사들의 주가가 영향을 받을 정도의 세상이기 때문에.

✅ 어떻게 해야 팬덤을 구축할 수 있을까?

기업이 팬덤을 활용해서 소비자와 관계를 확립하면, 더할 나위 없이 굳건한 마케팅의 힘을 발휘할 수 있다. 이는 이제 누구나 동의하는 명제다. 팬덤 없는 마케팅은 빠른 속도로 힘을 잃게 된다. 하지만, 이토록 소중한 팬덤을 어떻게 구축할 것인가? 우선은 또렷한 브랜드 정체성을 확립해야 한다. 블랙핑크든, 손흥민이든, BTS든, 조성진이든, 예외가 될 수 없다. 그리고 항상 열려 있고 거리낌 없는 팬과의 소통을 확립해야 한다. 팬들에게, 브랜드를 위해 일하는 직원들에게, 아니, 온 세상을 향해, 늘 진실을 말해야 한다. 통계수치나 데이터에만 의존하지 말고 팬들의 말을 유심히 들어야 한다. 또 팬들의 욕망과 수요를 선제적으로 파악하고 거기에 응한다면 더 크고 더 튼튼한 팬덤이 따라올 것이다.

글로벌 스트리밍 플랫폼 KBYK 라이브는 일찌감치 팬덤의 위력을 깨우친 엔터테인먼트 기업들의 협업을 보여주는 흥미롭고 전형적인 사례. 빅히트와 스트리밍 기업 키스위의 합작법인 KBYK 라이브에 YG

와 유니버설 뮤직이 공동투자하는 형태로 거대 동영상 플랫폼이 탄생한 것이다. 빅히트의 방탄소년단, YG의 블랙핑크와 빅뱅, 유니버설의 테일러 스위프트, 레이디 가가, 머룬5가 하나의 플랫폼에서 온라인 콘서트를 하게 되니, 그야말로 넷을 더해 열-스물을 만들어내는 합종연횡이요 컬래버레이션이 아니겠는가.

팬덤의 막강 파워가 가장 도드라진 영역은 대중음악을 위시한 연예산업이지만, 팬덤 비즈니스는 엔터테인먼트에 국한되지 않는다. 서른 살이 넘은 나이키의 Air Jordan(에어 조던)을 생각해보라. 이 특별한 신발이 젊은 세대를 상징하는 문화가 된 것도 막강한 팬덤의 힘이다. 자연재해로 커다란 피해를 겪은 지역에 무료로 전력을 공급했던 미국의 어느 배터리 제조사가 충성 팬들을 만들어낸 것 또한 팬덤 비즈니스의 맥락에서 음미해볼 만한 사례다.

013

펨테크
Femtech

하늘의 절반을 떠받치는 여자들을 위한 배려

이미 2013년에 덴마크의 한 창업가가 제안한 이 용어는 여성(Female)과 기술(Tech)의 합성어. 폐경기 여성을 위한 건강 팁, 유방암과 자궁경부암 등 여성 암에 특화된 진단 기술, 친환경 생리대 생산에 이르기까지, 최근 들어 특별히 여성의 건강과 삶의 질을 높이는 상품과 서비스가 봇물 터지듯 쏟아져 나오고 있어서 주목을 끈다. 인공지능과 생명공학, 그 위에 3D 프린팅이나 IT 기술 및 신소재 등이 더해져 펨테크의 수준도 하루가 다르게 높아지고 있다.

☑️ 펨테크의 시장잠재력은 얼마나 될까?

"하늘의 절반은 여자가 떠받치고 있다." 이미 반백 년이 된 마오쩌둥의 유명한 한 마디다. 그렇다, 펨테크의 잠재력은 굳이 설명할 필요조차 없다. 그냥 대충 계산해도 인류의 절반은 여자이기 때문이다. 캐나다의 한 조사기관이 제시한 통계에 의하면 2027년까지 67조 원어치의 시장으로 커질 것으로 예상된다.

펨테크 시장 규모

2019년	187.5억달러(약 21조원)
2027년	600.1억달러(약 67조원)

자료: Emergen Research(이머전 리서치)

현재 펨테크를 선도하고 있는 대표주자들을 알아보자.

(1) 독일 스타트업 'Clue(클루)' : 빅데이터 기술로 과거의 정보를 분석해 앞으로 3번의 생리 주기와 배란일을 예측해주는 모바일 앱을 서비스한다. 15개 언어로 180국에서 서비스되며, 사용자는 2021년 3월 말 현재 1,300만 명 정도. 생리 기간엔 몸 상태와 스트레스 지수를 알려주는 맞춤형 서비스도 제공한다. 게다가 배란일 정보를 활용해서 안전한 피임 날짜를 알려주는 '디지털 피임약'까지 개발했는데, 콘돔을 사용할 때보다 원치 않는 임신의 가능성이 훨씬 낮다고 한다.

(2) 이스라엘 스타트업 Mobile ODT : 스마트폰 절반 크기의 자궁경부암 검사기를 만든다. 한국에도 수입되고 있다. 이 검사기로 찍은 자궁경부 사진을 클라우드에 올리면 AI가 암 발병 여부를 진단해주는 패턴

이다. 굳이 세포를 채취하여 현미경으로 검사하는 현재의 진단 방식은 여러 주일이 걸리지만, 모바일 ODT 서비스로는 단 60초 만에 결과를 확인할 수 있다.

(3) 영국 스타트업 Elvie(엘비) : 유방을 절제한 유방암 환자들이 입을 수 있는 웨어러블(착용형) 가슴 펌프를 만든다. 가슴 위에 부착하면 원하는 모양을 만들 수 있어 환자들의 자신감을 높여준다. 프랑스 회사인 Lattice Medical(라티스 메디컬)은 유방 환자용 임플란트(보철)를 개발했다. 동물 실험을 성공적으로 마무리하고 2022년엔 환자 대상의 임상에 착수할 계획인 이 보철은 우선 3D 프린터를 이용해 그물 형태로 만든다. 여성의 유방 주변에서 채취한 지방조직을 보철에 부착하고 가슴에 이식한다. 시간이 지나면 지방조직이 자라면서 절제된 가슴 부위가 복원되고, 보철은 18개월 안에 분해돼 없어진다.

(4) 그 밖에도 재미교포 여성들이 창업하여 아마존 판매 실적에서 친환경 생리대 부문 1위를 수년째 차지하고 있는 미국의 Rael(라엘), 엑스레이 사진을 분석해 96~99%의 정확도로 유방암 의심 부위를 찾아내는 한국의 스타트업 루닛, 화학적 유해 성분이 없는 라텍스 콘돔과 여성 청결제 등으로 착실히 인기를 쌓고 있는 한국의 세이브앤코 등의 기업들이 여성의 건강과 여성의 역량 증진(empowerment)을 기치로 내걸며 펨테크를 이끌고 있다.

포모증후군
FOMO: Fear of Missing Out

나만 기회를 놓친 것 같은 착각으론 백전백패

"어이쿠, 이러다 나만 기회를 놓치고 뒤처지는 것 아냐?"

'포모 증후군'은 이런 두려움이나 초조함을 가리키는 신드롬이다. '고립 공포감'으로 불리기도 하고 '잊히는 것에 대한 두려움'으로 해석되기도 한다. 홈쇼핑에서 팔리는 물건을 넋 놓고 쳐다보다가 "한정 물량"이라든지 "매진 임박" 같은 진행자의 꾐에 넘어가 지금 당장 사지 않으면 큰일이라도 날 것 같은 강박감에 휩싸이는 상황과 비슷하다고나 할까.

그러나 '포모'는 주로 주식시장에 막 발을 들여놓은 초보 투자자나 일부 성급한 기존 투자자들과 관련해서 자주 사용된다. 주가 상승 랠리가 한창이고 남들은 높은 수익으로 희희낙락하는데, 나 혼자만 돈을 못 버는 것 같은 불안이다. 반도체 활황 소식만 들리면 삼성전자와 하이닉스를 사야 할 것 같고, 전기차 얘기만 나돌면 테슬라나 배터리 업체 주식을 절대로 놓치고 싶지 않은 증후군. 다들 높은 수익을 누리고 파티를 벌이는데, 나 혼자만 황금의 기회 놓치고 '루저'가 되었다고 느끼는 증후군. 강박이나 욕망이 투자행위로 옮겨지지도 않은 채 인기 자산 뉴스만 이리저리 좇다가 기술주, 가치주, 경기민감주 등을 차례로 놓치며 불안만 키우는 증후군. 이 지경에 이르면 이성적이고 합리적인 투자는 뒷전이 되고 만다. 양떼효과(herding effect)의 결정판을 보여주는 증세다. 이런 증세가 심해지면 '포모'의 대상도 주식에서 가상화폐, 원자재, 부동산 등으로 마구 확대된다.

오죽하면 'FOMO ETF'라는 투자 상품까지 나왔겠는가? '포모' 증후군을 완화해주는 ETF라고? 그렇다, 실제로 미국의 Collaborative Fund(컬래버레이티브 펀드) 등 몇몇 투자회사들이 FOMO ETF를 트러스트에 등록한 사례가 있다. 투자자들의 포모 증후군을 어루만져줄 최신 트렌드에 투자하는 상품으로, 의도에 걸맞게 매주 포트폴리오를 조정하는 것으로 알려졌다. 정통적인 투자 기법이나 분석을 바탕으로 하는 게 아니라, 인간의 불안 심리를 투자 상품으로 둔갑시키는 재주가 놀랍다고 해야 하나.

주식투자는 단거리 경주가 아니라 마라톤이다. 줏대 없이 분위기에 휩쓸려 "나만 소외되는 일은 없어야 해!"라는 '포모'로 덤볐다가는 백전백패를 각오해야 한다.

풀필먼트
Fulfillment

영세 판매자들의 물류 일체를 대행하는 구세주

015

아주 간단하게 말하자면, '물류 일괄대행 서비스'를 가리키는 용어다. 그러니까, 물류 전문업체가 판매자를 대신해서 주문받은 상품의 포장과 배송은 말할 것도 없고, 물품 보관·재고관리·교환·환불에 이르는 물류의 모든 과정을 처리해주는 서비스다.

경쟁력 있는 풀필먼트 센터를 위해서는 교통 접근성이 가장 중요하다. 통상 주택이 별로 없으면서 5Km 이내에 고속도로 나들목(IC)이 있는 곳이 좋다. 게다가 물류단지 인허가까지 받아놓은 곳이면 더할 나위 없다. 일례로 CJ대한통운은 2020년 초 'e-풀필먼트'라는 이름으로 곤지암 허브 터미널 위에 지은 대형 풀필먼트 센터에서 물류 일괄대행 서비스를 개시했다. 신속하고 효율적인 서비스 덕에 소비자가 자정에 주문한 상품도 다음날 출고된다. 덕분에 e-풀필먼트를 이용하는 업체의 77%는 서비스 이용 후 판매량이 25% 이상 증가했으며, 소비자 클레임도 줄었다고 한다. LG생활건강, 애경, 네슬레코리아 등을 포함해 이용 고객(기업)은 이미 30개가 넘는다. 초기에는 생활용품업체 중심으로 풀 필먼트를 이용했는데, 의류, 식품, 반려동물용품 등으로 점차 확대되고 있다.

'물류'라고 하면 쿠팡 등 거대 유통업체의 대형 물류센터를 떠올리기 쉽지만, 최근에는 중소 상공인의 판로 개척을 돕는 물류 분야 스타트업의 풀필먼트 센터가 늘어나 중소 상공인들과 공생의 네트워크 역할을 하는 추세다. 가장 도드라진 예를 들자면, 온라인 쇼핑몰을 운영하는 소매업자들과 풀필먼트 서비스가 맞물려 돌아가는 동대문 의류시장. 심야에 직접 동대문까지 와서 옷을 떼가던 전국의 옷가게 주인들은 이젠 스마트폰 터치 몇 번으로 '동대문제' 옷들을 받아본다. 풀필먼트를 활용하는 영세업체들은 재고관리 부담 없이 신제품을 재빨리 내놓고 영업에만 집중할 수 있어 매출이 획기적으로 늘었다고 환호한다. 거의 혼자 힘으로 쇼핑몰을 운영하는 중소 상공인의 손발이 되어주는 이들 풀필먼트 센터는 그 자체로 물류 서비스의 대기업 편중을 해소하는 방안을 암시하기도 한다. '두손 컴퍼니' '제주 박스' 같은 물류 전문 스타트업들이 규모는 작아도 서비스의 특화와 지역 배송망을 강점 삼아 시장을 공략 중이다.

전자상거래는 나날이 다양해지며 세분화 혹은 특화되고 있다. 그 미세한 이-커머스의 요구를 충족하기 위해서는 여기저기서 생겨나는 풀필먼트 스타트업을 활용할 필요가 있을지도 모른다. 네이버 같은 IT 기업들이 중소 풀필먼트 스타트업을 주목하는 까닭이다. 참고로 네이버는 2020년에만 모두 6곳의 풀필먼트 스타트업에 총 264억 원을 투자했다.

016

프로토콜 경제
Protocol Economy

성장의 숨은 영웅들이 적절한 보상을 받도록

시장 참여자들이 자유롭게 일정한 프로토콜, 그러니까 규칙을 만들어 참여할 수 있는 개방형 경제를 지칭하는 용어. 이에 따르는 보안의 문제라든지 프로토콜 공유 문제를 블록체인 기술로써 해결한 점이 특이하다. 플랫폼 경제에 대한 문제의식이 불거지면서 그 대안으로 떠오르고 있는 경제 생태계가 바로 프로토콜 경제라고 인식하면 되겠다. 우리나라의 경우, 중소기업벤처부에서 2020년 말 프로토콜 경제를 처음 언급했다. 때늦은 감이 없진 않지만, 정부가 공식적으로 관심을 표명했다는 점에서 고무적이다. 2021년 정부의 경제정책 방향에도 프로토콜 경제 의도가 반영되었다고 하니, 앞으로는 이 용어를 좀 더 자주 접하게 될 것 같다.

☑ 부의 분배라는 측면에서 어떤 의미인가?

배달의민족이나 쿠팡, 외국의 에어비앤비나 우버 같은 플랫폼 경제의 대표 주자들이 경이로운 성장을 이어나가고 있음은 주지의 사실이다. 그러나 이런 성장의 밑거름이 된 사람들, 가령 에어비앤비 호스트, 우버 드라이버, 배달의민족 라이더나 소상공인 등은 역할에 걸맞은 경제적 보상이나 법적인 보호를 받기 어렵다는 게 항상 문제로 지적돼왔다. 이들도 합리적인 경제적 보상을 누릴 수 있어야 하지 않겠는가? 이런 질문들을 배경으로 하여 장기적으로 지속 성장이 가능하면서도 누구나 새로운 프로토콜을 창조할 수 있는 경제, 기본적으로 권한을 부여할 수 있다는 증거를 보여줄 수 있는 경제가 떠오른 것이다. 플랫폼을 제공하는 주체가 자의적으로 정한 규칙을 따르지 않아도 되기 때문에, 무엇보다 비즈니스가 투명하고 공정할 수 있다. 게다가 중앙집중 또는 독점을 벗어날 수도 있다.

☑ 확산하면 실생활에서 어떤 일들이 일어날까?

자신의 집을 제공한 호스트들이 있었기에 에어비앤비가 사업을 할 수 있었고 천문학적 규모의 비즈니스로 클 수 있었다. 배달의민족 기사들이며 공생하는 소상공인들의 노력이 없었다면 배달의민족이 그런 성장을 이룩할 수 있었겠는가? 프로토콜 경제가 자리를 잡으면 이런 숨은 공헌에 대한 보상이 이루어진다.

"새해 복 많이 받으셨네요, 쿠팡맨!"

쿠팡이 뉴욕증시 상장을 앞둔 2021년 2월 구정 휴가 직후 온라인으로 퍼졌던 말이다. 쿠팡 직원들이 총 1천억 원 규모의 주식을 받게 된다는 뉴스 때문이었다. 일선 직원에 이르기까지 주식을 선물 받는 '쿠팡맨의 행운'이 큰 부러움을 샀다. 이것이 바로 프로토콜 경제가 초래하는 낙수효과의 한 예다. 2025년까지 일자리 5만 개를 창출하겠다는 쿠팡의 약속도 같은 맥락에서 이해할 수 있다. 기사들에게 연봉의 15%까지를 주식으로 지급한 우버나, 숙박공유 호스트들에게 (의결권이 없긴 하지만) 주식을 배분한 에어비앤비도 비슷한 경우였다. 역시 프로토콜 경제가 작동되었기 때문에 가능한 일이었다.

017

프롭테크
Proptech

부동산 거래 방식을 뒤집어엎은 테크의 놀라운 힘

'내 집 마련'은 모두의 꿈이지만, 사고 싶은 집을 보는 순간부터 소유하게 되는 순간까지의 온갖 과정은 참으로 험난하다. 집값을 산정하고 매매를 관리하며 은행 대출과 결제도 정리할 뿐 아니라 심지어 임대 문제까지 처리해주는 앱이 있다면 얼마나 편할까. 이것이 바로 부동산(Property)과 기술(Technology)을 합성한 '프롭테크'다.

어찌어찌 '내 집'은 마련했지만, '강남 빌딩'을 갖는 것은 이생에선 이룩하기 힘든 꿈이다. 하지만, 꼭 그래야 하나? '강남 빌딩'의 작은 한 부분이나마 소유하는 방법은 없을까? 그 작은 한구석을 주식처럼 사고 팔 수는 없을까? 이것 또한 프롭테크의 일면이다. 우리 삶의 구석구석에 별의별 '테크'가 들어오더니, 마침내 부동산 거래에도 주식을 사고 파는 방식이 도입되는 셈이다.

밀레니얼 세대가 주택 구매의 주요 계층으로 부상하며 지금 프롭테크의 확산을 주도하는 나라는 단연 미국이다. 아파트가 '집'을 상징하는 한국과 달리 개성 넘치는 단독주택이 주류인 미국의 주택시장은 요즘 온라인으로 대전환 중이어서, 집을 사고파는 일이 빠르고 쉬워졌다.

✅ 프롭테크의 실사례를 든다면?

1) Zillow(질로) : 미국 프롭테크 업계 1위. 아마존 웹 서비스의 빅 데이터와 인공지능 기술로 적정 매매가, 임대료, 수수료 등을 산정하고 가격 움직임까지 알려주는 Zestimate(제스티메이트)라는 자체 주택 감정 시스템을 개발했다. 주택을 사고파는 거의 모든 일 처리가 이 시스템으로 가능하다고 해도 과언이 아니다. 그뿐인가, 주택 안팎 사진도 보여주고, 주택담보대출 관련 자료나 학군 정보까지 볼 수 있는가 하면, 방문자 개개인의 취향에 따라 적합한 매물도 추천해준다. 2018년 모기지 대부업체를 인수한 후로는 아예 주택담보대출도 직접 제공한다.

지금 질로의 데이터베이스에는 미국 주택 1억3,500만 호(전체의 97%)의 정보가 고스란히 들어있다. 코로나-19의 영향으로 질로에서 소위 '온라인 3D 홈 투어'를 하는 사람들이 폭증했다. 오죽하면 질로닷컴을 자주 방문하는 사람을 가리켜 'Zillow Scroller(질로 스크롤러)'라는 신조어까지 나왔겠는가.

2) Opendoor(오픈도어) : 이 앱에 매물 등록만 하면 자체 알고리즘으로 집값을 산정해주고, 원하는 날짜에 전액 현금으로 집값을 받을 수 있으며, 각종 서류 작업 부담도 없다. 단순한 부동산 매물 정보를 제공하는 데 그치지 않는다. 부동산 감정, 매매, 임대, 대출, 결제까지 원스톱으로 처리해준다. 부동산 시장의 전통적 규범을 깨뜨린, 이른바 'iBuyer(아이바이어)' 서비스다. 여기서 i는 instant(즉시)를 의미하는 것이니, 부동산을 곧장 사거나 팔아준다는 얘기다. 평균 3개월 넘게 걸리는 전통 방식과 비교해, 아이바이어 거래는 2주 이내에 모두 마무리된다. 프롭테크 업체가 아예 직접 주택을 매입해놓고, 내부 수리 등을 거쳐 다시 팔거나 임대해 수익을 내기 때문이다. 수수료는 오프라인 중개료보다 비싸지만, 신속하게 전액 현금을 받고 집을 팔 수 있어 인기가 높다. 2017년부터 2년 만에 오픈도어를 통한 주택 거래는 6배나 늘었다.

✅ 한국의 프롭테크는 어떤 상황인가?

아직은 초기 단계다. 주목받는 기업으로는 카사를 들 수 있다. 빌딩 지분을 수익증권으로 만들어 소액으로도 빌딩에 투자할 수 있는 서비스를 국내 최초로 개발한 장본인이다. 건물 주인이 신탁회사에 건물을 팔아달라고 위탁하면, 카사와 신탁회사가 그 건물을 기반으로 DABS라는 이름의 증권을 발행하고 공모 형태로 투자자를 모집하는 방식이다. 건물 지분에 투자한 투자자는 분기별로 임대수익을 배당받기도 하고 DABS를 주식처럼 사고팔 수도 있다. 그뿐인가, DABS 가격이 오르면 시세차익도 누릴 수 있다. "부동산 투자에는 목돈이 필요하다"는 고정관념에 얽매인 사람들의 의표를 찌르는 혁신적인 금융 서비스다.

그렇다면, 프롭테크라는 것도 결국은 리츠(REITs)와 같은 개념이 아닐까? 소액으로 상업용 부동산에 간접 투자한다는 점에서는 그렇다. 하지만 리츠는 부동산을 다수 보유한 기업의 주식에 투자하는 반면, 카사는 특정 건물에 개인이 직접 투자하는 것이다. 그러다 보니, 리츠는 통상 1천억 원 이상의 대형 부동산을 다루고, DABS는 100억 원 단위 중소형 빌딩에 투자한다."

018

하이브리드 근무
Hybrid Work

하이브리드 오피스
Hybrid Office

서로 다른 업무 성향을 슬기롭게 아우르는 아이디어

원래 하이브리드 근무는 생산성이 가장 높을 때 업무를 수행하도록 직장인들에게 융통성을 허락하는 근무 방식을 뜻한다. 가령 아침 일찍 일해야 생산성이 높은 직원

오피스 근무와 원격 근무를 혼합한 하이브리드 근무의 개념도

도 있고, 반대로 저녁 무렵에 가장 효율적으로 일하는 사람도 있지 않은가. 공간적으로도 마찬가지다. 사무실에서 동료들과 팀을 이루어 일하는 것을 선호하는 사람이 있는가 하면, 홀로 원격으로 근무하는 것이 더 나은 직원도 있다. 이처럼 서로 다른 성향을 유연하게 받아들여 업무 방식을 혼용하는 것이 하이브리드 근무다.

코로나바이러스 백신 접종이 착착 진행되면서 경제가 회복 중인 미국에서는 이미 하이브리드 근무가 자리를 잡고 있다. 이런 환경에 어울리는 '하이브리드 오피스'를 구현하고 운영함으로써 수익을 노리는 비즈니스도 늘고 있다. 사무실 면적을 줄인다든지, 지금의 임대료가 "바닥" 수준이라 믿고 장기 계약을 추구하는 기업이 늘어나는 것도 같은 맥락에서 당연한 결과다. 이래저래 건물주들을 괴롭히는 시련의 시간은 지금도 현재진행형이다.

우리나라에서도 사무실 안팎의 근무를 혼용하는 하이브리드 근무를 시행하거나, 아예 이를 사업화하는 기업들이 하나둘 생기고 있다. 종종 포스트-코로나 시대의 총아로 언급되는 줌의 설문 조사에 의하면, 사무실 복귀를 애타게 기다리는 직장인이 2/3에 달하면서도 하이브리드 모델을 원한 사람 역시 2/3에 가까웠다. 집에서 혼자 일하자니 너무 답답해 출근하고 싶으면서도, 동시에 매일 정해진 사무실로 정해진 시간에 나가는 것도 달갑지 않다는 얘기다. 이런 심리가 신사업 기회로 부상하면서, 벌써 하이브리드 오피스 시장을 선점하려는 경쟁이 뜨겁다.

이 경쟁이 가장 치열한 곳은 어디일까? 큰 공간을 여러 개로 쪼개 기업이나 개인에게 빌려주는 공유 오피스 업계다. 코로나-19 초기에는 이용률이 뚝 떨어져 위기를 맞기도 했지만, 팬데믹 대응책으로 공유 오피스를 빌려 쓰는 회사가 늘어나면서 기사회생했다. 2020년에 20~40%의 연간 매출 증가를 기록한 WeWork(위워크), FastFive(패스트파이브) 등은 건물 일부를 하이브리드 오피스로 쓸 수 있게 개조하면서, 사무 공간, 회의실, 라운지 등을 일 단위 혹은 시간 단위로 빌릴 수 있는 상품도 내놓고 있다. 사무실이 아니라 공용 라운지만 빌려주어 1인 기업이나 직장인들이 일하는 공간을 만드는가 하면, 여러 곳의 지점에다 지정석과 회의실을 예약해놓고 자유롭게 쓰는 상품도 있다.

 국내 기업들의 하이브리드 근무 비율

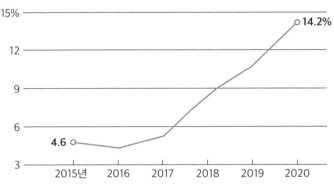

자료: 통계청

우리나라의 경우, 하이브리드 오피스 수요를 겨냥한 대표적인 기업으로 '집무실'이란 독특한 이름의 스타트업을 들 수 있다. 마치 독서실 같은 공간을 꾸며 놓고 직장인들에게 하이브리드 오피스로 제공한다. 아예 이름부터 '하이브리드 오피스'인 또 다른 업체는 SK 관계사를 위한 스마트 오피스를 만들어, 근무 형태에 맞춰 고를 수 있는 자유석, 입석 등을 갖추었을 뿐 아니라, 회의 예약 시스템, 안면 인식 시스템까지 설치해준다.

　원래 주택 규모가 작아 재택근무를 불편해하는 사람이 많은 일본에서는 다양한 공간을 사무실로 고쳐 쓰는 창의적인 사례도 많다. 지하철역이나 빌딩 안 자투리 공간으로 소위 '박스 오피스'를 만들고, 닛산의 경우처럼 캠핑카를 사무실로 고치는가 하면, 나리타 공항과 도쿄 도심 사이를 운행하는 열차를 사무실로 개조하기도 했다. 열차 사무실은 해외여행 중단으로 이용객이 급감하면서 나온 비상대책이었지만, 의외로 임차인이 많다고 한다.

019 하이퍼로컬 서비스

Hyper-local

화려하게 부활한 '우리 동네만의' 서비스

코로나-19는 사람들의 생활 반경을 좁혔다. '우리 동네 중심'의 서비스가 늘고 활발해졌다. 각종 재화나 서비스를 사고파는 것뿐만 아니라, 온라인 커뮤니티 기능도 '우리 동네' 기반이다. 이처럼 범위가 좁은 한 지역에 맞춘 서비스, 이용자의 주변 정보를 활용한 인터넷 서비스를 가리켜 하이퍼로컬 서비스라고 한다. 과거 '벼룩시장' 같은 지역 정보지나 전단 배포가 타깃으로 삼았던 것이 바로 이 하이퍼로컬 시장이었다. 인터넷 주문이니, 전국 하루 배송이니, 하는 속도전으로 명맥이 끊어질 뻔했던 '우리 동네'만의 서비스가 화려하게 부활한 것이다. 슬리퍼를 신고도 쉽게 접근할 수 있는 상권이라는 의미의 '슬세권'이란 개념까지 등장할 정도다.

한국인이 가장 많이 이용하는 중고거래 앱 (단위: 만 명)

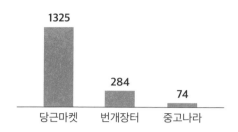

자료: 와이즈앱

하이퍼로컬 서비스의 대표 주자는 뭐니 뭐니 해도 당근마켓이다. 창업 모토가 '동네 사람끼리 중고거래'인 이 플랫폼은 코로나 팬데믹 이후 1년간 이용자 수가 3배 가까이 늘었다. 거의 쿠팡을 위협하는 수준이다. 중고 물품의 거래는 말할 것도 없고, 편의점의 할인 정보를 실시간으로 알려줄 뿐 아니라, 이젠 세탁소, 편의점, 이사, 구인-구직 업체까지 당근마켓에서 고객을 부른다. 어떤 지자체는 주민 대상의 행사 내용을 당근마켓에 올리고, 심지어 지자체 재·보궐선거 관련 정보까지 이 플랫폼에서 공유된다.

이렇게 되다 보니, 번개장터 같은 경쟁자도 빠르게 세를 불리고 있으며, 이젠 놀랍게도 네이버가 다양한 동네 서비스를 제공하며 당근마켓에 도전하고 롯데 같은 재벌까지 동네 상권을 공략하려는 형국이다. 창업 분야에서도 하이퍼로컬의 급부상이 목격되고 있다. 하긴, 사용자 위치를 정확히 파악해서 지역 맞춤형 정보를 제공하는 IT 업체들이 '우리 동네'의 부활에 공헌한 바가 컸으니, 무리도 아니다.

✅ 외국에서도 하이퍼로컬 비즈니스가 왕성할까?

물론이다. 해외에서도 '우리 동네' 서비스는 단연 인기다. 미국엔 기업가치가 5조 원을 뛰어넘은 하이퍼로컬 스타트업도 있다. 27만 개 가까운 커뮤니티를 아우르는 Nextdoor(넥스트도어)가 그 주인공인데, 여러 가지 지역 정보 공유에 중고거래는 물론이고 이웃 돕기 서비스까지 제공함으로써 페이스북을 압도하는 영향력을 자랑한다. 2021년 2월 텍사스에 강력한 한파가 몰아쳐 정전과 단수에 생활필수품마저 부족해지자 넥스트도어에 몰려온 사람들이 마스크와 생필품을 나누기도 했고 고립된 이들은 게시판에 생존 정보를 공유하기도 했다. 지금은 영국, 네덜란드, 독일, 프랑스까지 확산해 있다.

스페인의 최고 인기 중고거래 서비스 Wallapop(왈라팝)은 인구의 절반인 1,500만 명이 이용하는 플랫폼이다. 이 나라 쇼핑 앱 제4위로, 활발한 생활용품 거래가 당근마켓과 닮았다. 싱가포르를 기반으로 하는 Carousell(캐러셀)은 동남아시아에서 가장 큰 중고거래 플랫폼이다. 최근 네이버가 이 두 플랫폼에 모두 투자하게 되면서, 우리에게도 제법 낯익은 이름이 되었다.

중국에서는 '커뮤니티 공동구매'라는 새로운 트렌드가 눈길을 끈다. 아파트 주민들이 단체 채팅방을 만들어 공동으로 물건을 사는 것이다. 주로 농산물과 식료품을 다루는 온라인 쇼핑몰 拼多多(핀둬둬)는 사람이 많이 모이면 가격을 절반 깎아주는 전략으로 대성공을 거뒀다. 이용자 수로는 창업 6년 만에 거인 알리바바를 제쳤을 정도다. 게임업체 텐센트의 자회시는 동네 상권 하나하나의 특성을 중시해, 도시 외곽에 거대한 물류센터를 짓는 대신 동네마다 소규모 물류센터를 두는 전략을 택했다. 덕택에 경이로운 '30분 이내' 배달도 이룩했다.

합작개발생산
JDM: Joint Development Manufacturing

제조자개발생산
ODM: Original Development Manufacturing

주문자상표부착생산
OEM: Original Equipment Manufacturing

자연스럽게 진화하는 위탁 생산의 형태

셋 모두 "위탁 생산"의 형태다.

(1) 먼저 주문자가 만들어준 설계도에 맞추어 단순 하청(하도급) 방식으로 생산하는 형태가 '주문자상표부착생산(OEM)'이다. 우리나라도 1960~1980년대에는 해외의 유명 브랜드를 가진 대기업의 주문을 받아 OEM 방식으로 단순 제조만 해주었다. 상표권과 영업권은 주문자가 갖고 우리 기업은 생산만 해서 납품했다. 세월이 흘러 지금은 오히려 우리 기업들이 중국이나 동남아 국가의 제조업체에 OEM을 의뢰하는 형국이 되었지만.

(2) 그다음 단계인 '제조자 개발생산(ODM)'은 주문자가 위탁하는 제품을 제조업체가 직접 개발해서 만들어주는 형태. 주문자는 상품의 기획과 최후 유통만 맡고, 생산자가 개발과 설계를 주도하는 방식으로 한 걸음 진보한 것이다. 물론 제조사가 설계와 개발 능력까지 갖춘 경우에만 가능하다. 제조사 관점에서 보면 직접 기술을 개발하기 때문에 부가가치가 높다. 우리나라에선 대기업들이 먼저 ODM 방식을 도입했으나, 2001년부터 중소기업으로까지 확대되면서 ODM 방식의 수출도 많이 늘고 있다.

(3) 한 번 더 진보한 위탁 생산 형태는 '합작개발생산(JDM)'이다. 이 단계에서는 주문자가 소재나 부품을 만드는 전문업체와 협력하면서 가장 적합하고 개선된 부품을 직접 개발-관리하면서, 전반적인 설계와 생산은 제조사에 위탁한다. 다시 말하면, 개발과 설계를 제조사에 맡기면서도, 주문자가 처음부터 적극적으로 개입하고 통제하는 형태다. 주요 부품의 선정부터 주요 스펙(사양)까지 제조사가 아닌 주문자가 결정한다.

☑ ODM에서 JDM으로 나아가게 된 동기는?

우리 기업이 ODM 형태로 생산을 위탁하면, 제3국의 제조업체가 개발과 설계를 책임지다 보니, 국내의 소재와 부품 생태계가 무너질 수 있다는 걱정이 생긴다. 부품 선정 및 부품 생산자의 선정을 제조업체가 하기 때문이다. 게다가 소재나 부품 및 최종 제품의 체계적 품질 관리가 어려워지는 경우도 생긴다. 특히 하이테크 제품이라면 이것은 심각한 이슈가 될 수 있다. 가령 스마트폰을 ODM으로 위탁 생산하려는 주문자는 카메라 모듈과 기판 등 핵심 부품의 품질을 어떻게 확보할 것인가? 복잡다단하게 형성된 국내 소재-부품 생태계는 ODM 형태에 의해 어떤 피해를 볼 것인가? ODM 형식 아래 자원의 효과적 사용은 보장될 수 있는가?

삼성전자는 최근 5G 모델 1종을 포함해 모두 10가지 스마트폰을 JDM 방식으로 만들어 출시했다. 위에서 열거한 여러 요소 때문에, 설계부터 생산에 이르기까지 모든 단계를 제조 전문업체에 맡기는 ODM을 버린 것이다. 생산비용을 줄이면서도 최고 수준의 품질도 유지하고, 자원의 효율도 극대화하며, 국내 후방 생태계도 살리는 길을 택한 셈이다. 스마트폰사업을 접은 LG전자도 애플의 유연한 제작시스템을 채택해 JDM 위탁 생산을 활용하라는 전문가들의 조언을 많이 받았다고 한다.

021

헷지 펀드 위기설
Hedge Fund

어떻게든 고수익만 추구하는 펀드이다 보니

하나씩 차근차근 이해하자.

1) 펀드: 투자 전문 기관이 개인으로부터 돈을 모아 투자하고 여기서 생긴 수익을 투자자에게 나눠주는 것.

2) 공모펀드: 불특정 다수의 투자자로부터 자금을 모아 투자하는 펀드. 그래서 금융감독 당국이 투자자 모집에서부터 펀드 운용 방식과 사후 성과보고서에 이르기까지 엄격하게 규제한다.

3) 사모펀드: 소수의 투자자로부터 모은 자금을 투자하는 펀드. 개인 간의 계약에 해당하므로 금융감독기관의 감시를 받지 않고 자유롭게 운용된다.

4) 헷지 펀드: 1949년 미국에서 생긴 사모펀드의 한 형태로, 다소 위험이 크더라도 수익률을 극대화하는 투자를 지향한다. 투자 대상은 주식과 일반 금융상품에서부터 스왑, 옵션 등의 파생상품, 원자재 선물, 부동산 등에 이르기까지 폭넓다.

✅ 위기설은 어떤 배경에서 불거졌나?

헷지 펀드는 그 나름의 순기능도 없진 않지만, 조세회피 지역을 무대로 활동하며 높은 이익만을 좇다 보니 국제금융시장을 교란하는 측면이 강했다. 어쨌거나 수익에 관한 한 '불패' 신화를 이어온 헷지 펀드가 2020년 코로나-19 이후로 개인투자자의 입김이 세지면서 공매도 전쟁에서 참패하는 등의 이변을 낳고 있다. 미국의 몇몇 회사를 둘러싸고 벌어진 공매도 전쟁에서 헷지 펀드는 금융위기 이후 최대 규모의 손실을 떠안았다. 일부 헷지 펀드는 투자원금까지 잠식당했다는 소문이다. 그뿐이랴, 미국 증권 당국의 관심도 개인투자자 보호에 맞추어져 있다. 주요국 개인투자자의 평균적인 투자 이해도와 지식이 두드러지게 높아진 점도 수익 추구 일변도의 헷지 펀드를 어렵게 하고 있다. 이런 분위기 때문인지, 헷지 펀드의 샛별로 등장했다가 1998년 러시아의 외채 모라토리엄(지불유예)으로 파산한 LTCM(롱텀 캐피털 매니지먼트) 사태를 떠올리게 만드는 '헷지 펀드 위기설'이 다시 나돌고 있다.

한술 더 떠서 헷지 펀드의 방향성도 변하고 있다. 시장의 변동성이 커지고 개인투자자의 영향력이 전례 없이 커지면서 헷지 펀드의 수익률이 부진해지자, 이번엔 행동주의 헷지 펀드가 두각을 드러내고 있다는 얘기다. 쉽게 말해서 행동주의란, 주주가치를 최대한으로 늘리겠다는 명분으로 덤벼드는 전술이라 할 수 있다. 헷지 펀드가 이런 행동주의로 무장하면 소위 '이리떼(wolfpack) 전술'로 자신들이 투자한 기업을 공격하기 일쑤다. 공매도로 주가를 떨어뜨리기도 하고 콜옵션 등으로 곤경에 빠트리거나 심지어 기업을 고사시키는 경우까지 생긴다.

헷지 펀드 위기설이 고개를 들 때마다 애를 먹는 것은 신흥국들이다. 선진국들은 별로 영향을 받지 않는다. 어려움에 빠진 헷지 펀드가 투자 일부를 회수해야 할 때면, 주로 신흥국(한국도 포함)에 투자했던 자금부터 먼저 빼기 때문이다. 그렇게 되면 이런 나라에서는 주가와 통화 가치가 떨어질 수밖에 없다. 그 파장이 때로는 엄청난 고통을 안기기도 한다.

최근 시장에서 퍼지고 있는 헷지 펀드 위기설이 정말 현실화할 가능성은 적을지 모른다. 오히려 투자금 회수 같은 진짜 위기로 악화될 확률은 낮다는 것이 전문가들의 의견이다. 하지만 그 여부와 상관없이 헷지 펀드의 위기설은 앞으로도 계속 대두될 수 있다. 따라서 금융 당국은 조기경보 체제를 확립해 가동한다든지, 증권사 증거금을 늘려서 확보하는 등, 여러모로 대책을 마련해야 할 것이다.

혼류생산

소량다품종 시대의 유연한 생산 방식

　　원래 일본의 토요타 자동차가 소위 '도요타 생산방식'을 확립할 때 그 일부분으로 도입했던 시스템. 하나의 생산라인에서 여러 개의 차종을 생산하는 방식을 가리킨다. 최근 현대자동차가 울산공장에 혼류생산 방안을 적용한다고 해서 경제신문들의 주목을 받았다. 많게는 차량 10종까지를 한 곳에서 조립하겠다는 의도다. 현대차 국내 공장에서는 처음으로 시도된다. 물론 가전이라든지 전혀 다른 제조업에도 혼류생산의 아이디어를 적용할 수 있다.

혼류생산으로 다양해지는 공장별 생산 모델 (현대자동차)

울산1공장	아이오닉5, 벨로스터, 코나
울산2공장	싼타페, 팰리세이드, GV80, GV70
울산3공장	dkqksEp, i30, 아이오닉, 베뉴
울산4공장	포터, 팰리세이드, 스타렉스
울산5공장	G90, G80, G70, 넥쏘, 투싼
아산공장	쏘나타, 그랜저
전주공장	쏠라티, 버스, 트럭

☑ 혼류생산으로 어떤 변화를 기대할 수 있을까?

먼저 예상되는 효과는 다품종 소량생산이다. 과거와 달리 전기자동차다, 수소차다, 친환경이다, 고성능이다, 해서 자동차도 다품종-소량을 지향하는 시대라, 당연하고 바람직한 변화라 하겠다. 또 부품의 공급 방식도 당연히 바뀌어야 할 것이다. 한두 종류를 만들기 위해 정해진 부품을 잔뜩 쌓아놓는 게 아니라, 당장 필요한 부품을 그때그때 공급하는 소위 JIT(Just-in time) 시스템으로 변한다. 여기에다 주문 상황에 맞추어 모델별 생산량도 조절함으로써 생산성을 높일 수 있다. 엉뚱한 부품을 집어넣는 등의 불량을 없애고 재고를 최소화하는 과제도 한결 쉬워질 것이다.

공장마다 일감의 규모가 들쑥날쑥하던 문제가 풀리는 것도 또 하나의 효과다. 지금의 생산방식은 어떤가? 인기 모델을 만드는 공장은 매주 특근을 거듭하는 반면, 그렇지 못한 공장들은 자칫 휴업할까 노심초사할 수도 있다. 이 때문에 임금 수준과 근무 강도를 놓고 노조끼리 다투는 일도 적지 않다. 혼류생산이 본격화되면 인기 모델을 여러 공장으로 재빨리 확산하기 쉬워서, 이런저런 갈등을 해소할 수 있다. 숨 가쁘게 변하는 고객 수요에도 유연하게 대응할 수 있다. 매번 노조의 반대에 부딪혀 지금까지 혼류생산을 실행하지 못했던 현대차와는 달리, 글로벌 자동차 제조업체들이 혼류생산을 이미 잘 활용하고 있는 이유를 여기서 읽을 수 있다.

023

확장현실
XR: Extended Reality

확장현실 동맹
XR Alliance

5G 시대의 VR, AR, MR이 다 어우러진 '현실'

간결하게 설명하면 이렇게 된다.

확장현실(XR) = 가상현실(VR) + 증강현실(AR) + 혼합현실(MR).

즉, 5G 시대의 핵심 콘텐트로 간주되는 VR, AR, MR을 모두 아우르는 것이 확장현실이다.

우선 VR은 360도 영상을 바탕으로 새로운 현실을 경험할 수 있게 만드는 기술이라고 정의할 수 있다. 이에 비해서 AR은 실제 사물 위에 컴퓨터그래픽 기술을 활용해 추가 정보와 관련 콘텐트를 표시하는 기술이다. 지금의 단계에서 가상현실을 경험하려면 눈 전체를 가리는 헤드셋 타입의 단말기가 필요한 반면, 증강현실은 구글 글라스와 같은 안경에 의해서 구현할 수 있다. 이처럼 서로 다른 특징을 지닌 이 두 기술은 각자 단점을 보완하고 서로서로 북돋우면서 지금도 진화하는 중이다. PwC(프라이스 워터하우스 쿠퍼즈) 같은 글로벌 컨설팅회사는 전 세계 XR 시장이 현재의 50~60조 원에서 2030년 1,678조 원 규모로 성장할 것으로 예측한다.

확장현실은 VR과 AR 기술을 따로따로 사용하거나 섞어서 활용하는 등, 자유롭게 선택해 이용함으로써 그야말로 '확장된' 현실을 창조할 수 있다. 아직 대단히 폭넓게 사용되고 있는 편은 아니지만, 가령 마이크로소프트가 개발한 HoloLens(홀로렌즈)는 안경 형태의 기기지만 현실 공간과 사물 정보를 파악하여 최적화된 3D 홀로그램을 표시해주는 확장현실 디바이스의 한 형태로 볼 수 있다.

마이크로소프트의 홀로렌즈2

확장현실 기술의 실현을 위해서는 고도의 그래픽 처리 능력을 키워야 하고, 대용량의 3D 영상을 실시간 디스플레이하는 기술도 따라주어야 한다. 데이터 전송의 지연이 극소화된 5G 이동통신 기술 또한 함께 발전해야 할 것이다. 당장은 극복해야 할 어려움이 있더라도 개발이 일정한 수준에 이르면 확장현실은 제조업, 교육, 헬스케어, 엔터테인먼트 등 다양한 분야에 적용할 수 있다.

한편 '확장현실 동맹'은 2020년 9월에 LG유플러스가 초대 의장직을 맡으면서 출범한 세계 최초의 5G 콘텐트 연합체다. 당시엔 반도체회사 퀄컴, 이동통신사 Bell Canada(벨 캐나다), 일본 민간통신사 KDDI, 중국의 차이나 텔레콤(中国电信) 등으로 시작했으며, 이후 미국, 프랑스, 대만의 이동통신사들이 합류하면서 영향력을 키우고 있다.

이 동맹은 국제 우주정거장을 배경으로 한 XR 프로젝트를 마쳤고, 실제 우주 공간의 모습을 짜릿하게 체험할 수 있는 후속 에피소드도 만든다. 제작을 위한 비용과 기술 측면의 기반을 더욱 단단히 다지면서, 앞으로도 생생하게 실감 나는 고품질 미디어 콘텐트를 계속 창출해낼 것으로 보인다.

024

휘소가치揮少價値

가격-품질이 아니라 신념-가치관이 결정하는 소비

'희소가치'의 오타가 아니다.

드물다는 뜻의 '희(稀)' 대신 흩어진다는 뜻의 '휘(揮)'를 넣어, 경제학에서 가격 결정 요인으로 지목하는 '희소가치'를 비틀어 만든 신조어다. 즉, 다른 사람에게는 휘발성이 강하고 무의미할지 모르지만, 자신에게는 가치가 있음을 가리키는 용어다. 소비의 궁극적 기준을 '가치'에 두겠다는 MZ세대의 소비철학이요 행태다. '내 신념과 가치관에 합치한다면 다른 요소를 따지지 않고 소비'하겠다는 태도다. 거꾸로 '내 가치관에 어긋나는 기업이 있다면 불매운동이라도 기꺼이 시작할' 태도다. 가격과 품질이 소비를 결정했던 과거의 관행 또는 통설을 정면 반박한다. 이런 소비관이 지금 시장과 기업을 바꾸고 있다.

✓ 현실에서 휘소가치는 어떤 모습으로 나타나는가?

사례 1) 어떤 치킨 가게가 가난한 10대 형제에게 무료로 치킨을 대

접한 사연이 인스타그램에 올라오자, 온라인에서 "이 가게 '돈쭐내러(돈으로 혼쭐내러)' 가자"는 외침이 떠들썩하다. 치킨집이 마비될 정도로 주문이 폭주한다. 물론 주로는 20~30대 이야기다. 업체의 선행에 소비자가 적극적인 구매로 보상해준다는 뜻으로, '내 돈으로 선한 영향력을' 행사한다는 MZ세대식 소비자 운동의 하나다.

사례 2) 고달픈 아르바이트를 하며 끼니는 편의점에서 대충 해결하는 젊은이가 어렵사리 번 돈으로 한정판 명품을 산다. 어르신들은 선뜻 이해하기 어렵겠지만, 당사자의 태도는 간단하다. "투자가 별건가, 내가 만족하면 최고의 투자지!" 열심히 일해서 모은 돈으로 내가 좋아하는 명품 사는데, 웬 허영심? 이라는 태도다. '휘소가치'를 모르고선 헤아릴 길이 없다.

그러니까, MZ세대에게 소비란 재화나 서비스를 사는 행위, 그 이상이다. 그들에게 소비는, 그리고 소비의 거부는, 사회적 영향력의 행사다. 친환경, 성 평등, 공정, 부의 분배, 채식주의 등등 그들이 주목하는 가치도 각양각색이다. 그리고 신념과 가치관을 기탄없이 표출하고 행동한다. 이런 드러냄을 'meaning out(미닝 아웃)'이라 부르기도 한다.

'있는 자들의 갑질'은 잊을만하면 터지곤 하는데, 이를 사회적으로 응징하고자 하는 끈질긴 불매운동의 배후엔 MZ세대가 있다. 마켓컬리가 배송 박스 자재를 스티로폼→은박 비닐 붙인 종이→재생지로 계속 개선하고 포장 연구·개발팀까지 만드는 배경에는 품질·가격보다 환경을 더 따지는 이들이 있다. 보조금을 적용해도 4천만 원 안팎인 고가 차량 테슬라의 국내 구매자 가운데 20~30대가 절반이다. 환경에 도움이 된다고 믿으니까 쓰는 것이다. 휘소가치가 사업 판단의 새로운 기준을 만들고 산업의 흐름까지 바꾸는 것이다.

☑ 휘소가치의 또 다른 측면이 있다면?

환경이나 사회적 정의에 관한 관심 외에도 MZ세대의 '휘소가치'에는 자신의 능력(소득 또는 자산)이나 기호(taste)를 거침없이 드러내는 '과시'의 측면도 있다. 그렇지 않고서야 고가 브랜드 제품이나 고급 수입차 고객 중에서 젊은 층이 차지하는 높은 비율을 어떻게 설명하겠는가? 그들이 벤츠나 마세라티를 살 때 바라는 것은 딱히 품질, 주행 성능, 안전성이 아니다. 그런 차를 타고 내릴 때 남들이 바라보는 선망의 시선을 누리려는 것이다.

과거의 연예인들은 비싼 집이나 건물이나 전통의 명품을 사더라도 대중에게 애써 숨기려고 했다. 지금은 전혀 다르다. 인기와 부를 차지한 MZ세대는 집이며 보석이며 고급 차를 'flex(플렉스)'한다. 거리낌 없이 과시한다는 뜻이다. 남들이 보기에 화려하고 로고가 눈에 띄는 제품을 선호한다. 내 능력으로 돈 벌어 비싸고 좋은 물건을 사는 것은 공정하다고 생각하기 때문이다. 소비에 개성과 취향과 능력이 깃든 것이다.

025

1030 시스템
1030 전쟁

로켓배송이 불붙인 전례 없는 속도경쟁

누가 무엇을 주문하든, 10㎞ 이내에서 30분 안에 배송할 수 있는 시스템이 '1030 시스템'이요, 이 같은 배송 속도를 둘러싼 유통업체들의 치열한 경쟁이 '1030 전쟁'이다. 쿠팡의 로켓배송으로 인해 촉발된 우리나라의 이 속도전은 유례를 찾기 힘든 온라인 시장의 고속 성장과 더불어 현재 전 세계의 관심거리가 되어 있다. 이를 위해서라면 신규 투자든, 인수든, 제휴든 마다하지 않는다. 어떻게든 배송 속도에서 이겨야만 생존이 보장되니까. 전자상거래가 전체 상거래의 35.8%(미국의 거의 2배)를 차지하면서 세계에서 압도적인 1위를 차지하고 있는 한국 유통업의 현주소다.

1030의 경쟁에서 가장 앞서가는 것은 지난 10년간 4조 원 이상을 쏟아부어 무려 150여 개 풀필먼트센터와 배송센터를 구축한 쿠팡이다.

유통업계에서는 전국의 70%가 쿠팡 물류센터로부터 11㎞ 반경 안에 있다고들 한다. 30분 내 배달이 가능하다는 얘기다. 뉴욕증시에 상장한 이후에도 쿠팡은 1조 원을 더 투입해 7개 도시 물류센터에 추가 투자 중이다. 자사 제품 배송은 말할 것도 없고, 다른 온라인 업체들의 물류를 통합 관리해주는 제3자 물류(풀필먼트) 사업까지 바라보게 되었다.

경쟁사들은 어떻게 대응하고 있을까? 막상 온라인쇼핑의 선두주자(17% 차지)인 네이버는 거래액, 사용자 수, 판매자 수에서 쿠팡을 압도하면서도, 자체 물류망이 없다는 최대 핸디캡 때문에 속을 태운다. 그래서 물류 1위 CJ대한통운 및 하이퍼마트 1위인 이마트와 손잡고 전반적인 물류 능력을 키운다는 전략인데, 두고 볼 일이다.

롯데마트는 112개 자체 매장에다 477개 롯데슈퍼 매장까지 물류 기지로 활용할 계획이지만, 이보다는 온라인쇼핑 플랫폼의 강화로 일정 수준의 점유율을 확보하는 것이 더 다급해 보인다. 한편 이마트와 SSG 닷컴은 매장을 물류센터로 바꾸면서 온라인 전용 물류센터도 새로 짓는 중이고, 11번가는 우체국과 손잡았다. 다소 공격적인 기업들의 이런 투자 덕분에 국내 물류시설은 2018년 이래 지금까지 세 배 가까운 수준으로 증가했다.

편의점들은 1030 전쟁에 좀 더 일찍 대비해놓은 상태다. 규모는 작아도 5만 개가 넘는 매장을 이미 전국에 깔아놓았으니 그럴 법도 하다.

기존 매장을 중심으로 도보, 오토바이 등을 이용한 30분 배달망이 거의 완성 단계다. 배달의민족과 요기요 같은 배달전문업체도 2020년부터 도시 역세권에 오롯이 배달을 위한 매장을 구축하며 1030 경쟁에 가세하고 있다.

명쾌하고 야무진
최신 경제용어 해설

초판 1쇄 인쇄 2021년 11월 29일
초판 1쇄 발행 2021년 12월 08일

지은이 권기대
펴낸이 권기대

총괄이사 배혜진
편집팀 이종무
디자인팀 김창민
마케팅 안익주, 김지윤
경영지원 설용화

펴낸곳 ㈜베가북스 **출판등록** 2021년 6월 18일 제2021-000108호
주소 (07269) 서울특별시 영등포구 양산로3길 9, 2층
주문·문의 전화 (02)322-7241 팩스 (02)322-7242

ISBN 979-11-6821-007-3 [13320]